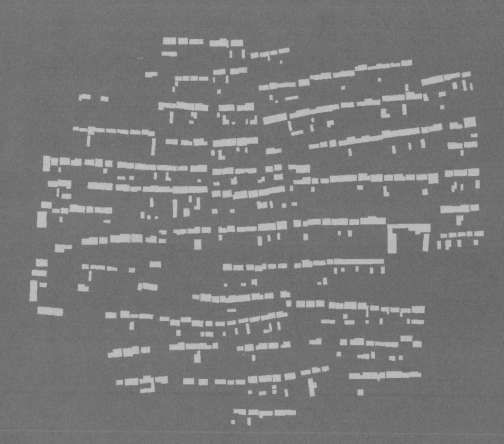

国家出版基金项目
NATIONAL PUBLICATION FOUNDATION

国家重大出版工程项目
「十三五」国家重点图书

中国传统聚落
保护研究丛书

海南聚落

吴小平　主编

中国建筑工业出版社

总编委会

《中国传统聚落保护研究丛书　海南聚落》

一、引子

中国传统文化将一个地方的环境气候和风俗民情的特质和韵味称为"风土"。《国语·周语上》韦昭注："风土，以音律省土风，风气和则土气养也"，即从当地方言的乡音民谣中便可感知一方土地、民风的文化气息，因而"风土"一词与英文的Vernacular近义。"风"指风习、风俗、风气，"土"指水土、土地、地方，所谓一方水土养育一方人，供奉一方神，从这个意义上，"风土"与西方的"场所精神（Genius Loci）"也有一定的关联性。日本近代哲学家和辻哲郎著有《风土》一书，他对"风土"的定义是自然环境气候诸因素加上"景观"，这里的"景观"应指审美角度的自然和人文两个方面，二者相融合的文化景观就是一种典型的传统聚落。

然而，在当今乡村振兴的时代大潮中，传统聚落最常见的关键词是"乡土"而非"风土"，差不多已约定俗成了。"乡土"一词是中国农耕社会中故乡、家乡、老家和乡下的意思，至今中国社会还延续着这个传统的语义。但中文"乡土"与英文Vernacular的语境存在差异，因为西方并不存在以宗法制为基础的传统乡民社会，其乡村也就不会有类似于中国"乡土"的概念内涵。而乡村的发展前景是要走出农耕语境的乡土，留住文化记忆的乡愁，延续场所精神的风土，再造生态文明的田园。再说自近代以来，乡土并不包括城里的传统聚落，比如北京的胡同，西安、成都、苏州的巷子，上海的弄堂等属于"风土"而非"乡土"的范畴。

自1930年朱启钤先生发起成立中国营造学社以来，在梁思成和刘敦桢两位学科巨擘的引领下，我国建筑界对传统民居和乡土建筑的研究持续推进，成就斐然，形成了传统建筑研究的一大专业领域。但如何使这些研究更多地关联和影响城乡建设的进程，对整个建筑类学科都是一个很大的挑战。

二、中国传统聚落的源流与特征

1. "匝居"与城乡同构

中国传统聚落营造的信史可追溯到商周时期的聚落遗址。其中有关"营造"的最早文字记载见于《诗·大雅·灵台》："经始灵台，经之营之"。这里的"经"，是策划、管控的意思；而"营"，原意即"匝居"，是围而建之的意思，例如"营窟""营市（阛、阓）""营垒""营国"等一系列聚落营造范畴的词汇。因此，古代聚落即以"匝居"的方式，形成血缘的乡村聚落，地缘的城邑聚落，以至作为国家统治中心的都邑聚落——都城。这些华夏聚落以宗庙或祠堂为空间秩序的中心，以城垣壕堑为空间领域的边界，虽层级和功用不同，但从深层构成看却大多同构，保持和发展着"匝居"的聚落营造方式，从而部分地诠释了城乡一体的"亚细亚生产方式"学说。因为，一方面，许多乡村聚落拥有城垣、堡楼、街坊、庙宇等要素，俨如一座座城邑，如从汉代的"坞堡"到明清的庄寨、围堡均是如此；另一方面，城邑甚至都邑虽然看上去坚固伟岸，依然不过是政治权力和经济活动高度集中，等级制度极为森严，壕堑防卫更加严密，水平向扩展开来的巨型村寨而已，是乡村聚落的放大升级版。

2. 聚落原型与变换

从"匝居"的外在方式到聚落的内在构成，可以看到中国传统聚落源于商周"井田制"的"井"字形空间概念及其原型意象。所谓"井田制"，即以王室收取贡赋为目的的土地经营制度和划分方式。如周代王室拥公田，公卿以下据私田，遗有周代理想的营国制度，以百亩为夫，九夫为井，九井为国（都邑）。据此制度，田野的纵横阡陌就演变为聚落内经纬交错的街衢，并围合成间、里等空间尺度及单位。后世的里坊、厢坊、街坊，以及后来的胡同、街巷和弄堂等都是这样演变而来的。但这一"井"状网格空间原型的聚落并非处处趋同，而是因地制宜，异彩纷呈，依循了"因天材，就地利，故城郭不必中规矩，道路不必中准绳"（《管子·立政篇》）的变通法则，适应地理环境和地貌条件的差异而产生拓扑变换。这就犹如某种语言，尽管"方言"各异，但"句法"和"语义"相通。或许以这样的解读，方可辩异认同、知恒通变，把握住中国传统聚落的结构本质及其演变方向。

3. 水系与聚落分布

中国传统聚落源于近水的邑居，据《史记·五帝本纪》："禹耕历山……一年而所居成聚，二年成邑，三年成都"。其中，对水畔、雷泽、河滨等的劳作场所描述，均寓意了聚落是伴水而生的文化地景。甲骨文中的"邑"字右边旁加三撇表示傍水，即"邕"字的金文来历，同样表示聚落即环水的邑居。除了统治与防卫上的考虑，古代聚落选址的首要地理条件，是必须依傍满足漕运需要，方便物资供给的水系。因此，自上古以来聚落选址一般都位于大河的二级台地或其支流的一级或二级台地上。在物流以漕运为主的古代，这些水系可以说是聚落生存的命脉，对于都城而言尤甚，如长安、洛阳、汴梁（开封）沿黄河及其支流东西走向一字排开，建康（南京）、江都（扬州）濒临江淮，北京（涿郡）和临安（杭州）则处于南北大运河的两端。实际上历代中心聚落——都城在空间上的移动，均因应了文化地理的条件和漕运线路的兴衰，并与社会动荡、族际战争和人口迁徙相伴随。

4. 乡村风土聚落

在中国古代，与城邑聚落不同的是，乡村聚落社会是按血缘关系和经济共同体为纽带所形成的聚居系统，聚族而居的社会秩序和居住形式仰赖宗法制度维系，特别是自宋代以来，程朱理学倡导"敬宗收族"，形成了以祠堂、族田和族谱为核心的宗族组织及其聚居制度，宗法的社会结构更加趋于自组织化。但由于特定地域下的自然环境（如气候、地貌、水土、材料等）和人文环境（如宗法、宗教、数术、仪式等）的差异，聚落中的宗法秩序和空间布局亦有着同中有异的呈现方式，营造活动很少有统一法式的约束，较之城邑营造更加因地制宜，灵活多变，因而在与自然地景融为一体的有机生长中，保留了纯朴的古风和浓郁的地方性，可以说是千姿百态，谱系纷呈，表现了与西方的"场所精神"相类似的地方特质。以下按地理纬度和等降水量线，将中国各地域的聚落建筑分为四个区段。

1）农耕—游牧混合地区，即400毫米等降水量线以北半干旱北方地区的聚落建筑。如昆仑山南北侧和蒙古草原上游牧民族的帐幕、蒙古包；塔里木盆地周缘突厥语族—东伊朗民族的木构平顶阿以旺住宅；青藏高原上的藏式碉房，甘青地区各族建筑元素相混合的"庄窠"式缓坡顶两合院与三合院，以及青藏高原东部边缘的羌式碉房及合院等。

2）西北、华北和东北地区，即400毫米等降水量线以南至800毫米等降水量线以北之间半湿润北方地区的聚落建筑。如豫、晋、陕、甘各式窑洞，木构坡顶及包砖土坯（胡墼）墙房屋组成的晋系狭长四合院；东北、京、冀、鲁、豫木构坡顶、平顶、囤顶建筑构成的宽敞四合院等。

3）西南、江淮、江南地区，即800毫米等降水量线以南湿润地区的聚落建筑，如川、黔、桂、滇地区，以穿斗体系、干阑—吊脚为显著特征的楼居及合院，藏缅语族各民族的"土掌房""一颗印"（"簪子屋"）"三坊一照壁"等合院；湘、赣、闽北地区"四水归堂"的天井合院或"土库"建筑；江淮地区介于南北方之间的合院和圩堡；徽州地区以堂楼为中心，高耸的马头墙、墙厦、精工木雕、楼面地砖为特色的天井合院；江浙地区穿斗—抬梁混合式的多进厅堂和宅园等。

4）华南地区，即大部处于1600毫米等降水量线范围的高湿多雨地区聚落建筑，如闽南、粤北地区客家、潮汕（闽系）聚落以夯土墙和木屋架构成的大厝、土楼、土堡、围龙屋；粤南广府地区大屋、天井、冷巷构成的合院群等。

总体而言，延续至今的乡村传统聚落基本上都是明清以来的遗存，说明经过两晋南北朝开始的由北而南为主流的历次民族、民系大迁徙，明清时期各地乡村建筑相对稳定的地域分布格局已基本形成，可以从民间流传的营造匠书和聚落族谱中得到印证。如元明之际的《鲁般营造正式》、明万历年间的《鲁班经匠家镜》和清末民初的《营造法原》等，对江南地方的民间建筑影响尤其广泛。

至于少数民族地区的乡村传统聚落，因源于不同的文化传统，其构成及相互关系比较复杂，与汉民族聚落也存在交融现象。比如，明清两代逐渐推进"改土归流"，在南方的少数民族地区以"流官"管理制取代"土司"世袭制，推进了汉族与少数民族的异质文化交融，但后者的"熟化"（或"汉化"）程度，大大超过了前者的"夷化"。

自1930年中国营造学社成立以来，在梁思成和刘敦桢两位学科巨擘的引领下，建筑史界对乡土民居的研究成就斐然，形成了传统建筑研究的分支领域。跨世纪以来，建筑史界对传统民居的人文地理背景和建筑形态分布区系已有一些学术探讨，并有过以传统建筑结构类型为主线的地域区划专题研究。但是这些研究成果怎样对城乡改造中的遗产保护难题产生积极影响，还有待实践中的借鉴和运用。

三、城乡改造与传统聚落

1. 消亡中的乡愁载体

自19世纪末以来，直到改革开放之前，传统中国逐渐从农耕文明走向了工业文明，演变进程是相对缓慢曲折的。尽管传统聚落的宗法社会结构已经崩解，但血缘和宗族关系依然得以延续，聚落的空间结构和传统风貌依然大致如故。随着近30年来城镇化和城乡改造浪潮的冲击，传统聚落的文化特征已发生巨变，大部分古城只保留着少量的历史文化街区。作为乡村传统聚落的大多数村镇，经过撤并集聚或自发式改造，使原有的自然和社会生态系统瓦解或巨变，残留下来比较完整，较多保留着原生态风貌的多在边远山区，占比很大的部分已破败不堪，或被低质化改造，总体上正以极快的速度趋于消亡。

据中外学者的研究，民国时期的城镇化水平不过10%左右，中华人民共和国成立直到改革开放前也只达到17%左右。20世纪70年代末改革开放以来，城镇化开始飞速地发展，城镇化率2018年已达59.58%，其中城镇户籍人口42.35%（包括拥有宅基地的部分镇人口和城中村人口），与欧美约75%~85%及日本93%的城镇化率相比仍差距明显。截至2016年，我国乡村自然村仍有244.9万个，基层自治管理单位"村民委员会"52.6万个，乡村户籍人口7.63亿，常住人口5.6亿，在本地和外地谋生的农民工约2.88亿。2017年全国城乡人均收入倍差2.72，一些贫困的山区和边远地区农村人均收入与全国城乡平均收入倍差则远高于这个数字，这些地方的衰败或空村化现象更加严重（数据来源自2017年、2018年国家统计局公布的数据）。

虽然这种文明进程在任何一个走向现代化的农耕社会迟早都会发生，但是中国作为人类文明诸形态中唯一保持了连续性进化的国家，文化传统的基因和源头即存在于城乡传统聚落之中。这一"乡愁"载体的消亡，不但会使国家和地方失去身份认同的文化根基，而且会使城乡一体化发展的战略目标发生偏差。

2. 风土建成遗产

在中国传统聚落的话语体系中，"民居"是对功能类型而言，"乡土"是对乡村聚落而言，而"风土"是对城乡聚落及其文化地理背景而言，三者均属同一范畴。因此，乡村聚落也是最具文化载体性的风土聚落，呈现了各个地域环境、气候和民族、民系背景下异彩纷呈的风土特质。西方的风土建筑研究可以追溯到法国18世纪新古典主义理论家德·昆西（Quatremère de Quincy），他最早指出了建筑语言的风土（Vernacular）和习语（Idiom）属性。到了当代，英国建筑理论家兼乡村爵士乐作曲家鲍尔·奥利弗（Paul Oliver，1927—），集风土建筑研究大成，在1997年出版了覆盖全球的《世界风土建筑百科全书》（*Encyclopedia of Vernacular Architecture of the World*），他认为研究风土建筑不只是为了记录过往，对未来的文化和经济可持续发展也是不可或缺的。随后R. 布伦斯基尔（Brunskill R. W.）在2000年出版《风土建筑：一部图解的历史》一书，把20世纪以前定义为"风土建筑时代"，以大量的插图详解了数百年来英国风土建筑在农耕时期和工业化早期的形态特征。

"建成遗产"是经由营造活动所形成的建筑、聚落、景观等文化遗产本体的总称。1999年，国际古迹遗址理事会（ICOMOS）在《风土建成遗产宪章》（*Charter on the Built Vernacular Heritage*）中，首次提出了"风土建成遗产"的概念，即特定风俗和土地上所建造的文化遗产，其保护价值今已成为全球共识。首先，"聚落建筑"作为风土建成遗产的第一保护对象，是城乡历史环境的栖居场所，也是民族民系身份认同和乡愁记忆的空间载体，携带着可识别的中国传统文化基因。其次，"营造技艺"蕴含乡遗的工巧智慧精华，是对其进行保护、传承和再生的意匠源泉，而只有将传统聚落的营造技艺真正传承下去，保护才是可持续的，才能使聚落遗产长存下去。再次，"文化地景"（或文化景观Cultural Landscape）呈现聚落的环境因应特征，是人工与天工相交融的在地景观。韩国建筑师承孝相，为了表达地景建筑创意，生造了"Landscript"（地文）一词，本意是强调人的活动在土地上留下的印记，就如大地书写一般。显然，"地文"需要保护和续写，即像日本的"合掌造"民居、中国的西递—宏村那样，严格保护好聚落遗产标本，激活历史环境的"场所精神"（Spirit of Place），在新建筑中创造性地转化风土建成遗产的原型意象。

3. 国家级聚落遗产

根据住房和城乡建设部和国家文物局颁布的最新保护名录，中国传统聚落列入国家保护名录的有三大类，均可看作风土建成遗产。其一为100多处"国家重点文物保护单位"身份的传统聚落；其二为国家历史文化名城、名镇、名村，包括135座"名城"、312个"名镇"和487个"名村"；其三为6819个部分由国家财政资助保护的"传统村落"。此外，皖南古村落西递—宏村、福建土楼、开平碉楼与村落，以及红河哈尼梯田文化景观等4项乡村传统聚落及景观被收入世界文化遗产名录。

这其中的传统村落数量最为庞大，部分还同时具有国家级历史文化名村及重点文物保护单位的身份。其分布特点为：南方约占全国总量的78%，大大多于北方；山区多于平原、盆地，如晋、湘、滇、黔、闽的山区占比超过全国总量的二分之一；方言区多于官话区，如晋系方言区约占北方各官话区总和的40%左右；工业化、城镇化起步较晚的地区多于起步较早的地区，如西北地区多于东北地区；城乡人均收入倍差相对较高的地区多于发展水平相近的较低地区，如贵州、云南处于全国传统村落数量排名前列。

上述的三大类传统聚落遗产保护系列中的前两类，有着相应的国家保护法规及实施细则，生存问题相对无虞。而第三类——传统村落量大面广，没有直接的相应保护法规作保障，其生存问题看似有国家财政资助，实际状况则堪忧。

四、传统聚落的保护与活化

1. 模式与问题

对风土建成遗产的专项保护，比较典型的首推北欧斯堪的纳维亚半岛的挪威和瑞典，这里在第二次世界大战前最早以民俗博物馆的方式，保护和展示当地的风土建筑，这种方式随后风靡欧洲大陆和英国。1952年英国"古迹委员会"将18世纪以前的风土建筑均纳入了保护名录，特别值得注意的是，英国将乡村划为120个自然区和181个特色景观区，这是可以借鉴的乡村文化地景谱系保护策略。日本于20世纪70年代兴起的"造村运动"，是通过农业升级改造、乡村特色塑造和技术培训投入，提振乡村经济社会活力和磁力，最终使乡村聚落得到活化和再生。聚落遗产保护和传承是其中的一个部分，如长野县的妻笼宿和岐阜县的马笼宿，其风土建成遗产在存真、修缮、翻建、活化等方面皆有坚定的价值坚守和丰富的保护经验，可供中国乡村风土建成遗产保护和再生实践学习借鉴。

我国城乡风土建成遗产保护与活化前后已历20载左右，经验和教训并存，其中数量占大多数的乡村聚落遗产保护与活化主要有三种模式。第一种为国家文博体系和大型国企主导的乡村博物馆模式，如山西的丁村、陕西的党家村、湖南的张谷英村、福建的田螺坑土楼群及玉井坊郑氏大厝等，经费、法规、导则等条件较为完善，部分村民通过村委会组织参与经营活动受益。第二种为社会企业主导的风土观光综合体模式，乡村聚落遗产由企业与当地政府、村自治体——合作社以契约形式合作及分成，如安徽黟县宏村、浙江松阳县村落、山西沁水县湘峪村、福建连江县杜棠古村三落厝等。第三种为村自治体主导风土生态体验区模式，以由村自治体所属企业及乡村活化能人掌控风土观光资源，进行乡村聚落开发，村民参与其中的相对较多，受益也相对大一些，如安徽黟县西递村、山西平遥县横坡村、陕西礼泉县袁家村、山西晋城市皇城村、福建屏南县北村等。

不可忽视的是，乡村聚落遗产在保护和活化中存在一些带有普遍性的问题和挑战：一是大多没有以乡村经济、社会的改造升级为根本前提，而是过多地依赖于旅游资源的消耗；二是管理政出多门，既条块分割，又一事多管，造成一些村落一村多名，准入标准和处置方式交错低效；三是原住民生活资料——集体土地、宅基地和房屋处于不确定的流转状态，所有权和使用权分离，但土地与房屋租金普遍低廉，收益分配不成比例，原住民的公平共享诉求难以兑现，存在着大量的权益矛盾和法律纠纷，潜在的社会风险已然存在；四是维修和民宿化改造等多为村民自发行为，存在严重的安全隐患，如结构安全意识薄弱，涉及公众安全的强制性技术规范和安全施工监管缺位，消防间距、人身防护不合规范的状况随处可见，声、光、热等室内环境控制指标大都达不到基本使用要求；五是宅基地内滥建低质楼监管缺失，低质翻建率常在一半以上，严重的达70%～80%，使村落风貌严重失控，而招揽观光的利益驱动导致拆真造假现象也随处可见；六是薪火相传趋于中断，大部分营造技艺面临失传，由于种种原因，"非物质文化遗产传承人"名誉并未起到明显的弥补作用，传统意匠及技艺存续与再生尚待突破，新旧修复材料融合手段薄弱等问题普遍存在；七是同质化严重，社会资金普遍投入乡村聚落保护与再生项目的可能性有限，而传统村落依赖国家财政扶持也是很有限的，且不可持续。

2. 标本保存谱系化

当下我国城乡风土建成遗产的保护与活化，首先并不是个建筑学问题，而是涉及保护什么，如何保护，怎样活化的实质性问题，与经济、社会的可持续发展背景息息相关。从物种标本保存的战略眼光看，传统聚落保护与活化的前提是对聚落遗产标本的保存和研究。

少量被定格在某个历史时期或文化样态下的聚落遗产，比如平遥、丽江古城以及各地名镇、名村一类进入各种遗产名录，是受到严格保护的风土建成遗产标本。但这些遗产标本只是聚落遗产中极小的一部分，我们认为，实际上需将我国城乡风土建成遗产按民族、民系的语族区或方言区进行全覆盖，成体系地作分类分级梳理，为后世存续完整的风土建成遗产谱系标本，兹事体大，关及国家和地方历史身份和文化传承的根基。因此，应依风土建成遗产谱系统一甄别、筛选和认定聚落遗产，再以地景修复、聚落修补和技艺传承为基础，将之纳入再生过程。当务之急，是应对其谱系构成缘由与分布有比较系统的认知。

由于语言作为文化纽带的重要性仅次于血缘，而风土在语言学上的含义，即连接一个地方聚居群体的交流媒介"语缘"，既可代表不同的文化身份，也可作为判断各文化身份间亲疏关系的参照。因此，从文化地理学和人类学的角度，可尝试以民系方言和语族—语支为参照，对各地风土建筑做出以"语缘"为纽带的谱系分类区划。总体上看，历史上语族相近，说明有相关的文化渊源；语族的方言或语支相通，说明血缘和地缘存在关联性。传统的汉语族—方言和少数民族的语族—语支是在漫长的历史变迁中，由于地理阻隔及民族、民系迁徙所形成的。虽然建筑谱系和语言谱系是否完全对应确是个问题，但设若不同族群在语言上可以交流，则其聚落及建筑一般也会存在交互关系。

参照语言人类学家的语缘区划，汉藏语系的汉语族民族民系聚落及建筑谱系主要可分为：其一，东北、华北、西北、江淮和西南等五大官话区建筑谱系；其二，华北的晋语方言区建筑谱系；其三，江南的吴语、徽语、赣语和湘语四大方言区建筑谱系；其四，华南的闽语、粤语和客家语三大方言区建筑谱系。少数民族语族区聚落及建筑谱系主要可分为：其一，西南地区汉藏语系藏缅语族17个民族的建筑谱系，壮侗语族9个民族和苗瑶语族3个民族的建筑谱系；其二，北方地区阿尔泰语系突厥语族7个民族，蒙古语族6个民族和通古斯语族5个民族的建筑谱系等。此外，还有少量西北地区印欧语系斯拉夫语族和伊朗语族的民族的建筑谱系，以及华南地区南亚语系和南岛语系民族的建筑谱系。以这样的谱系认知方式，对风土建成遗产谱系遗产的标本系列进行谱系化的保护，是有重要意义的一种尝试。

我国民族民系风土建成遗产谱系分布示意图

3. 大量性传统聚落的出路

除了经典传统聚落风土建成遗产谱系的标本保存，大量性的传统聚落，特别是乡村聚落，总体上面临着景象劣化、原有建筑被大量低质改建、乡村经济和民生有待振兴的境况。因此，需要将聚落有机更新和文化地景再造，作为未来发展的主要方向。实际上，对大量性传统聚落的可持续发展而言，实践中应考虑保存有标本价值的聚落典型建筑，延承风土营造谱系所曾依存的地貌特征、空间格局和尺度肌理，再造出隐含着基质原型、适应生活变迁的新风土聚落及文化地景。

此外，传统聚落遗产管理系统和遗产归口的合理化，遗产运作的信托化，遗产基金、社会"领养"

和活化途径的模式化，营造技艺传承的制度化，以及保护技术的系列化等，都应作为传统聚落保护与再生的改进方面加以关注和实施。

五、关于丛书编纂

这部丛书是第一部关于中国传统聚落特征与保护的大型研究集锦，内容覆盖了各省市自治区传统聚落的历史溯源、地域特征与现存状态、保护与活化的方法与途径，以及未来走向的展望等。丛书中的"传统聚落"聚焦于狭义的"村"和"镇"，并可选择性地涉及"城"，即"县"或"市"的老城区，如北京的胡同和上海的弄堂。书中内容兼顾理论观点和叙述方式的历史性、逻辑性和独特性，引述材料要求真实可靠，体例同中有异，充分表达地域特征，并将之纳入史地维度和经济、社会发展的叙事语境。保护与活化内容要求选取兼顾普适性和典型性的工程实践案例，对乡村振兴中的建成遗产存续和再生问题进行全方位的讨论。由于本丛书仍是以行政区划单位作为各分册的研究范畴，难免存在少量跨省市区之间的互涵和重复内容，但作为一部大型丛书，总体上还是完整统一的，其中不少篇章都可圈可点，对乡村振兴和传统聚落的未来探索有多方面的参考价值。

（本文主要内容及参考文献见《建筑学报》2019年12期）

中国科学院院士、同济大学教授

己亥夏至于上海寓所

聚落，是人类聚居和生活的场所，《汉书·沟洫志》曰："或久无害，稍筑室宅，遂成聚落"。聚落这一概念最早出现时是为了描述区别于都邑的居民点，现在已泛指人类生活地域中的村落和城镇。聚落是在各个地域内发生的社会活动、社会关系和特定的生活方式，并且是由共同的人群所组成相对独立的生活空间和领域。传统聚落主要是指具有一定历史性的城乡聚落，拥有物质形态和非物质形态的文化遗产，是先人运用自己的智慧，依据自然、气候、地理、习俗等环境因素建立的适宜的居住空间，同时具有较高的历史、文化、科学、艺术、社会、经济价值，能够反映一定历史时空的社会物质文化与精神文化的重要载体。

传统聚落是人们与自然协调过程中不断地尝试和调整所形成的，是在一定的时空条件下的总结。传统聚落是一定地域空间范围内的人文现象，它既是一种空间系统，也是一种复杂的经济、文化现象和社会发展过程。其起源、形成、发展均在特定地理环境和社会经济背景中，通过人类活动与自然相互作用下的结果，是对自然地理条件、社会治理结构、文化机制作用等多方面的缓慢调整适应，既是人类不断地适应、改造自然环境的实践积淀和智慧结晶，也是特定地域环境人地关系的空间反映。正如本套丛书之一《云南聚落》编写作者杨大禹教授所说："几乎所有的传统聚落，作为联系自然环境和人文环境的中介，从它们的地理分布、外部整体形态、内部空间结构，到聚落与周围自然环境、山水地形的紧密关系，都体现出因地制宜、和谐有机的共同规律。"这些共识是协调当地的地理条件、社会风俗与生活方式等积累而成的。在以聚居为主的生活模式下，都会充分考虑到聚落的环境特点，尽量找到资源配置最为合理、微气候最为和谐的场所。聚落形态与民居建筑形式的存在，与人们应对自然环境的生理、心理需求有着千丝万缕的联系。所以，传统聚落都能反映出在一定的地域空间环境、一定的民族和一定的历史时期所承载的建筑文化底蕴。

传统聚落作为中华文明的一种载体，凝聚着具有地域性、民族性与艺术性的布局特色和建筑风采，以及文化习俗下构成的聚落分布、空间格局、生产模式、景观形态等风情各异、千姿百态的元素。传统聚落是先人们长期适应自然，与自然和谐相处的历史见证，凝聚着中国悠久的农耕文明，展示着人们自古至今的生存智慧，可以说，传统聚落承载着中华文化精华和中华民族精神。所以，保护传统聚落就是维系中国传统文化的延续，就是在保护中华文明的根。

对于聚落空间的研究，既要把控聚落自身各种要素以及各要素之间的相互关系，也要关注聚落内部空间与聚落外部空间之间的关系，从而进一步了解单个聚落与同一个地域内其他聚落之间的关系，以便获得对聚落空间完整概念的把握。通过对传统聚落特色的系统研究，包括将传统聚落的不同历史发展阶段，各种历史文化要素和不同形态载体归纳合一，作为相互交融、贯通的体系来研究，从理论层面上梳理传统聚落各种有关形成、发展、演化的普遍规律和地区特征，挖掘其精神文化及生命智慧，发现其内在的文化价值，尊重其自身的运营机制，肯定其在现代聚落发展中的积极作用，以丰富我们对于人类聚居的认识。

长期以来，我们的先人经过不断的实践，运用了他们的丰富智慧，无论在聚落总体布局或在民居建筑技术、艺术方面都取得了很高的成就，积累了丰富的经验。传统聚落生存智慧拥有中国优秀传统文化的内核，是体现传统建筑智慧最具特色的代表。如何重新再认识传统聚落所具有的地域性、民族性与文化多样性特征，进一步发掘潜藏其中的营建技艺、理论精华和创造智慧，寻求传统聚落的持续发展相应的理论支撑，是我们当前重要的课题。当然，蕴含着中华文化基因的传统聚落更是当代建筑文化特色形成的基础，值得我们去进行研究、总结、学习和借鉴。

"中国传统聚落保护研究丛书"各卷作者综合运用文献研究法、调查研究法、比较研究法、定性分析法等科学研究方法，建构传统聚落研究的基本思路。采用文献分析、田野调查、理论研究与实证分析结合、系统化分析等方法，通过对学术文献、地方志、文书族谱等史料资料进行梳理筛选，对现有传统聚落进行建筑测绘、口述访谈，在吸取前人研究成果的基础上，归纳总结我国传统聚落发展特点及其背后蕴含的丰富文化和物质内涵，从整体上考虑多元文化影响下的传统聚落特征。丛书作者在编写过程中，借鉴历史学、社会学、建筑学、城乡规划学、文化地理学、景观生态学等跨学科交叉的思路，采用融合融贯的研究模式，既对传统聚落的基本共性特点归纳总结，也对受各区域条件影响的传统聚落比较分析，从整体上来把握研究对象。

在新时代的聚落发展和建设中，对传统聚落的保护与研究就显得尤为重要。传统聚落所呈现出来的优秀空间格局与营造技艺，不仅能给聚落的保护更新提供更为合理的方法途径，同时也能为新时代的聚落建设提供更多的方式方法及可能性。探究历史文化基因的内在联系，研究传统聚落的起源、演变、特点和价值，为传统聚落的传承提出依据，以便于更好地加以保护与利用。与此同时，在弘扬与传承优秀传统文化的基础上，探寻传统聚落发展模式及其保护的策略与原则，对保护与更新提出更为具体的要求与措施，构建整体保护的格局理念，以及与其相适应的、分级分类的传统聚落保护体系，更好地把握传统聚落在当代的发展道路与方向。

　　"中国传统聚落保护研究丛书"的编写希望以准确翔实的史料、精确细腻的测绘、真实生动的图片来全面展示中国传统聚落悠久的历史、灿烂的文化、淳朴的民风。由于各地区的状况不同和民族差异，以及研究基础也会参差不齐，故在编写中并未要求体例、风格完全一致，而以突出各地区传统聚落自身特色，满足各地区建设的需求为主。同时，丛书的编写，也希望对全国各省、直辖市、自治区传统聚落保护与传承、历史街区与传统村落建设，以及城乡人居环境提升起到重要的参考与指导作用，这是本套丛书研究编写的目的和意义所在。

2020年11月16日

人的聚居行为是一定历史时期内自然环境、社会经济、文化习俗等因素的映像，是历经长期历史演化过程的结果，在连续地域呈现连续渐变式的空间分布。海南岛由于岛屿型自然地理区域的特殊地位，相对独立的地理地貌，封闭的生存环境，为人口的生存提供相对独立、完整的地理空间，一定程度上减缓了外界对岛屿内部的影响，从而使其文化的发生演变、历史的变迁及其与之相关的传统聚落的嬗变等自然保持着相对独立的过程。因其相对封闭性及资源条件的独特性，形成独具特色的居住模式，更容易看出传统聚落的原型特征及纯真本质。

海南岛历史发展的过程有自我累积下的延续性发展和外界干扰下的跳跃性发展为主导的两条线索。海南岛因地理位置的特殊性，在历史上与中央王朝空间距离远，交通闭塞，交流困难，社会经济、文化发展程度始终滞后于祖国大陆。岛内民众在相对自闭环境下自力更生，自然积累形成的生产方式、生活习惯、传统风俗、居住方式等展现出明显的地域特征。但海南岛始终与中央王朝保持着联系，在随后发展历程中，大量的军队、人群的迁入，为海南岛注入了新的生命源流，强势的汉文化对海南岛原初的本土文化产生了巨大的影响。海南文化是多民族文化在历史时期长期"荣辱与共"，并在海南岛地域上有机浸溶、渗透，与环境相协调适应的一种文化形式。多元的文化彰显着海南岛特殊的历史发展历程，也衍射出海南传统聚落嬗变中的多元特征，独具魅力。

目前，海南传统聚落存在四种基本类型：一是保持原有的传统聚落的空间形态格局和建筑结构，聚落整体风貌较好。这种类型的聚落数量不多；二是基本保持原有传统聚落的空间形态格局，大部分建筑仍然保存，聚落整体风貌犹存。这种类型的聚落数量较多；三是原有传统聚落的空间形态格局部分存在，建筑已破损或新建，如新建街巷，或新建聚落祠堂、村庙、戏台等；四是聚落中基本已成为新建建筑，传统聚落空间格局已不存在，转变成排排房或城中村等。随着经济好转，这类聚落正逐渐增多。

与全国其他地方相同，海南传统聚落的发展主要受到经济形式的冲击，经济发展较快的地方，传统村落消失的速度就快。越靠近城市，受到的冲击越大。尤其是国际旅游岛的建设，大量旅游项目开发选择滨海自然资源较好的地段，使得原来大量地处偏远滨海的传统聚落受到旅游开发的强烈冲击。

黎族传统聚落是海南岛具有鲜明民族特色的传统聚落，虽然其多在深山谷地，但也受到强烈冲击，最为明显的是大部分黎族聚落逐渐汉化，保存较为完整的黎族传统村落数量大为减少。其主要的原因在于经济的快速发展促进黎汉频繁交流，且受黎族文化中自由、不受约束的因素影响，民族文化以及聚居环境的差异使得黎族逐渐认可汉族居住建筑，模仿流行于全国各地的"快餐文化"下的排排房，这种聚落空间形态结构已彻底泯灭了地域及民族间的差异。在这种趋势下，黎族逐渐放弃了曾延续上千年的船形屋建筑。

海南传统聚落经受着经济发展及文化融合的冲击，其发展有自身鲜明的特点：

（1）生态环境美，文化多元。海南人口约80%分布在沿海平原及丘陵台地区，中部则是黎苗聚居区，人烟稀少，人口分布体现岛屿圈层的地理特征，大部分传统聚落依然保持淳朴的自然气息，林木茂密，风光秀丽。在延续黎汉传统文化的基础上，近年来融入了南洋文化，形成了传统特色聚落、侨乡南洋特色聚落和少数民族船形屋式聚落并存的局面。

（2）聚落规模小，村落布局分散。虽然经历了长期的发展演变，海南岛村落仍然延续传统村落规模较小、布局分散的特点。据统计，平均每个自然村的人口约为230人，每个村民小组约160人。

（3）海南岛四面环海，偏居一方的地理区位使得其经济发展一直滞后于其他地方。缺乏经济支撑的传统聚落，其空间形态一直以缓慢的节奏进行演替。

国务院将134座城市列为国家历史文化名城，而海南省海口市占一个。国家住房和城乡建设部、国家文物局2003年开始共同组织评选中国历史文化名镇名村，已分七批公布了799个中国历史文化名镇名村。海南省2007年至2010年间的第三、四批有4个镇获得国家级名镇，第五批有3个村获得国家级名村称号。7个村镇分别是：三亚市崖城镇、儋州市中和镇、文昌市铺前镇、定安县定城镇、三亚市崖城镇保平村、文昌市会文镇十八行村和定安县龙湖镇高林村。住房和城乡建设部、文化部、财政部于2012年组织开展了全国第一次传统村落摸底调查，确定了海南省共64个具有重要保护价值的村落列入中国传统村落名录。传统村落主要集中分布在海南岛北部，西南部各市县分布零散，数量较少，中部几乎没有分布，这与历史上迁移的人民主要聚集在海南岛北部及西北部有关。

海南岛虽对传统聚落的重视相对较晚，但已开始投入大量精力。如代表黎族建筑工艺最高水平之一的白查村被评为国家级非物质文化遗产。这是海南省首个建筑类古遗址成功申报国家级非物质文化遗产。村中至今保存着81间船形屋茅草房，并保留着古老的织锦工艺和原汁原味的黎家风俗。海南省住房和城乡建设厅也已开始摸排传统村落底数，开展传统村落调查，并开展农村特色民居建筑设计方案竞赛。

本书的主要目的和内容就是深入系统地探析海南传统聚落的特色。以海南传统聚落"多源融汇，和而不同"的嬗变演化特征为线索，分析传统聚落宏观形态格局、选址原则以及传统聚落微观空间布局特点，深入剖析传统聚落的深层内涵，最终总结海南传统聚落的特色。这涉及在宏观层次上分析传统聚落的分布和演化历程，探求海南传统聚落演变的空间机理及其特征，明确海南传统聚落的总体特征和景观风貌特点。在微观的传统聚落层次上分析个例，探索海南传统聚落间的差异，丰富和深化研究的目的和内容。

如今三十而立，海南再出发。站在海南岛时代发展的前沿，机遇与挑战并存。在新形势下的海南岛发展离不开生态环境与旅游产业的建设，其本身所蕴含的传统聚居智慧将为海南岛新时代的生态建设、旅游发展提供很好的借鉴，为展现"海南文化"及其独具特色的海南岛聚居环境增添光彩。

2021年5月20日

目 录

第一节 早期聚落

一、海岛早期聚落

海南岛是海南省的主要组成部分，古称琼州，北隔琼州海峡与雷州半岛相望，是中国仅次于台湾岛的第二大岛，也是中国最大的一块热带区域。

海南岛约100万年前就孤悬海外，罕有人至。考古发现最早居住在海南岛的是"三亚人"，但其繁衍历史还未明确。其后发现黎族居住遗址，黎族是从古代百越族发展而来，特别是和"百越"的一支——"骆越"的关系更为密切，自此开启海南岛的移民史。

在海南岛有史记载之前，发现早期在内陆森林边缘生活着黎族部分先民，后来在沿海沙丘也发现了黎族繁衍演化或逐渐迁入的先民身影；大约从新石器时代中期，来自华南古百越族，如"蛮""西瓯""骆越"等族群也形成了现今黎族的部分先民，他们起初在海边停留过，后来主要沿着昌化江、万泉河溯流而上，采集、渔猎和刀耕火种并举，造"干阑屋"居住在海南岛台地区域。

黎族在相当长的历史时期内占据着海南岛的生存环境，并成功地繁衍生息着。随着人口的增加和生产发展的需要，开始拓展和变迁居住地域，分散或者聚集，拉开了海南传统聚落建设的序幕。

海南岛先住民经历着捕捞、采集、狩猎等攫取式的经济生产方式，随着先民的生息繁衍和对自然环境的深入了解，其生产方式逐渐转变为原始农业。这个漫长的自然择居、不断移居、逐渐定居的过程也意味着原始固定居民点的出现，即原始聚落的生成。

与人类原始居住方式相同，史前时期海南岛以黎族为主的先住民原始聚落也以穴居形式最先出现，经过从新石器中期到建立郡县约一千年的漫长演变，这其中经历从母系氏族公社繁荣期到父系公社的转变，至汉之前一部分居民已经离开山洞，建立起"巢居"，并逐渐过渡到"干阑式"原始建筑。

二、早期民居类型

干阑民居也称"巢居"，是古代南方少数民族的建筑形式之一。历史上黎族在海南岛中部热带雨林山地建村立寨，也曾广泛地运用这一建筑形式，形成了民族特色的民居建筑风格形式。随着现代物质文化的不断发展，黎族干阑民居也逐渐地在消失。如今这一古老的建筑形式得以完整保存的只有五指山市初保村，因其特殊的地理环境和相对闭塞的交通条件得以保留而显得极其珍贵。

该村现存独具特色的干阑民居建筑30多间，即金字形屋顶茅草覆盖，墙围四周木板构造的房屋。干阑木板构造房屋，这是干阑民居的另一特色建筑形式，是初保村重要的内容载体。它反映了黎族干阑民居建筑从原始的洞穴房室，过渡到船形屋，到金字形屋的演变发展历史。

根据较早的文献记载，如晋·张华《博物志》第四，谓"南越巢居，北朔穴居，避寒暑也。"《北史·蛮僚传》："依树积木，以居其上，名曰干阑。干阑大小，随其家口之数。"又《新唐书·南平僚传》亦称："土气多瘴疠，山有毒草及沙虱蝮蛇，人并楼居，登梯而上，号为干阑。"以上史料提到的"巢居""干阑"都是泛指我国古代南部、西南部的百越民族所居的原始住宅形式。直接记载黎族民居的文献，见于宋·范成大的《桂海虞衡志》称黎族"居处架木两重，上以自居，下以畜牧。"宋·赵汝适《诸蕃志·海南》条："屋宇以竹为棚，下居牲畜，人处其上。"从这些记载可以看到，船形"干阑"住宅，应该是黎族古老的一种民居住宅建筑形式，目前黎族村落中普遍设有的短脚"谷仓"，形如

船形屋，是古代遗留下来的"干阑"房屋的演变形式。整个黎族住宅的发展，存在一个由"干阑"逐步演变到地居的发展过程。

第二节　传统聚落演变

一、史前至秦：原始聚落的生成

　　一万年以前的海南岛土著人群游走生活，没有固定栖居点，以狩猎和采摘野果为生。发现年代最早的人类为三亚落笔峰下落笔洞人，三亚落笔洞遗址地处山地圈边缘，还有东方霸王岭、乐东仙人洞、昌江皇帝洞等先民遗址。这些洞穴基本是借助自然赐予的山洞，处在相对平缓、离水较近的山地圈边缘。先民生息繁衍，对栖息居所产生了新的、更多的需求，勇敢的先民带着新的求生欲望，找寻新的栖居地。大约到新石器时代中期，来自华南古百越族，如"蛮""西瓯""骆越"等族群也形成了现今黎族的部分先民，他们起初在海边生活停留，由于汉人、苗人占据平原、滨海地区，先民择水而居，先后沿着昌化江、万泉河溯流而上。随着树木的绑扎技术改进，居住建筑具备防风、防潮、防倾覆的功能，"干阑屋"居住形式在海南岛台地区域出现。

　　史前时期海南岛原始建筑文化以黎族为主，原始先民的聚落形式为穴居，或是靠近水源山洞，或是自然形成内部有水的山洞。其以狩猎为生，野果充饥，无意识掩盖洞口，处于一个较为原始的状态。从新石器中期到建立郡县约一千年的漫长的演变，黎族先民从原始的穴居形式，经历了从母系氏族公社繁荣时期到父系公社的转变，由于水源问题及栖居的需求变

化，至汉之前已有一部分居民离开山洞，利用简易工具，就近取材，有意识搭盖，建立起"巢居"，结合地形，利用绑扎方式，逐渐发展为"干阑式"形式，原生原真的建筑形式固定形成。从此，海南传统聚落住居文化步入新的时期。

二、秦汉至隋：汉族聚落的初步进入

　　秦始皇统一岭南设南海郡时，汉人开始进入南海，舟楫通海，交流互通，逐渐向海南移民迁徙。至汉武帝统治时期，中央集权于元封元年（公元前110年）在海南建置，设置儋耳、珠崖二郡和十六县，"环岛列郡县"的格局和海上丝绸之路"徐闻合浦南海道"航线形成。汉人迁入最初是官船和军船运送的官兵，他们主要集中在滨海及江河口环境较好，易于耕种的地带。此阶段汉族迁居海南岛，黎族先民生产生活开始受到影响。随后，由于汉族官吏的横征暴敛，原先黎族聚居的沿海平原地域逐步被汉族侵入，黎族的隐忍和对汉臣服，由原先人口较密集的北部、西北部向南部、西南部退缩，形成海南最早族群分布为"汉在北，黎在南"，并开始出现黎族由沿海平原向内地山区退缩迁移的趋势。

　　汉至隋初，受汉族文化的熏染，汉族建筑多为院落式布局，屋顶建筑为坡屋顶形式，装饰较为简单。

三、隋唐：汉族拓展，黎族收缩，环岛聚落格局的雏形

隋代在海南岛复置郡县，唐代则重视和完善了环岛建置。岛东北及东南、西北、西南、南部的建置相继设立。拓展前朝未涉及区域，全面打开环岛地带。隋唐是海南古代建筑发展重要的转折时期，一方面，大批贬官的到来给海南传播了中原地区的先进文化；另一方面，由于生产力的大幅提高、航海技术的大发展，使得海南岛与外界的联系也更为紧密。隋唐时期海南岛的聚居区域由于防御耕作的需要，"汉在北，黎在南"的分布格局逐步分化，黎族开始向山地退缩，空间格局转变为"汉在外，黎在内"。黎族居住建筑依然以"干阑"为主，与汉族建筑形态有所不同。黎族建筑文化始终受到汉文化的影响而不断汉化。一部分黎族建筑在接受汉文化的同时，逐渐融入汉族建筑中，改变民族传统的船形屋居住方式而采用汉族匠作技术土木砖瓦结构的建筑；另一部分始终坚持黎族特色。传统茅草船形屋，延续至今。崖州地处沿海地带，以中原建筑文化为主，为典型的汉族建筑。

海南岛虽偏于一隅，但受唐代宗教、儒学繁盛影响，崖州、儋州、琼州、万安州等各州县所在地均出现礼制建筑和宗教建筑；宋代战乱，移民群体中以文人或商人背景较多，且移民规模较大，宋代移民多从福建迁入，海南到处出现闽人崇拜的"天后官""妈祖庙"等。海南的民居建筑很好地反映了海南的移民文化，福建、广东、浙江以及中原等地的民居形式都可以在海南找回应，这些民居形式为适应海南的自然气候，也都做出了相应的调整。

四、宋元：汉进黎退，圈层聚落格局的形成

宋元行政设置仍承袭唐制，统治力量向南渡江、万泉河等大小支流推进。随着移民的增加，汉族与黎族之间既不断发生摩擦，又相互熏染，黎族汉化不断增加。从沿海至山区，随着建置的弱化及地理环境资源等特征，人口密度逐渐降低，海南岛"生黎""熟黎"和沿海汉族呈现圈层式分布，"生黎"居中部山区，"熟黎"介于沿海汉族与山区"生黎"之间。它们在聚落与建筑空间形态上也呈现不同特征。宋代以后，聚落类型发生新变化，出现依托港口的海港聚落和交易墟市聚落。宋代工商业的发展促进港口的建设，沿港口形成靠海最近的聚落。依托港口，向陆地衍生形成商货交易的商业中心墟市。如澄迈县的暨港至今仍保留着规模较大的石头聚落群。

五、明清：汉外黎内聚落格局的深化稳定

明朝起，海南岛逐渐受到政府重视，建置基本稳固，和全国各地一样，在明初或中期，海南岛大部分州县遵循传统县治格局，延续中原文化传统，整饬县城，修建城墙，结束了长期以来有治无城的局面。

明清行政建置及土地开发已基本延伸至内部山区，黎民大部分归附或受编。同时明清汉族文化的强势繁荣，更加速黎族汉化。汉族聚居区进一步加大，汉外黎内的聚落格局深化稳定。

客家人在明朝开始迁入海南岛，而在清代成为移民主体，客家人进入岛内荒地较多的西部地区，这时候出现了客家围屋；到了清代，海南岛传统建筑单体以庭院式布局、三开间为主体，庭院式布局注重私密性空间围墙围合。结合庭院布局，围屋在两侧或单侧的厢房，也称横屋，主要作为辅助用房。

明清两朝，海南岛迎来了更大规模的开发建设，海南古代建筑的发展逐步进入了成熟时期。这个时期海南的官式建筑和宗教建筑得到了很好的发展。官署、学宫、佛殿等官署式建筑的建设有着统一的规制，而民居的建筑营造则更多地体现着海南民间建筑

特色。大量的移民漂洋过海而来，把祖居地的建筑风格也带到了海南。

六、近代：汉黎聚落的融合及分异

从1840年鸦片战争开始的近代时期是海南岛发展风云多变的时代。以民族传统的船形屋为代表的居住方式一直以来受到汉文化的冲击，一部分民居采用汉族土木结构融入黎族建筑中；另一部分始终坚守民族原始原生特色，保持茅草船形屋居住建筑形式，延续至今。

在近代，随着岛内与东南亚之间的文化交流，带来了东南亚先进的建造技术和建筑文化，这时期出现了具有东南亚风格的南洋骑楼建筑。南洋骑楼建筑源于殖民地建筑，是在漫长的历史发展进程中积累起来的文化精髓，它秉承传统，蕴含着中西结合的中国建筑艺术文化、南洋文化、儒教文化、佛教文化、海洋文化等诸多文化内涵，注重几何图形、植物图形的组合变化，细部装饰和外部形态统一，建筑空间植入了宗教元素和地域要素，同时西方现代主义设计方法将原居地文化带到海南，融入海南。

总体而言，"汉在外，黎在内"的聚居格局没有改变，但汉族聚居区域或汉族聚落方式进一步向山区腹地推进，汉黎聚落融合加剧。

七、海南传统聚落演变动因

（一）海南传统聚落生成演变的外在因素

1. 自然地理，原初聚落格局的生成

海南岛圈层式阶梯状的自然地理格局，造就了岛内气候及环境资源的差异。早期海南岛黎族人自然地选择了林木密布，水源充足，生物资源丰富，既利于农耕，又便于渔猎的河流入海口的沿海平原地带及沿河流平缓的阶地地形聚居生活。海南岛史前多在河流、沿海港湾、山冈台地和沙丘上发现考古遗址，这充分说明自然地理环境是影响原初的聚落格局形成的主要因子。

2. 人口迁移，多元聚落格局的建构

海南岛的发展在历朝各代大多与移民有着紧密的关系，由于政治、军事等各种原因，海南多次移民源自不同地区，跨过琼州海峡的各移民族群部分保留了原住地的传统习俗，又融入当地社会形成多元化的地域人文景观，出现具有地域特色的多种方言现象。因此，海南岛一直被认为是"移民岛"，大批移民都是同姓同宗聚族而居，形成血缘性聚落。人口迁移反映在地域上是聚居地域的逐渐转换和不同族群聚落的交融更替。

1）聚居地域转换

秦汉时海南岛最密集的地域是西北和北部地区，这里聚集着大量的汉族移民者。人口持续迁入造成局部地域土地归属的争斗，尤其是经济较发达的汉族拥有强势的竞争力而迫使黎族迁徙向南。随着移民人口的持续发酵，四周沿海平原河流谷底地区土地越来越紧张，汉族移民者沿河而上向内地丘陵山地聚居。汉强黎弱的现实又一次将黎族推到了最内层的高山腹地，紧邻山地的边缘丘陵成为汉黎杂糅聚居区，外围自然成为汉族主要的聚居地。人口的迁移极大地改变了海南岛的聚落空间布局。

2）聚落多元构成

在战火纷飞的年代，海南岛特殊的地理环境使其成为良好的避风港，这也就成为海南岛迁居人口较多的时期。祖国内地各个族群带来相应的生活方式和聚居习惯，逐渐形成聚落的多元化。人口迁居造成海南岛聚落多元化构成的类型可分为三种：一是移民者身份多元化（如商人、避乱、逃犯、官兵、贬谪官员等族群）聚居形成复杂型聚落；二是多次移民造成聚居区域镶嵌型聚落。海南岛每一次的移民都在土地已有归属的基础上

选择聚居区域。面对山地丘陵、河流纵横的复杂地理环境，在适宜聚居的平原丘陵地带的选择只能见缝插针，不同时期及不同来源的汉族聚落镶嵌杂糅；三是移民聚居的环境差异形成分异型聚落。气候差异、地形多变等原因使得在此定居者需要根据环境对聚落进行适应性调整，最终形成丰富的聚落类型。

3）聚落类型拓展

与人类原始居住方式起源相同，海南岛史前时期至汉之前一部分居民已离开山洞，建立起"巢居"，并逐渐过渡到"干阑式"原始建筑。秦汉至隋，农业技术和生活方式发生改变，岛内开始种植桑、麻、稻、槟榔、椰子、龙眼和荔枝等，饲养牛、羊、猪、鸡、犬等家禽和牲畜，聚落周围开辟了经济林果的种植空间和畜养家畜的圈养空间，聚落空间在细化，居民改善和丰富美化居住环境。隋唐时期，手工业自然交易场所或官方专门设置的墟市逐渐繁华，宗教文化也进入聚居生活，庙宇、学堂等建筑成为聚落的重要组成部分，并逐渐影响着聚落形态的构成。宋元时期出现了依托港口的海港聚落和交易墟市聚落。明清时期，商贸兴盛、墟市活跃；大部分州县延续中原文化传统，整饬县城，修建城墙。近代时期，汉黎聚落融合与聚落内部分化同时强化，加之岛外东南亚文化的冲击而出现了东南亚聚落的特点。

3. 行政建置，圈层聚落格局的形成

海南岛行政建置随着开发历史推进，并引导人口的迁移。行政建置意味着政府职能机构带来相对较多的优势资源，相对于其周围形成优势竞争力。由此带动商业、手工业等的发展，墟市的形成，最终形成聚落密集区。未有政府主导海南岛以前，黎族聚落独立享有海南岛丰富的自然资源。政府入岛初期主要集中在发达的西北地域。随后逐渐拓展到西南、南部、东北等区域。隋唐时期，环岛建置初步完成，也带动人口的环岛分布，自然形成环岛聚落带。此后，沿着河流向交通便利、条件适宜的丘陵山地推进，也带动聚落向内迁移。明清时期建置全面深入腹地黎区，意味着汉族已完全能够进入黎区，黎族也经常参与汉族墟市进行交易。行政建置主导下的"汉在外，熟黎在中，生黎在内"的圈层式聚落格局逐渐稳定，并成为延续至今的聚落空间分布基础。

（二）海南传统聚落生成演变的内在因素

1. 经济推进，聚居区域的拓展与杂糅

聚落的重新划分是由于每个历史阶段的行政建置、人口迁徙对土地资源的争夺。传统农业社会中，土地是最有价值的生产资料。由沿海向内部山区的圈层土地开发价值逐级降低。占有经济、政治、人力资源、先进生产技术等优势的汉族迁入海南岛，将处于弱势的黎族从西北、北部沿海一步步被排挤到西南、南部沿海平原，直至推向内部山区，并自然而然地占领了资源条件优越的沿海平原地带。后来移民的汉族者只能选择在中部丘陵或山地黎族相对较弱的区域以杂糅方式聚居。最终造就了海南岛总体圈层式的民族聚居分布格局，而其中局部存在着镶嵌式的汉黎杂糅的聚居区域。

2. 文化交流，聚落形态的融合与分异

海南传统聚落聚居文化的形成，实际上是各种民族或族群文化在海南地域上的各种文化长期作用的结果。海南岛的文化随着人口的迁移而扩散流动，按海拔从沿海向腹部五指山传播。文化交流是推动海南岛聚落形态融合及分异的主要动力因素之一。汉族迁入带来新的先进的生产方式和生活文化逐步被黎族接受，改变了黎族"刀耕火种"的传统生产方式，黎族生活方式也渐承汉制。在汉黎杂糅的中部山区，黎族基本采用汉族居住建筑和聚居方式，文化的传承使原本不同生活方式的民族逐渐融合。

迁居海南岛的人群多元化（如中原汉族、闽南客家、潮汕客家、广府人、广西人等，以及军人、商人、手工业者、贬官等），自然携带了各个民族的文化因子，并努力传承了其中的精华，所携带的文化因子都成为影响聚落变异的因素，影响着聚落的形态和结构。这些文化因子深刻地影响着民族或种族的生活方式，并以"或明或暗"的方式反映在聚落中。在聚落中产生新的内容，出现聚落分异，如学堂、宗庙、道观等建筑类型的出现，逐渐成为影响聚落形态的关键因素。

第三节　民族聚居

一、民族聚落分布

海南岛特殊的热带岛屿型金字塔式的地理地貌所形成的圈层式空间格局是影响传统聚落空间形态的主要因素。而对聚落空间布局产生影响的行政建置、人口迁徙、土地开发等都是以此展开，并最终形成大圈层小杂糅的聚落空间布局。

黎族是海南岛最早居住的先民，源于古代百越的一支。随着汉族大规模迁移海南岛，特别是封建王朝在海南岛设置行政建置，逐渐打破海南岛单一黎族结构。自汉代开始，强势汉族的进入，逐渐占据了黎族原初聚居地。黎族被迫逐渐从沿海退向内部山岭谷地，最终形成"外汉，中熟，内生"以及"局部地域杂糅混居"的分布格局。海南黎族传统村落主要集中在琼中、五指山、东方、昌江、乐东、三亚等地。经过了长期的融合、交流与发展，形成了黎族独具特色的聚落形态，创造了灿烂的民族文化。

在漫长的海南移民历史长河中，对于传统聚落空间形态而言，汉族传统聚落自西汉后逐渐成为海南传统聚落的主体，代表着海南传统聚落发展的主流。汉族传统聚落主要分布在沿海平原地区。

二、民族聚落特点

黎族最初分散聚居于海南岛各地，但随着汉族迁入，其聚居区域逐渐缩小，并集中于海南岛中南部山区。黎族现在聚居的地区包括五指山以及鹦哥岭、黎母岭、霸王岭、雅加大岭等海南岛的山区地带。地势是东北高，西南低，中南部地区为五指山腹地。黎族村落由内向外散布在山峦之间的丘陵型盆地、峡谷和部分海滨平原上。黎族传统聚落规模较小，空间形态相对自由，组成要素较为简单。

汉族村落选址重视并尊重基地自然生态环境的内在机理和自然规律，村落选址大都利用天然地形，依山傍水，枕山环水，背山面水，负阴抱阳，随形就势；大都选择在山谷内相对开阔的阳面或山侧南向缓坡上，强调人与自然的和谐统一。汉族传统聚落类型丰富、层次多样，建筑紧凑规整，村落边界形态较为清晰，呈现网状分布状态。

由于汉族的迁入，造成海南岛汉族、黎族的持续争斗，形成镶嵌杂糅的聚居格局。尤其是中部和内部山区，一直是争斗波动地区。黎族持续内迁，进入山地，汉黎杂糅镶嵌于中部丘陵地带。因此，海南岛从外到内，依次形成汉人、熟黎和生黎的环状圈层居住空间格局。

第 二 章

自然地理环境与传统聚落构成

第一节　自然地理环境与聚落选址

一、气候环境特征

　　海南岛地处热带北缘，属热带季风气候，素来有"天然大温室"的美称。全年无冬，雨量充沛，干湿季节明显，热带风暴和台风频繁，气候资源多样。聚落布局形成的主要因素之一就是气候环境。海南岛特殊的气候环境形成了海南独具特色的聚落格局。抵御台风、通风防热是海南建筑要解决的主要问题，在建筑上要求其通风透气、遮阳隔热和防御台风。特别是主导风进入村巷，建筑围合形成的穿堂风把热量快速排出，形成良性循环。总而言之，聚落与建筑为了适应海南的气候条件，相应作出恰当的调整。海南岛聚落四周一般多栽种密集的椰树或其他乔木来遮阳，减少热辐射，调节小气候。聚落平面采用密集式布局，缩小建筑间距造成阴影，"梳式"排列、设廊檐等遮阳方式来减少热辐射。建筑构造方面，加强屋面和墙壁的隔热性能。规整的墙面，少凹凸来减少热辐射。双层瓦屋面上用砖带压瓦，既隔热又防风，很好地抵御台风袭击。如海南琼北地区的梳状布局聚落就是适宜热带气候的产物，为产生聚风效应，梳状聚落的冷巷一般都是南北向且比较窄，这造就了冷巷里无论炎热酷暑都是最凉快的（图2-1-1）。其中文昌十八行聚落总体布局中采取梳式布局和密集式布局方式，在建筑平面布置中用巷道、天井和厅堂相通来组织自然通风。与夏季主导风向一致的南北向布局，有利于最大限度地形成穿堂风。其中南北向巷道既解决了交通、防火，又适应了气候条件，巷道造成阴影区形成冷巷（图2-1-2）。门窗的位置、大小、开闭方法和遮阳方式都以利于形成穿堂风设置。

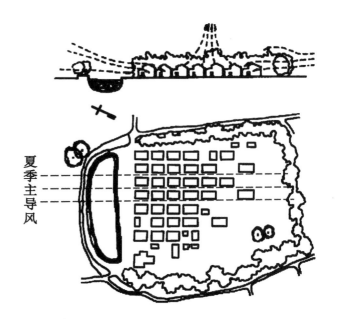

图2-1-1　梳式布局通风示意图（来源：《广东民居》）

图2-1-2　文昌十八行村巷道（来源：唐秀飞 摄）

二、地理环境特征

（一）孤悬海外，封闭中求生存

海南岛孤悬海外，交通阻塞，在一定程度上造成人口迁移困难，文化传播缓慢，使得岛内依靠自身摸索和积累发展，具有相对稳定、淳朴的环境，发展缓慢而特征明晰。随着先进思想文化的传入形成强势的文化渗透压力，文化冲击在所难免。后期逐渐加快发展，形成多元化融合的局面。

（二）金字塔式地貌，圈层外向型活动空间

海南岛中间高耸，四周低平，山地、平原、丘陵、台地构成环形层状地貌，以五指山、鹦哥岭为隆起核心，向外围梯级结构逐级下降，河流由中部高山向外辐射。整个地形具有明显的圈层特点，形成"高山—丘陵—平原"金字塔式的阶梯地貌。中间高，四周低的圈层式地貌结构极大地影响了人类的活动方式。中部高地成为交通的阻碍，相对人迹罕至。无论是陆地圈层式的活动空间还是水域引导的中心放射式交通系统，结合四周面海的空间格局，人类活动更倾向于沿四周平原地带行进，海南岛基本形成圈层外向型活动空间。

三、自然环境特征

（一）高温高湿，雨量充沛

海南岛位于热带北缘，属热带海洋季风气候。终年湿热，无冰雪，年平均相对湿度可达80%以上。夏季温度高，日照时间长。年平均降雨量为1639毫米，但降雨量分布不均匀，属8、9月份居多。中东部沿海为湿润区，西南部沿海为半干燥区，其他地区为半湿润区。降雨季节分配不均，干湿两季明显，其气候特点是炎热、潮湿、多雨，属春季室内湿度最大。高温高湿的气候对建筑的形态与村落的布局有较大影响，为了适应海

南的气候条件，首先要解决的即是通风、除湿、降温等问题。村民一般在村落周围、村巷中、庭院种植遮阴效果良好的庭院树或果树，以减少夏季的太阳辐射，调节村落周边小气候。在不影响通行的前提下，缩小建筑的间距造成阴影，形成冷巷，降低墙体温度。同时，在建筑结构细部设计上也做了许多人性化的处理，如檐墙上增加矩形小窗、两边山墙上用两片瓦片对合而成小孔，均是为了增加房屋内空气对流，降低室内温度的做法。另外房屋建筑整齐排列临近水体，形成村落内部，以及建筑之间的通风廊道，达到降温除湿的目的。

（二）台风频繁

海南岛素有"台风长廊"之称，台风是海南主要的自然灾害之一，平均每年在海南岛登陆的热带风暴台风约3次，最多可达6次，尤以8、9月居多。强风和暴雨对建筑和其他生产生活设施造成极大的危害和威胁。因此，对民居建筑的抗风性能要求较高，海南传统民居建筑通常较为低矮，一般通过增加山墙的厚度，增加砖块固定屋顶瓦片以及建筑结构一体化等手段来提高建筑物的抗风性。在聚落选址上大多选在背风坡一面，同时在聚落周围种植防风林达到避风的目的。

四、聚落选址因素

聚落的选址与规划受其所处的社会关系、经济水平以及社会思想潮流、自然气候条件等直接的影响，一般都是由小到大的演变过程。长期的生活体验和对自然界的观察了解，形成了寻求理想住址的一套思想和手法。从一定程度上说，传统聚落的空间形态代表了所在地域、民族及特定历史时期的典型特征，并具有一定的科学、文化、历史以及考古的价值。

早在人类离开洞穴之后，就本能地选择有利的居住环境。架屋而居选址多临近水源，以便于取水；建筑为

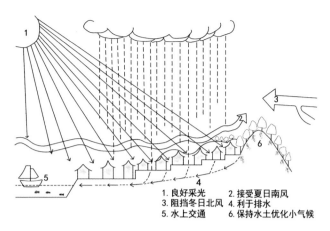

图2-1-3 良好选址的优越环境效应（来源：唐秀飞 改绘）

1. 良好采光　　2. 接受夏日南风
3. 阻挡冬日北风　4. 利于排水
5. 水上交通　　6. 保持水土优化小气候

了利于采光和躲避冬日寒风而大多选择建于东南坡或南坡，建筑朝向选择坐北朝南或坐东北朝西南；有空旷之地，可以种植庄稼，自给自足。由此可见，人类早就对基址的宜居程度有自身判定的准则，形成质朴的环境观。正如陶渊明在《桃花源记》中所描述的"土地平旷，屋舍俨然，有良田美池桑竹之属"。总之，聚落选址实质上是选择生存环境或居住环境，最大限度上取自然之利，避自然之害，造就自己安居的乐土，其中蕴含着丰富的生态学原理（图2-1-3）。

（一）忧患意识

古代的中国频繁发生战争，民族冲突不断，社会动荡不安，导致民族不断迁徙。人们憧憬和寻找远离战火的世外桃源。因此，聚落选址特别强调安全和防御，注重借助地形、密林等环境因素抵御外敌入侵和规避自然灾害对生活的影响。因此许多传统聚落分布在环境相对偏僻独立的地区，甚至偏安一隅，受外界影响幅度较小，较好地保存聚落格局。良好的选址应做到最大限度地取自然之利，避自然之害，营造舒适的居住环境。

1. 生态效应

传统聚落的生态效应主要为三种类型：一是边际效应，即原始人一般生活在区系与区系之间的过渡边缘地带，这既有利于获取更多食物，同时又具有瞭望和庇护的便利性，能够及时获取周边各种环境信息，以便更有效地攻击和防卫；二是闭合及尺度效应，人类居住地常集中于盆地或平原等一角，在这种闭合而有限的空间尺度范围之内，可以减少潜在的危险，从心理层面给人以安全感；三是豁口效应，即居住环境与外界环境相连的通道，是防御外敌入侵有利的自然环境，主要体现了防御意识。由此可见，这三种生态效应均与居住地安全和防御有密切关系。如分布于崇山峻岭之间的白查村、洪水村，村落的位置选取十分巧妙，群山环绕之间，村落背靠大山，留有一条连通外界的走廊，相对封闭的空间给村民安全感。在原始状态下形成的防御性模式，逐渐成为一种影响中国几千年的心理积淀，一直左右着聚落的形态与空间布局。

2. 防御体系

海南绝大多数传统聚落的建筑布局规整有序，且十分注重安全防御功能。传统聚落的防御体系一般分为内外两层，外层防御是结合地形、密林等自然环境条件和人工修建的围墙、村口等设施，形成村落的第一道防线。树林可遮挡视线，使聚落不容易暴露，配合地形条件构建易守难攻的格局。村落围墙将村落紧紧围护，至少只留一个村口出入。大多数村落用石头建构坚实厚重的村口。如海口三卿村、东谭村，澄迈的谭昌村、龙吉村等村落的村口均用火山岩制成。内层防御由碉楼、炮楼、村巷、院落等部分构成。

村巷内部设置各个巷口，每条巷道都设有巷口，巷口成为进入巷道的必经之路。巷口采用厚实的石质门框，巷口及各宅院建筑砌筑石墙，形成封闭巷道。村巷道四通八达，陌生人易迷失方向，达到防护目的。各家各户的院落均由石头砌成，留有一至两个门口出入。碉楼或炮楼均是近代为了防盗匪、完善村落防护体系而修建的，具有威慑盗匪的作用，也可与匪徒进行对垒，是村落防御意识的重要体现。碉楼一般建在村落周边、村口、村落中心、制高点或重要通道口的位置，形象十分显目，如谭昌村内部砌筑两座三层高的碉楼，石山镇三卿村的"安华楼"，罗驿村的炮楼等。除防御作用外，碉楼还有彰显村落经济实力与村民形象，展现村落居民团结一致，共御外敌的决心的作用。这种规整密集式的聚落布局，对防御具有良好的效果，如遇外敌入侵时，村民可以疏散到碉楼中，保证人身安全。碉楼基本是民国时期修建的建筑，受西方文化影响较深，从外形上大量模仿西方古典建筑样式，增加了碉楼的神秘感、时代感、威慑力和文化气息，充分体现了忧患意识在海南传统聚落空间布局上发挥的作用。

3. 防灾措施

聚落的选址与布局都需要考虑规避暴雨、台风等极端恶劣天气带来的影响，迅速排水及遮挡台风成为村落选址面临的重要问题，传统聚落大多分布于海南岛沿海四周平原地带，地势平坦。因此，靠近山岭及密林成为聚落选址的首选，聚落通常沿山坡等高线布局，使雨水快速排出。同时，通过配合风水林布局聚落建筑，或在聚落外围种植大量植物作为防风林，以减小台风对聚落的影响。滨海聚落房屋建筑的朝向选择远离海边背风一侧，如谭昌村、石矍村等聚落周围密布茂林，配置大量的木麻黄、椰子等植物，能有效地形成挡风面，保护聚落聚居建筑设施，在夏季也能达到防暑降温的效果。同时，茂密的植物也对聚落起到一定的遮挡作用，提高了聚落的私密性。

（二）生产意识

对于人类而言，选择栖息地时会着重考虑温饱问题，人们居住的地方必须满足人们日常生产生活的需要。人类通常选择依山傍水而居，背靠青山，前临溪河

和耕地，这种居住格局，既不易遭受水灾，又利于取水灌源，既利于劳作，又减少了对可耕地的占用。同时，还便于在周边树林中从事采集、狩猎、放牧等辅助性生计劳动。海南传统聚落大多周边地势平缓，都有如河流、湖泊、海洋、沼泽、湿地、田野、树林等要素分布，或临近交通主干道，交通便利，如海口的文山村、谭昌村、大美村等。海南岛汉族聚落主要分布在河流冲积平原地带，地势平缓，易于耕作，且水源充足、土地肥沃，适合农业生产和交通运输。而黎族、苗族等少数民族聚落主要分布在中部山区。聚落一般建于山脚下或山坡上，周围植物茂密，田野错落有致。

（三）宗族意识

对海南传统聚落的选址与布局有较大影响因素的还有宗族制度，宗族意识较为明显地体现在聚落的形态和布局上。海南传统聚落多是聚族而居的村落，宗祠是宗族的物质载体，是村落的精神文化中心。因此，一些聚落通过村巷将宗祠与民居建筑联系起来，以宗祠为中心，形成向心形、团结聚合式的村落结构，如罗驿村的李氏宗祠。但从整体上看，海南大部分传统聚落在布局时，无论是从建筑形态还是选址上，通常都有意识地将宗祠与民居建筑区分开，将村民的生产生活区和精神生活区有效地分开。宗祠通常建在村落入口或交通相对较为便利的地方，方便各家各户通往。如三卿村、道吉村、谭昌村等村落的宗祠都分布在村落的边缘。但对于非历史嵌入型村落而言，村民都是从其他地区搬迁而来，受宗族意识影响相对较小，村落中的民居建筑分布没有较强规律性，空间形态各异，如保平村、老丹村、东谭村等。

（四）景观意识

景观意识与风水意识相辅相成，对村落的布局起到了较大的影响。海南传统聚落大部分是由内地搬迁而

来，继承和发扬了中国传统的耕读文化，再加上海南的
贬官文化，许多文人政客崇尚山林，常常陶醉于田园山
水、耕读写意、寄情山水的浪漫情怀之中，遂将山水诗
画的意境，附加于村落的营建过程中，旨在营造诗情画
意、世外桃源般的人居环境。海南传统村落整体布局遵
循人与自然和谐共处，顺应自然的理念。

诗人孟浩然的《过故人庄》中有云："绿树村边
合，青山郭外斜"，描述的就是远处的山体与近处的
村落形成了优美的对景景观。澄迈县永发镇的儒音村
深居于南渡江中上游的山林之中，村落虽小，但周边
青山绿野相拥，远离世俗的喧嚣，村前的月塘水碧面
阔，鹤鸭悠游，配合周边的火山岩建筑，胜似图画。
再如东方市江边乡白查村，地处玉龙岭山脉和大广坝
水库的天然幽静之中，四面环山，村中"船形屋"错
落有致，植物郁郁葱葱，周边小河流水潺潺，再加上
交通不便，形成了与外界相对隔绝，"世外桃源"般的
美妙意境。

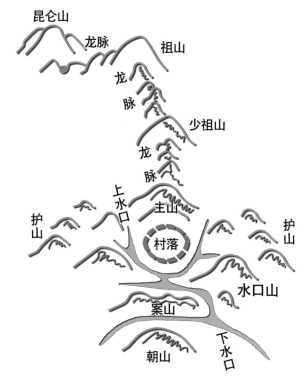

图2-1-4 理想的环境格局（来源：唐秀飞 改绘）

（五）环境意识

海南传统聚落大多是聚族而居的宗族村落，村落的
环境格局是每个宗族都考虑和重视的问题。聚落的选
址、朝向、空间布局及景观要素构成等，均有着独特的
环境意象和深刻的人文含义，试图表现出一种天、地、
人三者紧密结合的有机整体思想。其强调根据地理环
境、气候条件等景观特征，营造适宜生产居住的人居环
境。基址的理想格局既要包含山清水秀、土地肥沃、阳
光充足、安全防御等环境特征，又要满足人文意义上的
空间结构特征（图2-1-4、图2-1-5）。

纵观各地传统聚落，虽周边地形地势多种多样，环
境特征不尽相同，但布局思想如出一辙，在满足安全意
识与环境意识的前提下，形成一个相对封闭、山水环绕
的景观格局。尽管人们一直在寻求理想的聚居地，但海
南四周平原地区的地势平坦，能满足类似地形条件的基

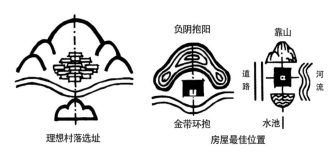

图2-1-5 理想的村落基址（来源：李贤颖 绘）

址非常少，因此多数情况下，只能通过人为的手段，尽
量营造相对符合理想的居住环境。

龙吉村地处澄迈县老城镇，村落坐落在一座石山
上，坐北朝南，背山面水，建筑沿等高线从下往上布
置，左右两边护山略高，山上风水林保护完好，植物高
大茂密，对村落形成环抱态势。村口设置于山坡下，入
口处一潭矩形风水池，池边有两口水井，分别为八边形
和四边形，极具特色（图2-1-6）。

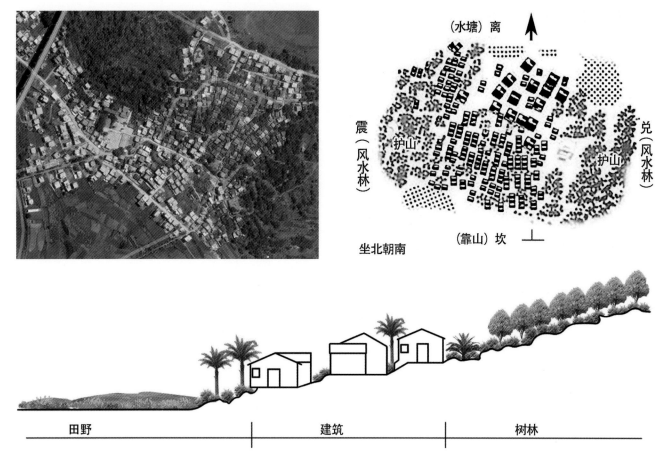

图中文字：

（水塘）离

震（风水林）

护山

兑（风水林）

护山

（靠山）坎

坐北朝南

田野　　建筑　　树林

图2-1-6　龙吉村的环境格局（来源：费立荣 绘）

第二节　山地聚落构成

一、聚落的空间格局

山地型聚落主要位于海南的中部山地丘陵地区，包括五指山市、白沙县、琼中县和保亭县等山地丘陵为主的市县区域。山地丘陵地区主要为黎族或苗族居住，汉族聚落只占少部分。

海南中部山区河流源头众多，河网稠密，山地型聚落择水而居，选址于山区盆地和峡谷平坦之地，规模大小不一，小村居多。由于简单的生产工具对耕种改造能力小，就近和依赖原状较多，山地型村落往往分得很散。

山地型聚落背山面水的布局选址特征为背靠山脉、面水临河、平坡为基和田地环绕（图2-2-1）。山地型传统聚落规模较小，质朴简单。以船形屋为主，由环村林带、谷仓、牛栏、猪舍、寮房、环村石墙或竹篱等围绕村落布局，土地庙设在村落入口，村外为稻田、菜地。

山地型聚落以谷仓为主要粮食安全空间，以晒场或晒架集中晾晒谷物，保障谷物不至于腐烂的晾晒空

图2-2-1　山地型聚落格局（来源：唐秀飞　摄）

间相对集中布置，环村林地种植竹木以及石砌矮墙，增强了边界识别，防御意识凸显，这是处于自发的自我保护意识。家禽牲畜圈养、蔬菜种植等处于松散自由的状态。山地型聚落整体空间形态完整性和秩序性由原始原生原真到集中防御意识增强，尤其是在组织公共空间上，有明显的以谷仓为中心，统一方向布局居住，集中设置看护的特点。

总而言之，山地型聚落在公共空间布局中既有原始"自发"的理性，在个人私密性空间布局上又有原真"自由"的感性。聚落原生原真空间形态对外表现出原生的整体性、紧凑性和质朴秩序感，而对内则表现出原真松散性、自由性和致用无序感。

二、聚落的建筑特色

山地型聚落以船形屋（茅草屋或金字屋）为居住建筑主要类型，对自然简单利用，建筑就近取材，原始茅草屋顶、黏土墙、原生竹木支撑等。早期的船形屋状如船篷，为半圆筒形，用竹木扎成轮廓，盖以茅草，房间内一般不再分隔。用藤条或竹片编成地板，离地约半米，并留有煮食用的火炉塘，因其形如船篷，故称船形屋。

船形屋以山面为入口，作纵深方向布置。船形屋最原始又最常见的为单间平面，由居室、杂用房、前廊三部分组成，居室内部空间不分隔，空间较大，起居活动如客厅、卧室、厨房、餐厅等都在这里进行。后部杂用房多放农具或堆柴草杂物、养鸡之用（图2-2-2）。船形屋平面尺度较小，将内部空间按功能划分后，进深约为4米，长度一般为6米，船形屋顶最高点距离居住面（或地面）2.3～3.2米，强调平面功能。船形屋具有可加性，出现多个房间可以沿长度方向扩大面积。船形屋只在前后山墙上开门，沿四周墙不开窗，有开敞

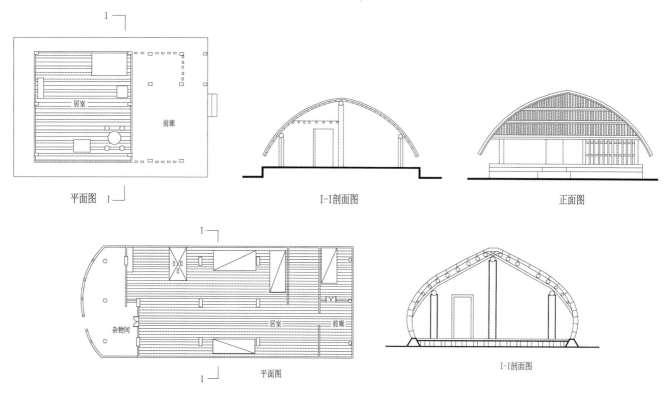

图2-2-2 山地型黎族传统建筑的基本构成（来源：杨定海 绘）

的门廊，还有一种用柱子支撑屋盖形成的门廊，有的由入口处山墙后退形成凹廊，有的在山墙部分包一个半边穹隆式的流线型屋盖，船形屋顶覆盖茅草。在封闭的室内环境中保持室内干爽，因为开窗较少，通风较差，只有通过火的烘烤加温加热，加强室内下垫面热空气与室内上层温度稍低冷空气形成温差，而产生空气流动，既能取热干燥环境，又能抵御野兽、害虫侵袭。

三、聚落的景观风貌

山地型聚落景观主要特点是聚落依山而建，根据山体地形选址，各聚落之间的距离明显较远。其聚落的形态布局相对更为自由散乱（图2-2-3）。山地型聚落的

住居者多为海南当地的黎苗族，所以其建筑形式很多是有特色的黎苗建筑，这点明显不同于平原型居住建筑。而其种植产业相对于平原型村落也有很大不同，如各种果树经济林、茶叶种植区和原始森林等。

山地型聚落的景观美是建立在整体和谐的原生态自然环境之上。山地型聚落的形态，宛如生于大地上的巨舸，顺其自然而生，随地就势而成，依着山脉沿山腰、山麓密集簇拥集结，和整个山体的走势结合的极为贴合，从平面上看，或按等高线的线型疏落有致、从高到低地依次错落展开，或沿山坳、山谷的凹凸蜿蜒形态分布。再结合聚落大体相同的材料、结构和空间、平面的构成，在相同的色彩、质感、形象乃至"符号"的映衬下，聚落形成了和谐统一的整体。山地型聚落住宅的色彩基本上呈一片淡土黄色，配合着四周的绿

图2-2-3 山地型聚落的形态（来源：《东方市江边乡白查传统村落保护与发展规划》）

图2-2-4　整体和谐的山地型聚落（来源：唐秀飞　摄）

树、椰林、蓝天白云，获得一种宁静、调和的色彩效果（图2-2-4）。

四、典型山地型聚落案例——昌江县王下乡洪水村

1. 村落概况

王下乡地处昌江黎族自治县东南角的霸王岭腹地，是黎族聚居区，全省人口密度最小的乡镇，昌江县最边远的山区。其北部与七叉镇相连，东南与乐东县交界，西靠俄贤大岭与东方县邻隔，北与白沙县交界。

洪水村位于王下乡东南部，村域除西边与钱铁村相连外，其他周边均为霸王岭林业局的国有土地。洪水村是一个纯黎族的村子，在黎族五大支系（哈方言、杞方言、润方言、美孚方言、赛方言）中类属杞方言黎族。

洪水村村落四周高山峻岭绵延起伏，林木繁茂，河流纵横，水源充沛，自然资源丰富，保持着典型的原始生态环境。由于该村地处偏僻，交通不便，受外界影响较少，因此至今仍保留着上百间传统黎族民居，被民间称为最后的草屋部落（图2-2-5、图2-2-6）。

图2-2-5　洪水村1（来源：郑小雪 摄）

图2-2-6 洪水村2（来源：郑小雪 摄）

图2-2-7 洪水村3（来源：郑小雪 摄）

2. 历史沿革

王下乡位于县城东南部，是昌江县最边远的山区，东南与乐东县交界，1935年，海南增设白沙、保亭、乐东三县，昌江县将七差、王下等两个乡划归乐东县辖，因此在乐东县志或古籍中都能找到有关王下乡的记载。至1961年乐东县的七差、王下等地区复归昌江县管辖，此区域一直延续至今。

洪水村原来叫红水村，"红水"黎语叫"浓塞"，血水的意思，源于村前一条从大山那边汩汩而来的红水河而得名。每当雨天或山洪来时，碧绿如洗的红水河就呈现红褐色，依河而居的村寨，被唤作红水村，后来有关部门登记时误把"红水"记作"洪水"，"洪水村"便沿用至今（图2-2-7）。

3. 村落选址

黎族村落往往根据其所在环境的地形地貌自然发展，强化地形地貌的空间肌理，表现出与地理环境整体统一的生长关系，山区的村落一般建造在山脚下，有利于防台风袭击，居民多饮山泉水。村落的选址有三个特点，一是靠近耕地，村址靠近耕地便于劳作生产，也便于在其周围的小丘陵或山坡种植杂粮；二是靠近河川或溪流，便于利用水源灌溉农田及生活饮用，并且可以捕捞水族类改善生活；三是靠近山岭及

森林，靠山便于获取日常燃料及建筑用材，并且可以狩猎以满足男人物质上与精神上的需求。洪水村的位置就证明了这一点。

洪水村坐落在一个呈月牙形的宽大河谷里，在由山脉、溪河等形成的清晰领域范围内，村落旁有大面积的平地用于种植水稻。房屋沿红水河道而建，自东北向西南，形成了较为有特色的沿河带状聚落。

4. 聚落格局

洪水村因至今仍保留和传承本民族方言、服饰、饮食习俗、传统织锦工艺及干阑民居建筑等古朴浓厚的民族民俗文化，而被视为一块珍贵的黎族民居文化的活化石，更被称为一个原生态的海南黎族民俗博物馆。

洪水村背山面水，坐落在霸王岭山脚下一小片平坦的山间盆地当中。洪水村沿着洪水古河道两侧分布，四周环山，有丰富的物质资源，整体环境适合群居。房屋沿河道两侧并列排布，布局紧凑，屋与屋之间距离狭窄，只能作为小巷使用；排水则为简陋的明沟排水，雨水和污水顺着水沟排向古河道。村庄寨墙为树木枝条绑扎成的篱笆围成。洪水村房屋屋顶的茅草覆盖在稻草泥墙上，一直延伸向地面，极似一艘艘倒扣的船。村寨里清一色的茅草屋建筑结构，呈现出水平方向的稳定感，

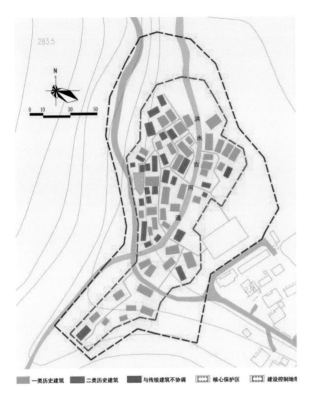

图2-2-8 洪水村村落格局图（来源：郑小雪 绘）

■一类历史建筑 ■二类历史建筑 ■与传统建筑不协调 ⬚核心保护区 ⬚建设控制地带

以及"山包围村，村包围田，田包围水，有山有水"的和谐关系。从平旷的田野中远远看去，葱郁的树林中掩映着斑斑屋宇，生活气息甚浓（图2-2-8、图2-2-9、表2-2-1）。

洪水村有韩、林、符、陈四大姓氏，以韩、林姓人口最多，符、陈姓次之。村落布局能看出氏族特别是近亲挨近居住的倾向。这样村落看似松散布置，实际是一种潜在的宗族血缘关系而连接成为一个整体。

5. 建筑风貌

1）住居

洪水村中原住在茅草房的黎族村民已在附近选址新建，目前，茅草房无人居住。洪水村的茅草房，属于传统的木结构建筑，形似金字，故称"金字形屋"

图2-2-9 洪水村（来源：郑小雪 摄）

建筑	居住建筑	传统茅草房	本地的传统茅草房即黎族典型的船形房，20世纪50年代的调查显示当时主要是船形房，金字形的茅草房很少。金字形的茅草房实际是从抗战后村民开始仿照汉族样式来修建的。但从现在的村中可以看到，金字形的茅草房非常常见
	其他建筑	隆闺、牛栏、猪圈、仓群	仓群紧挨着村里广场，空间上利于平时人们劳作；隆闺则紧挨着父母住居而建，但是性质上只是作为住居分隔出来的房间；牛栏则采用圆木围合而成，猪则散养
	公共建筑	无	
户外空间	公共空间	村落中心广场	位于村落中心，把住居和仓群分割开来
	交通空间	王下公路	从昌江县城到王下乡，每天只发一辆班车。这辆班车，却是昌江县王下乡这个最偏远乡镇3000多居民采购物资、到外边"看世界"最重要的交通工具之一
		主要村道	为水泥铺就
		小路	路面为自然形成，并与排水系统结合

（图2-2-10）。与初保村不同，洪水村住居墙身不承重，且由竹子为骨架，两侧用稻草拌黏土抹面而成。修建时按纵长方形平面在地上立木柱，中柱承脊梁，两侧檐柱承檐梁。全部构件的搭接处，均用藤皮或野麻皮缚扎缠紧，形成一个整体，增强了房屋的稳定性（图2-2-11）。无架空地板的内地台，一般为原土夯实，高出外地面15厘米左右。屋内无隔间，亦无窗，前后两扇门对开，通风采光只靠门扇和屋顶与墙身交

接处留出的空隙解决，室内比较阴暗。

2）谷仓

洪水村的谷仓集中分布在村子入口处，以赛场与居室分开。与住居的墙身一样均用木枝编壁再糊以泥巴，没有用木板建成的。与居室不同的是，谷仓都是离地而建，即先在地上打木桩，高约20厘米，铺一层木板，然后再搭墙盖顶。

图2-2-10 洪水村建筑风貌（来源：唐秀飞 摄）

图2-2-11 洪水村房屋结构（来源：唐秀飞 摄）

第三节　平原聚落构成

一、聚落的空间格局

平原型聚落景观主要位于海南省的平原地带，分布在海南岛的外层区域内，如海口市大部分地区、文昌市、琼海市、儋州市及澄迈县等市县范围内。

平原型聚落由于得天独厚的地势条件，土地资源丰富，一般聚落周围拥有许多肥沃的农田，故平原型聚落较山地型聚落而言经济发达、人口密集，因此吸引了许多华侨于此地定居。这类型聚落整体上来说村落分布密度大，形态较为规整，村落形态呈团块状，村落民居布局相对集中、紧凑、规整，村落形态呈集中的有明显边界的形状，村内有着明显的核心区域，如庙宇和戏台组成的村落公共活动中心，村落外围是平整的农田或河流，村落四周则种植各种当地本土树种，起着防风、防尘、调节小气候和保持水土的作用。此类型村落有文昌文教镇美竹村、东阁镇富宅村等。富宅村村落布局较为分散，分为几个小型聚居组团。村落农田资源与水资源均十分丰富，四周围绕着大规模农田，水塘也靠近农田便于浇灌。村中至今还保留着南洋华侨韩钦准在1930年修建的韩家宅院（图2-3-1），韩家宅院虽受南洋风格影响，但主体仍然采用海南传统单纵轴多线的布局模式。

平原型聚落的空间格局构成主要分为村落边界、村口、村落核心、村巷格局和村落公共元素。其聚落形态以宅院为基本建筑单元并做较长序列的重复，以顺应地形，以水为聚，山环水抱的宅院长短延伸，竖向的高低层次处理保证了空间连续，形成建筑聚集、紧凑清晰的

图2-3-1　文昌富宅村韩家宅院〔来源：唐秀飞 摄〕

（a）澄迈县老城镇才吉村

（b）文昌市罗豆农场塘沟村

图2-3-2 平原型聚落形态（来源：海南天地图）

村落形态。如以水塘为核心的澄迈县老城镇才吉村，村落规模较大，形态完整，村落宅院排列紧凑。文昌市罗豆农场塘沟村顺应地形，村落宅院沿等高线呈扇形整体排列，为了生产耕作的便利，依山就势，田环水绕，村落形态保持较为规整（图2-3-2）。

二、聚落的建筑特色

平原型聚落的传统建筑受中原"天人合一"传统的风水学说影响，有着背山面水的选址观念，理想方向为坐北朝南，其次坐东朝西，居室罕见坐南朝北。山川河流是住宅选址基底，山环水抱，后有靠山，前有屏障，背阴面阳，拥有此处环境的民居为"福地"，但由于海南地处热带地区，常年日照充足，受台风影响较大，平原型民居对于朝向的要求显然不比通风来得更重要。在选择村庄地理位置的时候，村落门前多有水面池塘，没有的也要人工凿之，"山主人丁，水主财"，依山而建的村落顺应地形山势。

平原型传统民居大多为总体布局紧凑、整体严谨、形制严格，其布局在基本构成要素之间，由"间"上下连接形成"行"，"行"以院落连接又发展为多行，"行"与"行"之间设置巷道或廊连接，构成独立的院落连接的整体建筑群，外部环境形式相对固定，集约利用土地。基于海南的自然特征、独特的历史文化等因素，衍生出了独立的且极具特色的民居建制体系。海南属热带季风岛屿型气候，遮阳避雨，有效地利用自然通风是建筑综合考虑的问题。平原型民居一般采用前门后门、前窗后窗的结构，以保证房屋的前后气流贯通，形成良好的自然通风。平原型传统民居的基本元素由正屋、横屋、路门及院墙构成（图2-3-3）。

海南平原型的民居建筑多为多进式院落，院落由入口门楼进入，规模不同，但组成基本一致。平原地区大户人家的族人众多，在独院式院落的基础上，以血缘关系为组织，以正屋前后相对的形式，形成多排正屋之间的多进式院落，并且通过横屋、围墙及大门组成院落，构成系列空间（图2-3-4）。

在平原地区，可以普遍看到多进院落中和睦相处的邻里关系，正屋门相对、横屋相连，前后沿轴线高低有序，以示兄弟同心、平等相待、邻里无欺。从外观来看，多进院落中的这几户人家更像是一个密不可分的大家族，而在内部他们又都有各自的生活秩序和空间，民居建筑外封闭内开敞的特点在这里体现得淋漓尽致。

在"行"的中轴线上分布都是同一房血脉关系，同

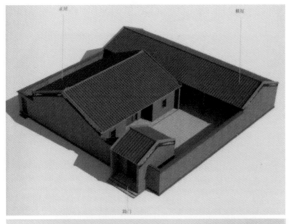

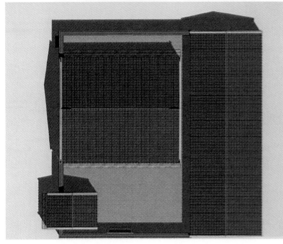

图2-3-3　琼北民居构成要素（来源:《海南近代建筑（琼北分册）》）

图2-3-4　火山石民居多进式院落（来源: 唐秀飞 摄）

支同脉分出去的兄弟辈直系亲属，为了以示邻里无欺，相互平等，房屋一层地面，檐口高度，屋脊高度等都保持一致。

　　轴线上分布的各家各户通常在白天使正厅前后大门洞开，由前端一直看到最后端的房子，大门较高，门柱至楼板为通天柱，视线非常通透。正屋的一侧为门楼，每行院落相间，形成出入通道，天际线规整。

三、聚落的景观风貌

　　平原型聚落景观空间建构是海南人对地域地形、气候等自然环境的理解以及传统文化感悟的融合，表面上朴实无华，然而在因地制宜、因材致用、持续发展方面，与城市景观相比有明显优势，耐人寻味，最终形成海南乡村智慧，景观空间正是集中体现了这种地域智慧。平原型聚落的景观由农田及村庄、树篱、道路、水塘等要素组成。

　　平原型聚落景观空间的自然而为与其自古地域文化思想的发展相辅相成。海南岛虽自汉代已入中央版图，但地处边疆，交通闭塞，信息不畅，人员交流困难，中央管控松散，传统的儒家文化及国家对于礼制规矩的要求在海南岛逐渐淡化。长期与自然为伴、生活无拘无束等因素造就海南岛自由闲淡的生活习惯，也奠定了海南平原型聚落景观空间的基调：弱人文束缚，重自然闲适。

　　平原型聚落景观空间格局分为3个圈层空间（图2-3-5）。

图2-3-5 海口市新坡镇文山村（来源：费立荣 摄）

1）村外稻田—河流灌林—椰林丘地空间，既是日常劳作空间，又是村民休憩空间。劳作间隙或午餐时，两三家坐丘地闲谈用餐，自然风光能很快消除劳顿。

2）村落市井、庙宇空间，可日常集会，或傍晚纳凉嬉戏，其乐融融。

3）庭院空间既可纳凉，又可种菜赏花，独享清净。

四、典型平原型聚落案例

（一）澄迈县老城镇石矍村

1. 村落概况

石矍村位于海南北部滨海地区，属于平原地貌。石矍村位于澄迈县老城镇石联村，村庄南临208省道，向东可直接抵达老城镇主城区与海口市区，向西南经金马大道可直接抵达澄迈县城（金江镇），交通十分便利。村东侧有Y102乡道连接美玉村，村庄内无穿越式交通干道分割，以街巷道路为主。

2. 历史沿革

澄迈县老城镇石矍村被称为"海南冯氏第一村"，是南梁高凉太守冯宝之妻洗夫人渡琼登岸之地，也是

图2-3-6　石矍村（来源：费立荣 摄）

冯氏先祖最初居住之村，亦是洗夫人最后留步之处（图2-3-6）。自隋唐立村至今已有1400多年的历史。清代海南《冯氏谱牒》曾称"恭贵乡封平都一图四角井村"，后因石矍港盛产石头而得名（"矍"字由来：该村毗邻海岸，海滩上都是大石头，当海风吹进石头缝隙时，就发出"确确"之声，先人灵感顿悟，造出矍字）。

南梁大同六年（公元540年），海南发生动乱，冯宝、洗夫人带兵亲征，渡琼州海峡于置州（今石矍村北）登岸，兵屯澄迈县澄江、大胜岭（今颜春岭）、石矍、琼山新坡等地。隋开皇十一年（公元591年），朝廷册封已故冯宝为谯国公，洗夫人被封为谯国夫人。隋仁寿元年（公元601年），洗夫人奉诏来琼，隋文帝为表彰洗夫人安抚岭南，归顺朝廷之功，特赐临振县（今海南省三亚市）1500户给洗夫人作汤沐邑。隋仁寿二年（公元602年）洗夫人巡视海南时，在今澄迈石矍村逝世，谥成敬夫人，安葬于澄迈石矍村附近的富昌坡，由冯宝子孙在仙逝之地搭舍居守其墓。唐代，冯宝与洗夫人后裔冯智戴自崖州移居其地，石矍村渐成村落。

冯宝与洗夫人的第35世孙——冯进勇于南宋建炎年间（1127～1130年）奉命握兵南征，平定岭南，连任定南知寨；绍兴元年（1131年），冯进勇立籍于澄迈县恭贵乡封平都一图四角井村（即石矍村）。由于冯宝与洗夫人登岸海南最初在石矍村屯兵扎营，又据《海南冯氏族谱》记载，海南省各市县的冯姓宗支绝大部分是从石矍村迁出，石矍村也被称为"冯洗海南第一村"。

3. 村落演变

石矍村于唐代围塘建村，随着冯氏宗族的发展壮大，村庄逐步生长，至清朝末年，石矍村已初具规模，形成环绕饮马塘的月牙形村落，拥有大小民居100余间。民国时代，由于多年战乱，石矍村发展处于

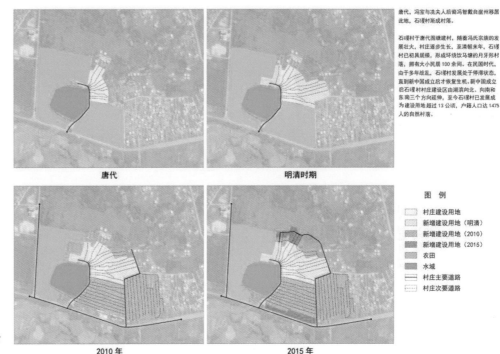

唐代，冯宝与冼夫人后裔冯智戴自崖州移居此地，石礐村渐成村落。

石礐村于唐代围塘建村，随着冯氏宗族的发展壮大，村庄逐步生长，至清朝末年，石礐村已初具规模，形成环绕饮马塘的月牙形村落，拥有大小民居100余间。在民国时代，由于多年战乱，石礐村发展处于停滞状态，直到新中国成立后才恢复生机。新中国成立后石礐村村庄建设区由湖滨向北、向南和东南三个方向延伸，至今石礐村已发展成为建设用地超过13公顷，户籍人口达1475人的自然村落。

唐代　　　　　　　　　　　明清时期

图 例

☐ 村庄建设用地
☐ 新增建设用地（明清）
☐ 新增建设用地（2010）
☐ 新增建设用地（2015）
☐ 农田
☐ 水域
▦ 村庄主要道路
⋯ 村庄次要道路

图2-3-7　石礐村村落演变（来源：《海南省澄迈县老城镇石礐村传统村落保护发展规划（2015—2030）》）

2010年　　　　　　　　　　2015年

停滞状态，直到中华人民共和国成立后才恢复生机。1949年以后石礐村村庄建设区由湖滨向北、南和东南三个方向延伸（图2-3-7）。

4. 聚落格局

1）山水格局

石礐村周边的山水格局凸显古村落选址的精妙：凭高向低，背山（岗坡）面水（湖塘），居险聚气。背后的山坡（浅丘）种植有农作物与风水林，以作固山避风；村前多为人工挖掘池塘，引水入池，并可以调节小气候。村落山水格局与基础设施布局也紧密关联，村落的给水排水，主要来自水塘、水渠和水井，这些都依赖村落选址时对水源充足、安全和地势落差处理的考虑。而村西南的饮马塘（又称风水塘），传说是当年冯冼夫妇驻军饮马之地。老村院落围饮马塘而建，后高前低，依山坡排列，有依山傍水之意（图2-3-8）。

2）村落格局

石礐村古村落整体布局呈扇形，村落内古建筑群和街巷以村西南的饮马塘为核心，向东、北方向放射状延伸，形成"公共交往空间—村民生活空间—村民生产空间"的横向结构层次（图2-3-9）。石礐村围绕饮马塘一侧形成以沿湖道路为核心线性空间，组织起了以宗祠为核心的多个组团日常交往场所，串联起了古树、牌坊、健身设施、休憩广场、古井、节庆广场、戏台等阔面广场和点状节点交往场地。多个组团分别以冯氏大宗祠、广文第宗祠前广场为中心，由巷道组织入户，其中散布中小型公共空间（图2-3-10）。

石礐村以沿湖主要道路为主要景观轴线，依次从南至北有序分布村口空间、支祠空间、聚合节点交互空间、主祠核心空间，空间场所的聚合度随序列关系的纵向深入逐渐递增（图2-3-11）。

村庄保护规划总平图

图 例
1 入口牌坊
2 古井
3 饮马塘
4 观景亭
5 古树
6 碉楼
7 村委会
8 龟背石
9 公共活动广场
10 夏阳侯庙
11 将军第
12 冯氏大宗祠
13 广文第
14 文林冯公祠
15 小学
16 芭蕉林
17 停车场

图2-3-8　石矍村规划平面图（来源：《海南省澄迈县老城镇石矍村传统村落保护发展规划（2015-2030）》）

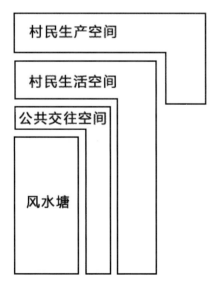

图2-3-9　石矍村结构层次示意图（来源：费立荣 绘）

3）街巷布局

受山水格局、村落选址与建筑布局、公共设施布局的影响，石矍村街巷随饮马塘以及周围林田、建筑和主干道路延伸，院子的前庭、后院为横向通道，左右巷为纵向通道，形成富有规则的扇形梳齿式格局。其中围绕饮马塘东、北岸的主干道路，形成多条纵向石板巷，自西南向东北贯穿村落建筑群（图2-3-12）。

石矍村内有16条由火山岩铺成的传统街巷，最长的街巷超过1000米，大多数巷道宽度不超过3米，狭长而幽深。在纵向布局的石板巷单侧多设置排水沟，雨季时雨水沿沟渠汇流入村南饮马塘当中，充分展现了石矍村村民的朴素智慧和尊重自然、因地制宜的发展理念。

图2-3-10　石矍村村落格局肌理图（来源:《海南省澄迈县老城镇石矍村传统村落保护发展规划（2015-2030）》）

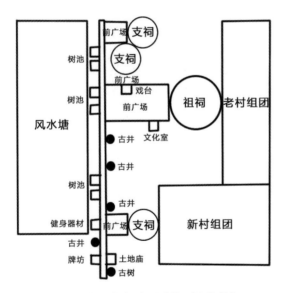

图2-3-11　石矍村景观序列示意图（来源：费立荣 绘）

5. 建筑风貌

1）民居

（1）院落格局

石矍村村落整体风貌完整，保留了明清年代海南传统火山岩民居群落的全部特征。村内传统民居多为院落式布局，形成外封闭、内开敞的方式，分为独立式院落（合院式）、两进式院落、多进式院落三种（图2-3-13）。

①独立式院落（合院式）：以堂屋为主体，是家族的中心，通常为面阔三间；部分堂屋两侧（或一侧）布局有厨房及杂物房、柴火房，按纵深为轴线、前低后高、左右对称的原则布局，院门通常开在堂屋一侧的院墙，不与堂屋正对，部分院门上有门楼。

图2-3-12　石矍村村巷格局图（来源:《海南省澄迈县老城镇石矍村传统村落保护发展规划（2015-2030）》）

②两进式院落：院落中央为穿堂屋，将整个院落分为前院与后院两部分，穿堂屋后为祖屋，与穿堂屋平行布局；部分院落两侧布局有厨房、厕所、杂物房、柴火房等横屋。

③多进式院落：为两进式院落的延伸，以三进式院落为主，院落中有两排穿堂式主屋，将院落分为前院、中院与后院，院落最北端为祖屋，部分院落两侧布局有厨房、厕所、杂物房、柴火房等横屋。

规划范围内传统民居以独立式院落为主，共有173处，约占现存传统院落总数的63%；两进式院落共有36处，多进式院落仅有3处；同时村内还有42处现代院落与18处已损毁院落。

（2）建筑类型与结构

石矍村传统民居建筑以一层平房为主。其中部分建筑为海南典型的"十柱居"结构，堂屋多由隔板分隔成三间，形成一厅两房的格局。传统民居基本为硬山顶、瓦屋面，屋顶采用明清时期常见的抬梁式构架。

（3）建筑材料

石矍村传统民居建筑多为木石结构，主要以火山石为基础建筑材料，辅以松木、杉木、菠萝蜜格板等木材作为柱、梁与隔板；其中明清年代民居多用不规则火山岩堆砌而成，山墙多呈"人"字形堆砌结构；近代和现代建筑则用规则火山岩块整砌，辅以石灰、水泥勾缝。

图2-3-13　石碾村传统院落格局图
（来源：《海南省澄迈县老城镇石碾村
传统村落保护发展规划（2015-2030）》）

（4）雕刻与装饰

石碾村传统民居建筑雕刻装饰多呈现于堂屋梁架两侧、传统建筑堂屋内部神龛两侧。石碾村传统的雕刻手法主要采用阴刻、剔地阳刻、浮雕和圆雕（透刻），表现一种图案，多刻于大门、厅堂明间的廊檩下，堂屋放置祖先灵位的木隔板两侧，图案为云气、动物等。

（5）院墙与庭院铺装材料

石碾村传统民居院墙多以火山岩堆砌而成，庭院内也多由火山岩作为铺装（图2-3-14）。

图2-3-14　石矍村建筑风貌（来源：《海南省澄迈县老城镇石矍村传统村落保护发展规划（2015-2030）》）

图2-3-14 石矍村建筑风貌（来源：《海南省澄迈县老城镇石矍村传统村落保护发展规划（2015-2030）》）（续）

2）公共建筑

石矍村的文化遗存，是冼夫人文化的最重要源头。石矍村环境优美，古村落格局和火山岩古建筑均保存较为完好，并拥有多处文物遗迹；其中"文林冯公祠"（图2-3-15）、"将军第"、"夏阳侯庙"为市级文物保护单位，并有3处尚未核定公布为文物保护单位的不可移动文物（图2-3-16、图2-3-17）。

图2-3-15 石矍村文林冯公祠（来源：费立荣 摄）

图2-3-16 石矍村文物与名胜古迹分布图（来源：《海南省澄迈县老城镇石矍村传统村落保护发展规划（2015—2030）》）

（a）夏阳侯庙1　　　　　　　　　　（b）夏阳侯庙2　　　　　　　　　　（c）冯氏大宗祠

（d）文林冯公祠　　　　　（e）古井　　　　　（f）古树　　　　　（g）碉楼

图2-3-17 石矍村文物与名胜古迹（来源：费立荣 摄）

（二）海口市石山镇荣堂村

1. 村落概况

石山镇的荣堂村距离海口石山火山群国家地质公园约4公里，村庄是一片石头天地，石房、石墙、石街、石碾、石灶、石臼，堪称石头之村。大约从20年前开始，陆续有村民搬出老村，荣堂村的老村曾经生活着60多户人家，现在仅存13户。由于火山岩地区缺水，一些老房子逐渐废弃，断壁残垣，百废待兴。

2. 历史沿革

荣堂村始建于宋朝，荣堂村先民从福建迁来，是一个历史超过800年的古老村落。某种程度上中原文化在荣堂村得到了延续，遵从道家"天人合一"的理念和儒家礼制的约束，与自然和谐相处。数百年来当地人就地取材，利用火山石建成了这座石头村，墙壁、道路、院墙、墓地等都取材于火山石。其独特的火山石文化、原生态环境、丰富多彩的传说和原居史记，使得此处天地人合一，非常壮观又格外独特（图2-3-18）。

图2-3-18 荣堂村（来源：费立荣 摄）

3. 聚落选址

荣堂村属于环海平原地带，偎依在火山口向四周由高到低的坡地附近。虽然不完全符合中国传统风水中背山、面河的地形地貌，但却是一个有山、有水、有田、有土、有良好自然景观的佳处（图2-3-19）。

荣堂村选址遵循海南岛村落选址的"三靠一爽"原则，即村址靠近耕地，靠近河川或溪流，靠近山岭及森林；地势要高爽，地形要有一定坡度，但不占用耕地。荣堂村背依火山口地势，东南高，西北低，村落整体地势高过周围农田。入村小路沿小河蜿蜒进村，村落周围植被茂密，种类丰富，古树较多。荣堂村选址的思想暗合了中国择居的传统文化：人类聚落的营造，首先考虑的是贴近自然，融于自然，与自然同生同息。

4. 聚落格局

荣堂村村落整体地势高过周围农田，背依火山口，东南高，西北低。入村小路沿小河蜿蜒进村，顺应地形地势，自然起伏、弯曲辗转，总体呈树枝状分布。

整个村落入口位于村口广场，与村落门楼正对，是整个村落的主道路，荣堂村村中道路全由火山岩自然铺就，曲折有序地向村中延伸，从主路上引出多条支路，因循就势进入各家各户。

荣堂村村落规模不大，布局紧凑，公共空间主要有两种类型：一类是全村的公共空间，供全村集体活动（如祭祀、看戏等），分布在村口。村口祠堂前的广场是全村最大的公共空间，跨过广场，在祠堂的正对面是戏台（现已不存在，场地荒芜）。紧靠村口门楼北侧有一栋三开间的敞开式建筑，是村落主事人员商议大事的地方，现在成为村中老人的活动室。另一类公共空间分布在村落中，往往是进入各家各户门前的缓冲空间，3~4家共用同一公共空间。此类空间在村落中有5~6处，空间中栽种树木，置坐凳、石碾等，是日常娱乐场所。

荣堂村没有公共建筑，也没有水体等可形成村落中心的空间，因此，村落建筑呈自然随机分布状态。

5. 建筑风貌

荣堂村的建筑大小及规模各异，沿道路自然分布，通过院落联结，古树浓荫，生态良好，建筑布局或疏或密（图2-3-20）。村落建筑全由火山岩砌筑而成，火山岩墙面大小不一，但表面基本平整，与街道墙面的自然凹凸肌理形成对比，活泼自然。村落建筑整体自然有秩、层次多样、浑然天成，具有诗情画意的意境（图2-3-21）。

石头垒成的房子毕竟不能建得太高大。荣堂村建筑都为单层，没有多层，包括祠堂和富有人家的住所（荣

图2-3-19 荣堂村鸟瞰图（来源：杨定海 绘）

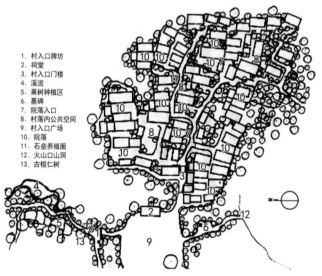

1. 村入口牌坊
2. 祠堂
3. 村入口门楼
4. 溪流
5. 果树种植区
6. 墓碑
7. 院落入口
8. 村落内公共空间
9. 村入口广场
10. 院落
11. 石垒养殖区
12. 火山口山洞
13. 古榄仁树

图2-3-20 荣堂村平面示意图（来源：杨定海 绘）

堂村居民贫富反映在院落规模及建筑数量上，富则三合院，二进深，庭院种植花草；贫则院落面积小，单栋建筑，庭院种植瓜果、蔬菜）。几乎每栋屋子都一般大小，结构也基本相同（图2-3-22）。

墙体全部以不规则且形态各异的火山石为材料建成。从外面看，石头墙的缝间隙虽无粘剂痕迹，但却平整密实；从屋里朝外看，凹凸不平的墙壁却危若累卵，所有房间没有窗户，室外的光线穿过石缝直射进来采光。

图2-3-21　荣堂村村景（来源：唐秀飞 摄）

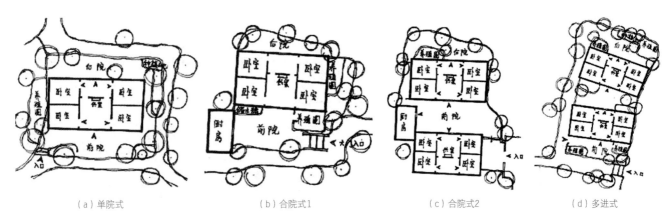

（a）单院式　　　　　（b）合院式1　　　　　（c）合院式2　　　　　（d）多进式

图2-3-22　荣堂村院落平面结构（来源：杨定海 绘）

图2-3-22 荣堂村村景（来源：唐秀飞 摄）（续）

第四节 滨海聚落构成

一、聚落的空间格局

海南岛位于我国的南海，四周环海，有着得天独厚的海洋资源。滨海型聚落主要位于海南岛沿海地区的乡村，包括海口市、琼海市、文昌市、万宁市、临高县和东方市的沿海乡村。

滨海型聚落的空间格局与形态不仅和当地地形地势有关，与海的位置和海风风向等也有关系。海洋对聚落格局的影响非常明显，无论是乡村居民建筑的选址、建筑材料的选择、民居的建造，或是村落公共活动中心的位置、村落种植的植被和村民的主要生产方式，都与海洋有着密切的关系。

临近海边的村落以海洋渔业相关的产业为主要生产方式，这样与海洋息息相关的生活生产方式直接影响了滨海型聚落的朝向、排布和形态等。此类型聚落有海口

演丰镇林市村、儋州峨蔓镇盐丁村等。盐丁村北临北部湾，村子建筑均面向海域呈列状分布，形成整齐的村落格局。由于盐丁村祖先均以制盐为生，故村子北面近海处布满大规模的盐田，从大大小小的火山岩构成的盐槽中可将制盐时期的繁盛窥探一二（图2-4-1）。

图2-4-1 儋州盐丁村（来源：唐秀飞 摄）

二、聚落的建筑特色

在海南，越是靠近海边的乡村，民居屋顶的装饰性构件越少，主要是因为靠近海边的村庄遭受到台风袭击的概率和危害性较大，屋顶装饰性的建筑构件容易被摧毁，后期修护花费过多的人力、物力和财力，因此滨海型的村庄在屋顶演化过程中逐渐将装饰性构件建得位置更低、更加牢固，甚至将其省略掉。

和平原型聚落相比，平原型聚落民居一般都带有檐廊，特别是琼海地区的平原型乡村，民居基本都带有檐廊，文昌地区的平原型乡村有的带有外部檐廊，有的是檐廊的演变形式。平原地区建设檐廊一方面是由于建筑材料多是砖木，建设檐廊更为容易、方便；另一方面是琼海、文昌地区的年降雨量达到2000毫米左右，年降雨的天数达到130天以上，是海南岛东北部降雨量最多、降雨天数最多的地区，因此人们建设檐廊可以减轻雨水对房屋的侵袭程度，并可以为人们提供遮阳避雨的场所，使人们进入屋内有过渡的灰空间。另外，琼海与文昌地区建造檐廊与当地建造房屋的习惯、人文、习俗和文化等有关。

滨海型民居多是独院式宅院，多进式布局较少。独院式院落的民居单体"檐廊"宽度加大，其院落以三开间为基本构成，以"一明两暗"三开间的居住为主屋，在主屋两侧布置横屋，一般横屋较短，少有长横屋出现。没有明确核心，宅院聚落整体而言多成组团状，稍显松散。

在海南的南部沿海地区，崖州合院民居是沿海地区典型的传统民居形式，其建筑布局受闽南民居、岭南民居和广府文化的影响，建筑抗风防雨的要求形成独具琼南特色的接檐式民居，延伸了走廊空间，降低了檐口高度，更好地遮蔽了夏日干热，抵御了台风暴雨的侵蚀。院落空间序列宽敞的变化使整个院落呈现严格的对称布局，中轴线一端是堂屋，另一端则是照壁，尤其是接檐屋顶出现"一剪三坡"的崖州特殊建筑形式（图2-4-2）。

图2-4-2 崖州合院民居（来源：费立荣 摄）

三、聚落的景观风貌

滨海型聚落景观的主要特征是乡村聚落中的建筑朝向、布局和形态不仅与当地的地形地势有关，而且还与海的位置和海风风向等有关。几乎所有滨海型聚落中的公共活动都与海相关，如戏台、庙宇、宗祠和文化室等位置的选择，都尽量面朝大海或与海面成较开阔的视野角度。海南岛的滨海型聚落景观特色较为明显，不同方位的沿海乡村聚落有着不同的特点。相对于东部和北部的滨海乡村聚落，海南西部和南部的滨海乡村聚落规模更大，而且其布局结构上也相对更加紧凑（图2-4-3）。

海洋对聚落另一个重要的影响是对乡村的产业影响，滨海型聚落特别是近海型的乡村，所有的农副产业几乎都和海洋有关，滨海乡村的村民利用海洋的丰富资源，不仅出海打渔和养鱼，还养殖各种海洋类的农副产品，这些成了人们的主要经济支柱产业。很多滨海乡村附近有大型的水塘，人们将捕捞但未立刻卖掉的鱼类放入鱼塘进行繁殖，或者在水塘中养殖各种海洋类产品，这些水塘慢慢演变成滨海型聚落的重要组成部分（图2-4-4）。

（a）海南省北部文昌市
铺前镇新埠村

（b）海南省南部三亚市
镇海村

图2-4-3 滨海型聚落景观（来源：海南省地理信息公共服务平台）

（c）海南省东部琼海市
潭门镇排园村

（d）海南省西部东方市
四更镇四必村

图2-4-3 滨海型聚落景观（来源：海南省地理信息公共服务平台）（续）

（a）海口长宁尾村

（b）海口下塘村

图2-4-4　滨海型聚落和海洋关系图（来源：海南省地理信息公共服务平台）

同时，海洋对滨海型聚落的内部景观、空间结构也有影响，特别是对公共空间布局的影响。和祭祀空间相似，滨海型聚落的公共空间布局也都尽量面朝大海或与海面成较开阔的视野角度。海南东北部乡村的公共空间一般由戏台、庙宇、大树等元素组成，海南人民热爱琼剧，因此很多村庄都有或大或小的戏台，每逢大型节日、公期和祭祖，戏台周边便是最热闹的场所，人们聚集于此欣赏自古流传下来的传统文化表演——琼剧。如海口市演丰镇禄尾村的公共空间由戏台、石凳、庙宇、大树等组成，村庄的庙宇面朝大海，庙宇前面是戏台和石凳，庙宇后面是一个庭院，内部还有一处庙宇，这座庙宇在演丰镇小有名气，十里八乡的人经常来此烧香求平安。这处公共活动场所即便在炎炎夏日也经常有当地村民在此休憩，因此，此处树木参天，绿树成荫，海风习习，人们在此纳凉闲谈，悠闲自乐（图2-4-5）。

四、典型滨海型聚落案例

（一）三亚市崖城镇保平村

1. 村落概况

保平村位于海南省三亚市崖城镇古城西南4公里处，距三亚市区75公里。保平村东靠崖州古城，西邻崖州湾。233国道从村域北部穿过，交通较为便利（图2-4-6）。2008年，保平村被评为"海南十大文化名村"。

2. 历史沿革

保平村古称毕兰村，是古崖州的边关重镇、海防门户。毕兰村历史悠久，沿革甚远。在唐代，毕兰村已经成为贬官谪宦的"不堪肠断思乡处"。后因宁远河水冲毕兰，村民移居外地。此后，不断迁来的居民，聚集于毕兰村北，取名"保平村"，意为保世代

平安（图2-4-7）。也有一说，毕兰村因唐时李德裕谪居毕兰而扬名，并留下了"望阙亭"和"寄家书"等诸多著名诗篇。

保平村美丽富饶，绿树环抱，双溪绕村，前山后岭层林叠翠。其历史悠久，文化深厚，至今村中尚有保存完好的明清古宅，是崖州最有代表性、又最集中的古代民居建筑群院。门楼、正室、横屋、正壁组成的生态庭院，是保平村古民居最具建筑艺术和布局特色的乡村古建筑。这些古民居世代记录和标示着保平的建村史，见证了保平村的兴盛繁荣，不论从保平村的经济文化发展史、革命斗争史，还是这些民居本身的建筑艺术、历史价值来看，都闪耀着它独有的光辉。

保平村是国家级非物质文化遗产崖州民歌的发源地，"保平人张邦玉常著诗歌以训迪弟子"是《崖州志》中有关崖州民歌的唯一记载。如今，保平村计划建设村文化长廊、革命公园、村东文化室、保平书院、保平桥、望阙亭、毕兰村遗址等。

3. 村落演变

经历了四个典型的历史时期，村落从低洼地到临河望山的龟背福地，向东、北、西三个方向发展，逐渐达到今天的规模（图2-4-8）。

4. 聚落格局

保平村坐北朝南，选址于三面环山一面临海的神龟福地，形成依山望海的景观格局，其传统街巷走向皆平行或者垂直于河道，利于古村排水与防灾，是山水倚望、防灾避害的选址典范，极具特色，也是古代堪舆学中聚落选址"龟背"理论的极佳诠释。

1）村落格局

（1）村落整体形态与河流紧密依存

保平村于宁远河分支蜿蜒曲折之处聚集而成，三面

图2-4-5　海口演丰镇禄尾村公共空间（来源：唐秀飞 摄）

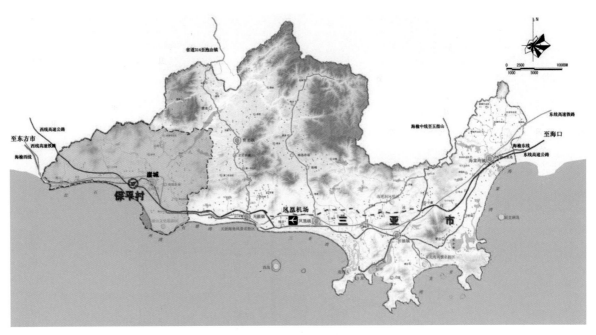

图2-4-6　保平村区位示意图（来源:《海南省三亚市保平村历史文化名村保护规划》）

图2-4-7　清代古崖州地图（来源:《海南省三亚市保平村历史文化名村保护规划》）

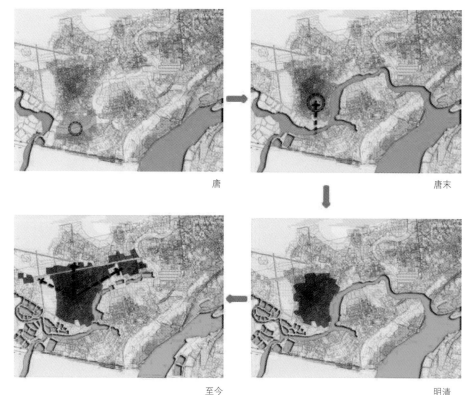

唐　　　　　　　　　　　　唐末

至今　　　　　　　　　　　明清

图2-4-8　保平村村落演变图（来源：《海南省三亚市保平村历史文化名村保护规划》）

环水，村落整体形态较为自然，与宁远河密不可分。两岸椰林、蕉林沿河排列，耕田、鱼塘田园风光无限，得天独厚的自然资源条件与古朴的人文资源共同构成了绝无仅有的保平地域文化特征。

（2）有机的村落格局体系

保平村利用重要历史环境要素（古树与古桥）与小型广场形成若干控制节点，用街巷串起，组织成有机的村落网络格局。

（3）村落建筑布局自由

整体村落建筑以院落为单位，布局自由，院落多以东南向（巽位）开门（图2-4-9）。

2）街巷格局

（1）自由均质的街巷布局

保平村现状街巷布局较为均质，形态自由，但是具有一定的向心性，并在村中心形成一个小型的广场。

（2）自然灵活的街巷走向

村庄街巷走向自由多变，同时街巷的总体走向大多平行或者垂直于河流，局部灵活多变，具有一定的趣味性。

（3）街巷尺度

保平村内的街巷道路保留着原有的尺度格局，基本上在3～5米之间，村内整体街巷自由均质，尺度宜人（图2-4-10）。

5. 建筑风貌

保平村已经出现一定规模的建设更新，但总体来说，现存的传统民居众多，分布广泛。

（1）明清合院式

保平村的明清古民居多为独立的院落式布局，院落内都有门、前堂、后室、厢房、厨房以及四周围墙，按

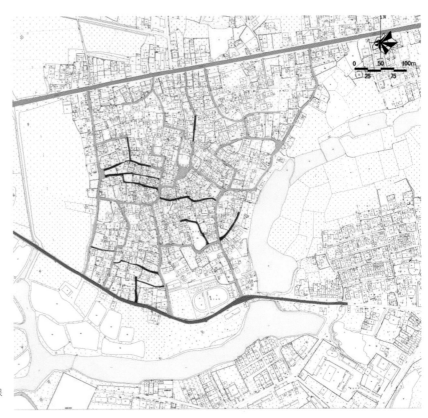

图2-4-9 保平村村落格局图（来源:《海南省三亚市保平村历史文化名村保护规划》)

图2-4-10 保平村街巷格局图（来源:《海南省三亚市保平村历史文化名村保护规划》)

纵深为轴线、前低后高、左右对称的原则布局。

院落的选址极其慎重，例如选择地势较高、顺风、临水的地方，即"吉方则要山高水来"。民居建筑朝向自由，但主要遵循坐北朝南或者坐西北朝东南的原则。

面阔三间，中为厅堂，在横向上有厢房，一般东西各一厢房。正前面为照壁，位于正堂中轴线，照壁左（或右）边为门楼，门楼大多不正对街巷，而与其形成一定的角度，大多数民居外绕围墙（图2-4-11）。

（2）混合式民居

受到外来文化特别是出海经商归来的华侨影响，民居院落虽采用传统布局，但外观则吸收了外来建筑的某些特点，如拱券、柱式等，同时他们结合本地区的自然地理条件创造了柱廊式做法，形成富有南国特色的建筑外貌（图2-4-12）。

（二）乐东县黄流镇黄流村

1. 村落概况

黄流老村位于海南省乐东县的西南端，西与莺歌海镇、佛罗镇相邻，北靠尖峰镇，东接利国镇，南临南海。北距海口市320公里，西距乐东县65公里，东距三亚市87公里，地理位置优越；海榆西线公路、西线高

图2-4-11 保平村合院式民居（来源：唐秀飞 摄）

图2-4-12 保平村混合式民居（来源：唐秀飞 摄）

速公路和粤海铁路从其境内穿过并分别设置有出入口和站点，交通便捷。

黄流老村是滨海平原地区最具代表性的村落之一，村庄始建于宋代，距今已有800多年历史，至今其村落环境、民居建筑、历史文脉、传统氛围依然保存较好。村庄内现存成片的清代和民国时期的砖木结构建筑群530栋，另有关岳庙、孙氏祠堂、邢氏祠堂、陈氏祠堂等传统建筑多处，这些传统建筑、传统历史环境要素和保留至今的"闹元宵""八音擂台赛""崖州民歌"等传统人文习俗构成了黄流老村独具魅力的人文资源。

2. 历史沿革

黄流老村始建于宋代，由黎克让（号树木）一家经闽、粤迁崖至黄流，黎氏为汉人迁居黄流的第一个姓氏。自南宋建炎初年，因逃乱，或经商，或为官，或流谪，或谋生来黄流峒落户的大陆移民不断增加，他们居住在不同的方位上，为了方便生产生活，元代黄流编为七坊。到明洪武年间，明王朝才将黄流峒编入正式的里甲制，从此，黄流开始进入正式的行政区划。全村传统建筑大多始建于清代之前，但大部分传统建筑户主已经多次局部维修改造。1740年，孙氏宗族创建孙氏大宗祠堂。1862年，乡亲集资木刻关公像，安放于原岳飞庙中，并易庙名为关岳古庙。

3. 聚落格局

1）村落选址

黄流村坐落在海南岛西南端，是一个人口较多的自然村庄，古属崖州辖地，今为乐东县黄流镇。这里地理位置优越，交通方便，有铁路、公路贯通附近的三亚市、八所港和三亚凤凰国际机场。这里经济繁荣，文化发达，素有"黄流窍""文化之乡"的美称。

中国的传统村落在选址上大多尊崇传统风水格局，但黄流老村坐落于距离南海2公里的平原地带，毗邻大海，自然条件优越，在南宋建炎年间，此地森林茂密，气候湿润，土地肥沃，生产生活资源丰富。

2）村落格局

（1）村落边界

黄流老村周边被农田环绕，分布的是大片的园地和其他野生石生灌木丛林，这是黄流老村的自然边界。

（2）街巷格局

街巷格局是村落形态的骨架，是村落建筑逐步生长演化的结果，受自然和人为多重因素的影响。

村落建筑布局呈"大自然小统一"的格局。建筑以自然村为单位形成组群，各组群之间顺应自然，不强求统一朝向，各组群内部的建筑则多呈行列式分布，布局紧凑，格局清晰，次序感强（图2-4-13）。

4. 建筑风貌

1）民居

黄流村内整体地保留了清末民初时期的村落风貌，传统民居采取坡屋顶形式，屋面采用灰色陶土瓦或水泥瓦，墙面采用砖砌。

传统民居多为正屋和侧屋及部分杂屋，建筑单体和围墙围成院落，院落承载村民的家庭生活功能，在布局上追求实用性；民居在营造上因形就势，一般院落进深和面宽各有不同，但尺度维持基本和谐宜人的比例，体现整体的协调性。正屋为传统民居的主体建筑，一般位于中轴线上；在正屋两侧或单侧有横屋，一般作为储物间、厨房和厕所（图2-4-14）。

2）公共建筑

公共建筑以祠堂、庙宇为主，包括关岳庙、孙氏祠堂、邢氏祠堂、陈氏祠堂等，这些建筑主要是举行祭祀场所，平日使用较少，其中关岳庙基本已被作为村民重要祭祀地点。另外在广场周边多分布有古树等传统公共环境要素，诸多要素共同形成村落内主要的公共场所空间（图2-4-15）。

图2-4-13　黄流村街巷格局图（来源：《乐东黄流镇黄流老村传统村落保护发展规划》）

图2-4-14　乐东县黄流镇黄流老村建筑风貌（来源：唐秀飞 摄）

图2-4-15 黄流村历史文物古迹（来源：李贤颖 摄）

图中标注：古树、关岳庙、名人旧居（邢福义旧居）、古牌匾、祠堂、巷道、古墓、院落

（三）陵水县新村镇疍家渔村

1. 疍家由来

关于"疍家"起源的多种说法：疍家人，清光绪《崖州志》称为疍民。据《广东通志》上说，因其像浮于饱和盐溶液之上的鸡蛋，长年累月浮于海上，故得名为疍民；疍家人是广东、广西以及海南等地对以船为家的渔民的统称，以出海捕鱼和采珠为主，疍家人被誉为海上吉普赛人。

海南陵水县是中国疍家发源地之一。陵水疍家人世代在海上撒网捕鱼生活，后来发展渔排网箱养殖，在港内用海水养殖。

陵水疍家渔民上千年的海上生活，形成了"以海为生、以船为家、以鱼为食"等鲜明的渔耕文化，疍家人在衣食住行、婚丧嫁娶、生产劳作、信仰习俗等方面有着自己独特的海之烙印。如疍家调（口口相传咸水歌）、家神崇拜、"祭海"习俗、三江庙、疍家渔排、赛龙舟、叹家姐、过火山等传统民俗；再如特色传统工具自成体系，即传统造船、织网工艺及生产工具平头艇、撒手网、放滚、流刺网、围网、疍家渔排、麻线渔网等。

2016年，"海南陵水疍家渔文化系统"被国家农业部列入申报"中国重要农业文化遗产"目录。2019年，住房和城乡建设部等六部门公布第五批中国传统村落名录，陵水县新村镇疍家渔村（海鹰村、海燕村、海鸥村）入选第五批中国传统村落。

图2-4-16 疍家渔村格局（来源：李贤颖 改绘）

图2-4-17 疍家渔村格局（来源：李贤颖 摄）

2. 聚落格局

聚落具有以港为基、依托潟湖、半岛环拥、藏风纳潮的格局特征。外有南湾半岛抵御台风，内有广阔的潟湖水域、丰富的鱼虾蟹贝、红树林和海草等资源，陆上有古县城、港市交易渔品和生活用品，加上长年温暖湿润的热带海洋气候，为疍家人的落地生根提供了优越的环境（图2-4-16）。

公共空间：渔村公共设施（三江古庙、港口码头及集市）主要分布在潟湖口门附近，村委会、卫生室、渔民小学等均在沿岸附近。渔排餐厅主要分布在南湾猴岛和边防站周边。

水上村落格局：以单户渔排为基本单元，主要在口门附近、水体较深处，利于水体交换、溶氧量高的地方，呈现由口门逐步往潟湖中部延展约2公里，距离口门越近的渔排组团分区越规整。水道交通以主航道为干道，养殖区间道路为次干道，区内道路为支路的体系，水道干网呈梳式格局（图2-4-17、图2-4-18）。

3. 建筑风貌

渔排小木屋一般占用2~6个龙口的位置（图2-4-19），自后向前分别为卧房、堂厅、前廊和工作台，

图2-4-18 疍家渔排水上通道（来源：李贤颖 摄）

厨房在堂厅一侧，厨房有时用来存放杂物，灶台搬至前庭或工作台使用；厕所在外边龙口上单独布置。房屋由木骨架建构，为坡屋顶，室内地坪使用木板，并按卧房、堂厅、前廊分别设有不同标高，厅房内不置床和桌椅等家具，基本上是席地而坐，卧地而睡（图2-4-20）。

4. 风俗习惯

传统海上风俗渐行渐远，同化现象严重。过去以咸水歌哭嫁、扮花艇迎亲、早晚拜公婆以及节日祭海等海上风俗如今已不复存在。疍家传统民俗形式的简化或消失加重了这一代人与传统之间的隔阂，文化的向心力明显减弱。

图2-4-18 疍家渔排水上通道（来源：李贤颖 摄）（续）

图2-4-19 "龙口"的主要形制（来源：唐秀飞 摄）

图2-4-20　疍家渔排内景（来源：唐秀飞 摄）

第　三　章

人文环境与传统聚落构成

第一节　乡村聚落影响要素

海南人对聚落空间形式的选择，折射出海南居民的价值观念、道德伦理、宗教信仰、思维模式和行为方式等。海南村落的结构与形制、组织与功能、礼制与信仰的形成过程，也是村民对海南文化的认同与趋向的过程。

一、原始文化

海南岛最早的居民是黎族，其祖先百越人起源于长江以南地区。随着历史的进程，百越人向岭南地区迁徙，其中一个分支在新石器时代的中期，渡过琼州海峡登上了海南岛。百越人登上海南岛的同时，也把百越文化带到了海南岛。百越人的一些民间习俗和信仰模式都在黎族人的文化中有所体现。现在的黎族信仰文化中，延续了百越文化的传统特征。

黎族社会对男性祖先的崇拜盛行，在黎族村庄的入口或村中的老树下，常常建有土地庙。土地庙中既没有神位也没有香炉，只有一个石头雕刻的形状像男性生殖器的石头，黎族人称为石祖。石祖的实质是父权的象征，显示了黎族人对男性祖先的崇拜。很多黎族人的家中墙上设有鬼龛，供奉着祖先的神位。在有些村寨还建有祠堂，内设神台，摆放祖先牌位，由道公把祖先的灵魂召回，附在上面加以崇拜。在节日期间，黎族人以各种各样的方式对祖先加以崇拜。祭拜祖先是黎族人节日活动的重要内容。

黎族人在建造房屋时，要选定合适的日子举行奠基、升梁、入宅仪式。屋子建成后，在屋内的地下埋入捣烂的大米，寄托希望自家粮食充足的美好愿望。若是盖茅草屋，升梁时则在正梁上悬挂一副木质牛头骨以及两条稻穗，祈求家中牲畜健壮，粮食丰收。若盖瓦房，正梁上还要挂一幅大红布及铜钱等，祈求家中鸿运当头，财源广进。

二、宗族文化

以血缘为基础的宗族社会是中国传统社会的基本组成元素。中国古代封建社会是以血缘关系为纽带、以宗族制为基础而形成的。传统宗族观念深深植根于人们的脑海中，严明的宗族制度是中国封建社会的基础。

在海南，宗族组织、家族制度和宗法等级制度等对聚落结构的影响较大，且直接反映在聚落的空间形态上。海南宗族的产生、发展以及生活方式，基本上是受内地文化的影响，同时也带有海南地域特色，是我国古典宗族制度的一个组成部分。

海南聚落与闽南、粤东一带的古村落一样，都有着重要的宗族制度。它反映了封建时期小农经济条件下，宗族的各个成员在宗法制度的约束下，聚族而居，有序的生活。海南宗族的内部活动涉及修族谱、祠堂、办学、赡养等许多方面。宗族立有族长，处理宗族内部事务。宗族内制定有族规、宗法。宗族所修族谱中都有家训、族训等，教化族人要维护封建社会等级制度和道德规范，劝宗族内成员遵循忠、孝、慈、勤、俭、节等儒家道德。祠堂是宗族尊祖、敬宗的场所，也是宗族活动的一个重要场所，每年岁时节日以及其他重要节日都要举族祭祀（图3-1-1）。

宗族文化对聚落建设的影响为：聚落选址严谨，聚落形态规整，祠堂数量较多，强调族权，公共环境建设质量好。如文昌十八行村中民宅类型是相同的，都是三间两廊正屋，高低也基本相同，外墙均采用青砖灰瓦，围墙样式与高度统一，正屋厅门门柱到顶为通天

图3-1-1 祭祀文化（来源：唐秀飞 摄）

图3-1-2 文昌十八行村前后门厅院落相通（来源：唐秀飞 摄）

柱，前后门厅院落相通，前后正对连成一行（图3-1-2），体现"邻里无欺，兄弟同心，顶天立地"的行为方式，这与村落的族规祖训是一致的。

类似"十八行"的血缘聚落表现出较大的封闭性和稳定性，以及传统的继承性，保持着浓厚的祖先崇拜意识。宗祠、寺庙在村民的生活空间中占据突出位置，但出于对神祇的敬畏心理，不一定建在村落中心位置，往往建在村外不远之处，村落的中心多为公共活动场所（图3-1-3）。这种村落建筑生活空间的组合原则，也体现出海南村民以人为中心的人文观念。村落一般都建有村公庙，以纪念第一个率众搬迁到此居住的祖先。供奉村公庙的地域范围仅限于一个村落，居民认同、信仰和膜拜一个主要的神祇。

总的来说，在海南聚落社会中，宗族制度是社会中的核心，这个核心用它自己的专制性和法统观念结合一些外在的制度，如村落的经济制度及精神领域的宗族制度，来约束人们的行为和生活方式，从而达到维持村落的稳定。正因为这种内在的稳定，使村落经受住时间和外来风潮的洗礼，呈现出独特的稳定的海南传统聚落。

三、闽南文化

海南因历史和大陆沉降分隔原因，闽南和海南相互间有着诸多共同文化特质。海南部分地区史前与闽南同属闽南语系，是百越族群的聚居地，延续着根脉同源的史前文化，不仅有着相同的语系，大量史籍也证明了两地血脉相连，文脉的相融相通。因此，闽南文化，来自福建的汉人对海南文化有着深远的影响。

海南近代传统民居的形制受闽南传统民居影响，二者建筑形制之间既相近又相异，尤其是传统院落的横屋是遗传了闽南传统民居的突出特点。其民居形制基本布局沿用了闽南传统民居建筑的基本做法，如三间张（三开间）、榉头（厢房）、护厝（横屋）、左尊右卑、前厅

图例

起居用房   门楼

杂物辅助用房   水房厕所   祠堂

祠堂

图3-1-3 文昌十八行村前后门厅院落相通平面图（来源:《文昌市会文镇十八行古村落保护规划》）

设塌寿、中间为中堂、门前设水塘等，文化传统、风俗习惯均体现了海南内敛外紧的居住模式，闽南的传统文化风俗、传统建筑特点及构造做法，在海南琼北地区得到很好的传承。

闽南传统民居装饰以灰塑、石雕和木雕见长，既沿袭中国传统建筑对称、严谨、封闭的性格，又不乏华丽活泼、夸张矫饰的特征。其屋顶正脊多以"燕尾脊"著称，呈半弧形曲线向两端吻头起翘成燕尾，流畅的线条，优美的塑形彰显着生机和活力。海南琼北与闽南地区均是以中原文化为主导，原始的百越文化，已少有痕迹。传统工艺在传统民居中得到了运用，严格地讲究对称，追求华丽的装饰，采用夸张的手法，形象各异，异彩纷呈。

四、岭南文化

海南曾经隶属广东，属于岭南文化系统的一部分。在对海南岛管辖的几百年当中，其传统文化根基深厚，对海南的文化传播和影响从未间断过。广府文化是岭南文化的本源，而岭南文化根据地域差异逐渐分为客家文化、广府文化和潮汕文化，其中琼北地区受广府文化的影响最大。

广府地区具有中国岭南地区文化丰富、社会繁荣、归侨发达的特点，商业中心复杂，地形和人文政治为传统聚落的定居选址提供了多种可能。居民选址综合考虑，为便于耕作，择水而居，方便与外界联系。建筑布局顺应自然地形，围绕山水田地，注重与周边环境融合。讲求山环水抱，坐北朝南。传统聚落讲求巷道梳式布置，以山为背景，以水为镜。为遮阳隔热，民居内设天井，夏季主导风顺着巷道进入宅院、天井，气压温差变化形成多向流动，通风携带水面山林的低温空气与室内高温湿热空气进行交换。聚落环境清新宜人，镬耳屋的山墙因高低产生形状大小变化，既是防火的封火山墙，又具有遮阳美化装饰功能，还是家道殷实、地位显赫的外在张力表现。

在海南广府民居地区，聚落整体布局规整，肌理清晰，"梳式布局"是广府传统聚落中最为常见的。巷道纵横，村落建筑紧密相连。建筑布局中，主要巷道布置与夏季主导风向平行。主导风向从村前沿村巷流向村内，在巷道、院落、天井等处风速温差变化产生空气对流，形成空间气候交换通风风道；环村林带及村外的水塘低温空气与村内的建筑密集高温空气形成的冷热温差作用加速空气流动，对流及热压通风形成通风加速，空气对流带走湿热和太阳辐射热，流入聚落清新空气。达到了室内通风凉爽降温的目的，聚落形成了宜居环境。

五、客家文化

客家民系是中国历史上多次移民运动的产物，客家人经过历代长期艰苦奋斗，使民族性格得到考验和磨炼，成为汉民族中的一支优秀民系。客家精神诸如开拓进取、崇文重教、崇先报本、爱国爱乡等，同时带有浓重的移民文化的特质，成为客家民系独特的生存理念。

客家人在移民运动中，吃尽千般苦，更希望通过教育，让子孙能"学而优则仕"。同时为了谋求生路，从事经商、做官，也必须学习文化知识，所以，客家地区向来文教事业比较发达。此外，在客家宗族社会中，宗族的社会地位，往往同家族中士绅学子数量的众寡、学

问的高低紧密相关。高众者，则家族兴隆；低寡者，则家族不显。因此，客家人把对家族子弟的教育当作一桩大事来办，定制立规，写入族谱。

海南客家人也不例外，始终把兴办教育、培养客家人才奉为金科玉律。客家人以客家学校、客家会馆为基地，致力客家子弟的培养教育，为弘扬客家精神，继承先贤优良传统作出了可喜成绩。宋后，海南建起"文昌孔庙""五公祠""东坡书院"等名人纪念馆，激励子弟"学而优则仕"。

历史上客家先人是被迫南迁的，长年迁徙、漂泊无依的客家人对故土的怀念、对祖先的崇拜自然特别虔诚，他们的后裔传承了这种带有儒家观念的传统，色彩更为浓烈。广大客家地区几乎家家户户供奉祖宗牌位，各个姓氏还广泛盛行祭祖修谱。海南客家人比较集中在儋州那大镇方圆数十里，是渡琼客家人聚居的中心。儋州市南丰镇一直被誉为"客家镇"，那大胜利路一度誉称"客家梅县街"。

六、军屯文化

元代时期，海南岛人口大量增加，这与元朝时采取强制军事性移民是分不开的。在元兵屯军过程中，进入海南岛的元兵与当地人相融合，创造了一种新的地域乡土文化，同时也相应改变了海南岛的人口结构。海南琼西地区分布在不同区域的民居建筑，都证实了当地居民来自中原的事实。

琼西地区军屯民居类型的聚落居民主要来自中原地区的军人在当地屯扎、繁衍生息的后代，具有较强的封建礼制思想，同时饮食文化具有较强的中原特征，而体现在建筑上，则是在北方四合院的形制上变形为长方形的合院形式建筑，一般为四合院形制，也有部分不规则的合院及三合院，注重风水、注重长幼尊卑等，军屯文化特征较为明显。

第二节　汉文化传统聚落

一、汉族传统聚落选址

（一）传统聚落选址依据

1. 传统聚落选址的思想基础

"天人合一"是对中国传统聚落选址及营建影响最大的思想理论。中国"天人合一"观念源远流长，讲究天与人是和谐的整体，古人崇尚自然、珍惜自然、合理利用自然，择宜居之地。古代聚落、城镇用地选址的基本思想依据就是为了追求人与自然和谐的关系。聚落选址重视并尊重基地自然生态环境的内在机理和自然规律，大都利用天然地形，依山傍水，枕山环水，背山面水，负阴抱阳，随形就势选址。

2. 传统聚落选址的理论依据

战国时代的《管子·乘马》阐述了聚落选址的基本原则："凡立国都，非于大山之下，必于大川之上，高毋旱而水用足，下毋近水而沟防省。因天材，就地利，城郭不必中规矩，道路不必中准绳。"《管子·度地》中的"故圣人之处国者，必于不倾之地，而择地形之肥饶者，乡山，左右经水若泽，内为落渠之泻，因大川而注焉。乃以其天材、地之所生，利养其人，以育六畜。"在远古社会，人们已经学会为防备洪水灾患和防止野兽的侵袭以及利用自然资源，而居住在平展阶地地带，并注意利用自然地形，而不刻意营建耗费人工的工程。在《管子·权修》中曰："夫国城大而田野浅狭者，其野不足以养其民；城域大而人民寡者，其民不足以守其城。"又从聚落生活与周围生产环境以及聚落空间布局之间相互适应依存的角度，阐述聚落可持续发展的关键条件。

在传统的"天人合一"的思想指导下，以天、地、人相协调为准则，总结出一套选址的标准体系，并由此构建对聚居环境的认知观念（图3-2-1）。受风水观念的影响，古人认为聚落选址是关系着未来是否兴旺的关键，关系到族人和国家的前途与命运，关系到政权的兴衰。因此，古人对聚落的选址十分慎重。基于以上的思想基础和理论依据，古人逐渐形成对于传统聚落选址的实践体系（图3-2-2）。

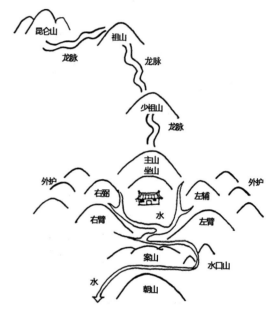

图3-2-1　聚落风水观念选址（来源：参照建筑风水图解，唐秀飞 改绘）

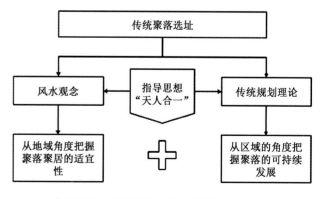

图3-2-2　传统聚落选址的实践体系（来源：杨定海 绘）

（二）传统聚落选址分析

中国传统聚落选址受到风水思想的影响，认为应将群山合围的封闭要塞型地势作为聚落选址的首选之地，讲究负阴抱阳，背山面水。

海南岛圈层式地貌及放射状河流冲积形成了丰富的地理格局，四周平原多水，中部丘陵，内部多山，客观上形成了有山依靠，有水相邻的格局。地形元素丰富，自然环境多元，局部地形多变。在此基址上传统的"风水"观念自然被应用在聚落的选址中。因此，海南传统聚落选址普遍遵循选址有坡、有林、有田、有水、相对封闭的地理环境，且多布局于土地肥沃、人身安全、生活方便、风光优美之所，是理想的生活场所。概括而言就是遵循"三靠一爽，安全隐秘"的原则，即聚落基址靠近耕地，靠近河流或溪流，靠近山岭及密林；地势要高爽，地形要有一定坡度，但不占用耕地；村落隐秘，不易发现。

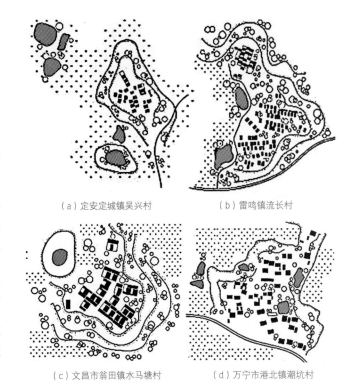

（a）定安定城镇吴兴村　　（b）雷鸣镇流长村

（c）文昌市翁田镇水马塘村　　（d）万宁市港北镇潮坑村

图3-2-3　传统聚落与耕地农田的关系（来源：杨定海 绘）

1. 靠近耕地，不占农田

在传统农业社会，农田耕地是人类生存的第一要素。在交通方式以步行为主的条件下，紧邻耕地意味着方便快捷地参与农业生产。海南岛平原地带，河网纵横，灌林密布，聚落分布于局部缓坡丘地，耕地环于四周。丘陵山区，可耕用农田珍贵，聚落建设不占农田，沿山脚分布（图3-2-3）。

2. 靠近河流或溪流

选址靠近河流或溪流是出于生存用水的考虑。靠近水源的地域往往形成特殊的生境：气候温润，物种丰富，土壤肥沃，资源充足等，自然环境能提供聚落生存发展的各种有利条件。

海南岛中间高四周低的地貌构造，从中部发散出多条河流入海，尤其是平原地带河流纵横，河网密布。汉族传统聚落绝大部分选址于四周平原，靠近河流；部分丘陵山地传统聚落选址散布在盆地中的溪流附近。无河流及溪流可借的聚落也选址靠近自然低地集水区或村落附近人工建构水塘（图3-2-4）。

聚落选址靠近河流或溪流，其主要原因在于对水源的依靠，同时也是防止过多雨水对村落的冲击。海南岛极易形成海陆风的地貌以及地处热带亚热带气候过渡带的区域环境，具有降雨量大、多、迅速的特点。聚落选址靠近河流、溪流便于迅速排掉雨水。无河流及溪流可借的聚落也积极寻求排放和储存雨水的方式。依照缓坡地势，在村落四周低洼处人工开挖水塘，即可及时排放过多雨水，又能作为缺水时的用水补充。因此，海南传统聚落，无论是地处四周平原河网地带，还是中部丘陵坡地，甚至是内部山地峡谷，都试图靠近河流、溪流或人工修建的水塘（图3-2-5），村落与水形成了丰富的布局关系。

（a）和乐镇排塘村 　　　　　　　　　　　　　　　　　　（b）锦山镇坡湖村

图3-2-4　万宁市和乐镇排塘村及文昌市锦山镇坡湖村卫星影像（来源：Google Earth截图）

3. 地势高爽，靠近山岭或密林

海南传统聚落选址注重丘陵地形，选择地势高爽的阶地或台地，并注意保护聚落周围的植物。海南岛湿热的气候环境台风暴雨较多，迅速排水及遮挡台风成为聚落选址考虑的重要因素，靠近山岭及密林成为聚落选址的首选。沿山岭的缓坡地形布局村落，极大地方便雨水的快速排出；村落周围密布茂林，能有效地形成挡风面，保护聚落聚居建筑。

聚落选择山岭或保留密林的另一个重要原因在于有利于降温和通风。一是利用地形形成山谷风，同时沿山坡阶梯排列的聚居建筑形成了良好的迎风面；二是村落周围的密林不仅能很好地提供遮阳环境，且密林的蒸腾作用也很好地达到降温的效果，作为聚落建筑热环境周围的"冷湖"，与聚落建筑之间形成热交

换。透过树林凉爽的谷风能够缓解聚落的湿热气候（图3-2-6）。

4. 安全隐秘

传统聚落选址理念中包含古代长期的农业社会生产方式以及与这种方式相伴而生的小农意识和适应自然经济下自给自足的生活方式，另一方面也暗含人们在长期战乱动荡中寻求安全的一种生存手段。如古徽州群山环抱，与世隔绝，是避乱的理想之地，也因此成就了宏村、西递，现在仍然保存完好，并成为世界非物质文化遗产。

海南岛孤悬海外，人口稀少，自古作为避难岛屿。辗转迁徙到海南岛的汉族曾经倍受动荡环境的折磨，都努力寻求与世隔绝，安稳隐蔽的生活环境。因

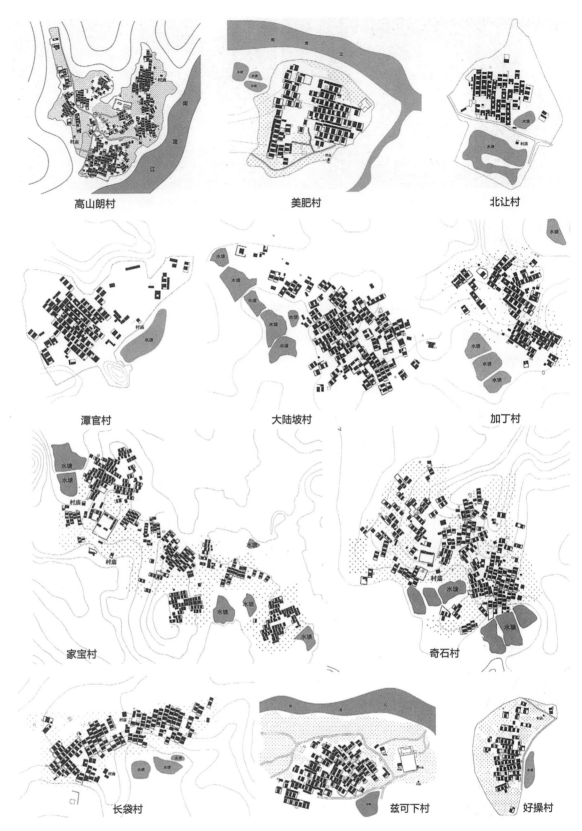

图3-2-5 聚落平面布局与河流及水系关系示意图（来源：杨定海 绘）

（a）万宁市松罗村

（b）万宁市黎城村

（c）文昌市南昌村

（d）海口市大边村

图3-2-6　聚落与山岭密林的关系（来源：Google Earth截图）

此，聚落选址对安全环境要求格外严格，这也成为海南传统聚落区别于其他地域聚落的主要特征之一。

在追求经济发展的环境下，大部分传统聚落选址要求靠近交通要道，便于对外交流，现代聚落选址尤其如此。然而与此不同，海南传统聚落选址反而要远离主要道路，采用窄长的蜿蜒入村小路与外界道路沟通，为了安全起见，一般聚落只设一个村口。聚落周围保留或栽种大量灌木林植物，聚落掩映在茂密的植物之

中，外来陌生人很难发现，即使发现也不敢轻易进入（图3-2-7、图3-2-8）。这种传统聚落格局到现在还未受到快速经济冲击，依然大量存在。

海南传统聚落普遍的选址方式充分体现着与自然环境和谐共生。在尊重地理地貌和气候环境的基础上，因地制宜，合理布局，以安全和美的心态，谨慎地选择和营造适宜的聚居环境，追求安逸隐秘聚居的心理需求。

（a）定安县定城镇墩山村　　　　　　　　　　　　　　　　　　（b）文昌市上堆村

图3-2-7　定城镇墩山村及文昌市上堆村卫星影像（来源：Google Earth截图）

二、汉族传统聚落特点

（一）城镇选址遵循正统，一脉相传

虽然僻居海外，但作为中央派出机构的地方政府主导的城市聚落，明显表现为承袭传统思想，选址依据正统布局及方位。

（二）村落选址注重务实，灵活多样

海南岛传统自然聚落以适应局部地段环境，以解决生存的务实原则作为选址的最高依据。因此，传统城镇选址注重"兴盛"，要求地域开阔平展，有发展余地为首要考虑要素；而村落选址则注重顺坡，村前开阔，水源便利，通风利水，注重聚落周围的"山—林—村—田"整体的宜居环境。

"坐北朝南"的正统聚落朝向并不能完全适应海南地域环境下的生存需求。"坐北朝南"虽然在内陆地区解决了居住光照及规避北向寒流的问题，但低纬度及亚热带的气候环境使得这些因素不是海南气候及地域环境面临的主要问题，降温及通风成为居住首要目的；而地处偏隅，文化贫瘠，受正统思想约束压力较弱的文化环境也促进了聚落选址务实原则的形成。聚落选址尊重自然环境，把适宜生存作为聚落选址的核心因素。圈层式的地形及丰富的局部地貌，造就了海南传统聚落选址灵活多样，布局自由的特点。

（a）澄迈县白莲镇美桃村

（b）海口市石山镇春藏村

图3-2-8　白莲镇美桃村及石山镇春藏村卫星影像（来源：Google Earth截图）

三、汉族传统聚落空间形态

（一）聚落空间形态构成

1. 村落边界

对传统城镇而言，城池勾勒了城镇的外部形态，增强了人们对城镇形态的辨识。对传统聚落而言，边界也是聚落形态识别的主要因素。

海南传统聚落的边界有三种基本类型：一是有明确规整的聚落边界；二是聚落一面有明确规整边界，其余各面边界不规整；三是聚落边界不规整。

1）有明确规整的聚落边界

这类聚落边界有明确的限制要素，能清楚地识别。界定要素可以是水体，聚落被水系环绕（图3-2-9）。例如海口市龙华区新坡镇新坡圩西部6公里的古韵水庄文山村三面环水，靠长桥联系，环绕的水系清楚地界定了聚落的形态，因此其获得"碧塘环绕莲花座"的美誉。

另一个限制因素是围墙。在海南岛北部火山地质的羊山地区，火山岩被当地广泛用于建筑及村落防护。整个村落被用火山岩砌筑的石墙围绕着，只设一个村口，聚落边界清晰明了。如海口新坡镇文山村、海口永兴镇美孝村等（图3-2-10）。

还有一种因素是地形等环境限制，聚落形态随自然环境而呈现明显界限。聚落为避免被水淹多选址于微丘高地，这些微丘高地面积有限，自然限制聚落明确的边界。也有些表现为河流、稻田、水塘等聚落周围自然要素综合限制聚落的明确界限，如琼海市万秋村、石排村、澄迈县书富村等。

个别聚落采用环村道路来限制边界。这类村子相对较少，且环村道路多是近代随村落发展，对交通的需求增加而逐渐建造。随村落的发展，环村道路的界限可能被突破，多在环村道路外围继续拓展，如澄迈县新田村等。

2）一面有明确规整边界，其余各面边界不规整

处在微丘陵地区的传统聚落，多沿地形走势，前低后高，顺坡布局。面对海南岛温润的气候，频发的台风暴雨，聚落前面较低地段常常自然形成或人工开凿水塘。聚落面对水塘，环形布局。聚落建筑与水塘间设置入村进巷道路，自然而然将聚落这面界定清晰。其余各面聚落建筑参差不齐，随聚落成长而变化。这类聚落多在海南岛微丘陵地形为主的地域，平原地带存在微地形的地域也多存在此类聚落。此类聚落在建村时也经过规划，为聚落拓展创造多个方向。聚落既可沿坡势纵向拓展，亦可在聚落两侧横向拓展。其优势是聚落整体感强，发展脉络清晰，如琼山区石门村、澄迈县北让村等（图3-2-11）。

3）聚落边界不规整

此类聚落也分三种情况：一是聚落建筑群布局无规律，虽然聚落是一个组团，建筑排列较紧密，但由于朝向较多，聚落向多个方向拓展而呈现不规整外围形态。二是聚落内部相对紧凑，但外围个别建筑群落分散布局，而使聚落边界不规整。还有一类是聚落呈多组团状布局，多个组团分散布局致使村落界限不规整。如文昌市古宅村、屯昌县槟榔园村、澄迈县大美村等（图3-2-12）。此类聚落情况复杂，既有可能是村民来源不同，在建村之始已形成不同发展方向，或是随聚落发展而逐渐松散，抑或是地形等基础地理条件的影响等。此类聚落随着发展，聚落边界形态会更加复杂，甚至失控而呈现混乱形态。

2. 村口

村口是进入村落的第一空间节点，其设置方式及空间构成元素反映居民对村落的整体认知。

1）村口建构方式

海南传统聚落村口很少接近主干道路或是处于宽敞平展之地而被易于识别，多数掩映在绿树浓荫之中，密闭隐秘。进入聚落往往要经过一条很长的入村道路。道

| (a) | (b) | (c) |
| (d) | (e) | (f) |

（a）海口市新坡镇文山村

（b）澄迈县书富村

（c）琼海市石排村

（d）澄迈县新田村

（e）海口市琼山区石门村

（f）文昌市古宅村

图3-2-9 传统聚落边界与自然要素关系影像图

（来源：Google Earth截图）

| (a) 新坡镇文山村 | (b) 永兴镇美孝村 |

图3-2-10 海口新坡镇文山村及永兴镇美孝村（来源：Google Earth截图）

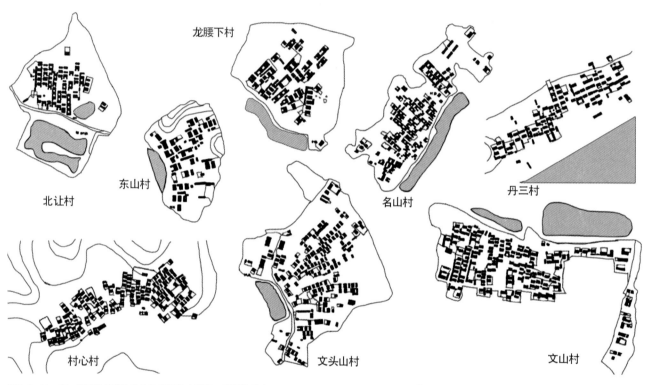

图3-2-11 有一面明确规整边界的自然聚落（来源：杨定海 绘）

路狭小，曲折蜿蜒，两边或是茂林遮掩，或是田垄矮墙。聚落入口的隐秘设置很大原因在于避免干扰，寻求安逸，以及聚落整体形态的独立。聚落选址时可借用的资源丰富，近水、密林、顺坡等在满足隐秘的安全前提下，同时又自然形成山水格局，环境优美，也符合人对

自然的亲近和审美（图3-2-13）。

2）村口空间构成要素

村口空间主要存在两种方式：一是位于村门前后，与村门一起构成村口空间。二是没有村门的村落在入村前设置开敞的停留空间。前一种村口空间主要以村

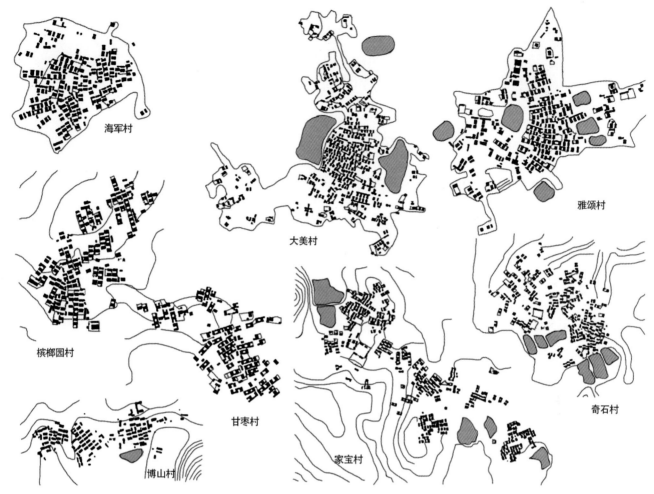

图3-2-12 村落边界不规整的自然村落〔来源：杨定海 绘〕

海军村

大美村

雅颂村

槟榔园村

甘枣村

奇石村

博山村

家宝村

门作为主要构成要素，结合村门设置围墙明确限制村前空间，门侧设置土地庙，栽植大树，门前道路旁多存在水塘。结合村门多设置庙宇或祠堂，其前方为戏台。此类村口空间主要强调防卫，厚实高大的村门及围墙，两旁高大的树木整体控制着空间威严的氛围感。庙宇及祠堂增添了空间的神秘感（图3-2-14、图3-2-15）。

没有村门的聚落村口配置较自由，常依据地形栽植榕树、榄仁树等高大树木，其旁置井，有时也设置庙宇及戏台。如澄迈县老城镇石礜村，村落入口大树林立，有水塘，沿入村道路置四口水井，水塘对面为冼夫人庙及冯氏大宗祠等。老城镇罗驿村，村头几株大榕

树，两个紧挨着的大湖，一座三进八间、造型古朴的李氏宗祠，村口路边一座"步蟾坊"。古村村口祥和安静，古意盎然。此类村落在海南较多。

3. 聚落核心

聚落核心是组织聚落形态的关键要素。核心要素是被全体村民公认神圣敬畏的，能起到心理安稳的控制性要素，其他构成要素顺应，并受其组织。在传统汉族聚落中往往是以聚落中建筑级别较高的祠堂以及依附于祠堂的广场作为核心，其面积大，体量高，其余建筑环布于其周围。聚落形态重点突出，层次分明。

| 儒豪村村口 | 荣堂村村口 | 美社村村口 |
| 石矍村村口 | 美榔村村口 | 道贡村村口 |

图3-2-13 海南岛传统村落村口空间（来源：杨定海 摄）

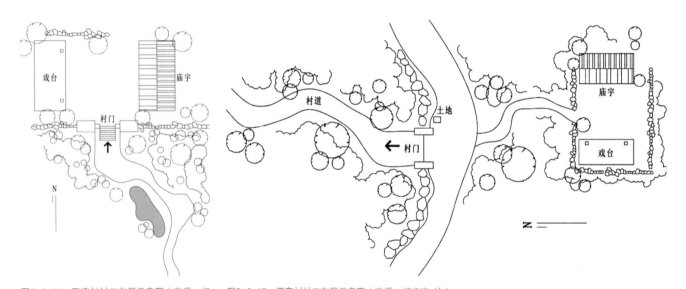

图3-2-14 玉库村村口布局示意图（来源：杨定海 绘）　　图3-2-15 儒豪村村口布局示意图（来源：杨定海 绘）

　　海南岛多数传统聚落具有核心，仅有少数聚落以祠堂或者村庙作为组织聚落形态的核心要素，大部分传统聚落以自然要素作为聚落核心要素。聚落核心要素采用祠堂或者村庙的聚落如文昌南文岭村、兴隆万石村、会文镇十八行村等。南文岭村祠堂处于聚落中心位置，虽然占地面积不大，但其周围却绿地环绕。分布其两侧的居住建筑面向祠堂，成多列顺坡布局，祠堂将两个组团融合在一起。兴隆万石村祠堂独立于村外单独的丘地，祠堂周围草木茂盛，视野开阔；聚落居住建筑以祠堂为延伸核心，半环布局于相对的林地缓坡中。这一布局形态明显受祠堂位置的控制，甚至聚落部分建筑放弃沿等高线建构，而与其他建筑共同构成受祠堂控制的弧形布局形态（图3-2-16）。

海南岛大部分传统聚落在建构中将水体、林地、田地等自然要素作为聚落形态的核心控制要素。如澄迈县龙兴村，聚落建筑群以村前自然洼地为核心，顺坡布局。金江镇飞树墩上村聚落建筑群成圆弧形拥抱姿态围绕于前方田地。屯城镇村心村建筑群沿等高线呈扇形环抱村前低洼田地。以水塘作为核心控制要素的聚落广泛分布于海南岛四周平原及微丘陵地区。如屯昌镇昌头村以水塘为核心，两个建筑组群向心布局于两侧。澄迈县文英村、北让村，万泉镇博山村等都是如此。也会出现聚落围绕多个水塘组织村落形态，形成多核心的聚落形态，如澄迈县美榔村等。大部分聚落中，祠堂、村庙被看作与普通建筑相同的村落元素，而水塘、田地、树林成为村民心目中更加神圣的元素。这也是海南岛传统村落形态不同于其他地方传统聚落形态的主要特征之一（图3-2-17）。

海南岛还存在一类没有明显核心的聚落。这类聚落要么是规模较小，建筑群分散布局于茂林植被中；一是地形复杂，难以形成聚落核心；二是在近代发展中因逐渐混乱而失去核心。这类传统聚落主要分布于中部丘陵及内部山区（图3-2-18）。

4. 聚落防御体系

海南岛大部分汉族聚落为迁入性聚落，在营建之初聚落防御作为最主要的目的来考虑。虽然历经历史的洗礼，但传统的印记依然清晰。在汉族人口密度较大的琼北地区聚落防御体系最为完善（图3-2-19）。可概括为三个层次：一是聚落防御；二是村巷防御；三是宅院防御。

1）聚落防御

就聚落整体而言，防御从选址开始。海南岛大部分传统聚落在选址中已经注意隐蔽性，将聚落掩映在密林中，村口以蜿蜒小路入村，极大增强了安全性。如新坡镇文山村背靠山樵岭，三面环水，入村仅留一座小桥，易守难攻。

采取石砌围墙，将聚落紧紧围护，只留一个村口出入是另一种聚落防护体系。村口建构坚实厚重的村门，部分聚落结合村门设置值岗守卫用房。如定安翰林镇旧

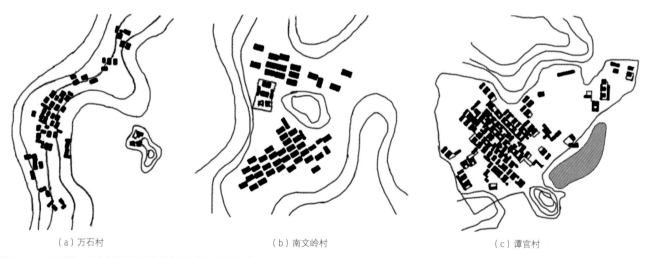

（a）万石村　　　　　　　　　（b）南文岭村　　　　　　　　　（c）谭官村

图3-2-16　以祠堂、村庙为核心的传统村落（来源：杨定海　绘）

龙兴村　　　　　　　　飞树墩上村　　　　　　　　村心村

昌头村　　　　文英村　　　　北让村　　　　东山村

博山村　　　　美榔村　　　　美亭村

南轩村　　　　山朝村　　　　光耀村

图3-2-17　以自然要素为核心的传统聚落（来源：杨定海 绘）

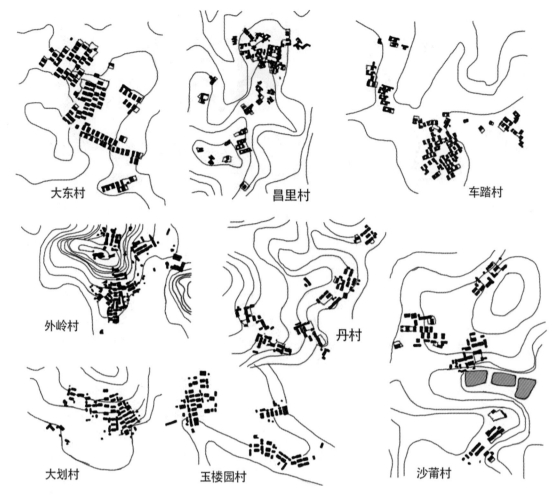

图3-2-18　没有明显核心的传统聚落（来源：杨定海 绘）

市村、龙河镇南引村、海口石山镇荣堂村、儒豪村等设有环村石墙。

部分村落设置碉楼作为聚落防护的措施。如石山镇美社村村子中部砌筑"福兴楼"碉楼等，这些碉楼都是近代为了防盗匪，村落完善防护体系而修建的。

2）村巷防御

村巷防御主要由两部分组成。一是设置于各个巷路口的巷门。巷门成为进入巷道的必经之路，每条巷道都设有巷门，巷门较狭小。巷门采用厚实的石质门框，采用可锁闭的竖向"趙栊"。二是结合巷门及各宅院建筑砌筑石墙，形成封闭巷道。

有些聚落在设置巷道时不采用通直的直线式巷道，而是采用树状自由转折分叉，造成巷道四通八达，陌生人易迷失方向，达到防护目的，如石山镇荣堂村。

3）宅院防御

宅院由入户大门及高石围墙形成封闭庭院，宅院建筑以火山石砌筑，开小窗。整体宅院封闭严密。如琼北儒豪古村宅院为三进式布局，每个宅院旁侧配置独立巷道，结合三进居住住宅设三重宅院巷门。

虽然海南岛村民注重聚落的防护，但多数聚落主要是借助自然条件营造隐秘氛围，如选址隐秘或借助水体等。人工营建村落防护体系的传统聚落主要分布于经济发达、文化传统深厚的琼北地区。这一地区的聚落多聚族而居，强烈的家族认同及动荡环境的经历是此类聚落

（a）海口美社村福兴楼

（b）澄迈美桃村落巷道

（c）儒豪村宅院巷道

（d）荣堂村村巷门

（e）荣堂村入口石门

（f）永兴镇美梅村入口石门

（g）文山村环村水系

图3-2-19　传统聚落防御体系（来源：《质朴的生活智慧——海南岛传统聚落与建筑空间形态》）

防护体系建构的原因。在南部及中部山岭地区相对较少有强大防护体系的聚落。

5. 村巷格局

村巷格局是聚落形态的骨架，是聚落建筑逐步生长演化的结果，受自然和人为多种因素的影响。聚落巷道格局即由宅院的布局方式所限定形成的村落内部交通空间。

在传统聚落中，聚落巷道的生成存在两种主要方式：

一是建村之前有详细考虑规划，按意图逐步实施。这种方式形成的村巷格局规整。如遵从礼制，以祠堂为核心，形成直线行列式或环形布局；也以自然条件为考虑重点，适应自然环境，选择以水塘、田地等要素作为布局核心，聚落布局利于通风排水，便于耕作等原因。

海南岛村落村巷规整格局主要为直线矩形排布方式和弧线放射状排布方式。直线矩形排布方式的村落巷道以直线为主，纵横交叉形成接近矩形规整的村巷格局。此类村落主要存在于沿海平原地带，地形平展开阔，村落布局受限较少。大多数村落以列的左右拓展开始，首先形成纵向排布巷道。随后逐步转为列的前后拓展，形成横向巷道，村落规模逐渐扩大。海南岛大部分村落规模较小，纵向村巷排布是村巷格局的主要方式，结合较少的横向巷道，形成的村巷格局简单、清晰（图3-2-20）。弧线放射状排布方式与直线矩形排布方式相似，只是村落整体沿弧形等高线分布，村落形态呈扇形，村落巷道自然也呈现扇形排列。这类村落巷道也是以纵向巷道排布为主要方式，村落宅院沿坡势垂直等高线呈纵向排布。此类村落多分布于中部山岭及靠外部的微地形丘陵地带，村落布局受地形影响较大（图3-2-21）。

二是自发形成，此类聚落建村之时规模较小，自然条件对聚落建设影响较小，布局较为自由。因建筑分布的杂乱无规律，或建筑周围留有大量绿地，界定巷道空

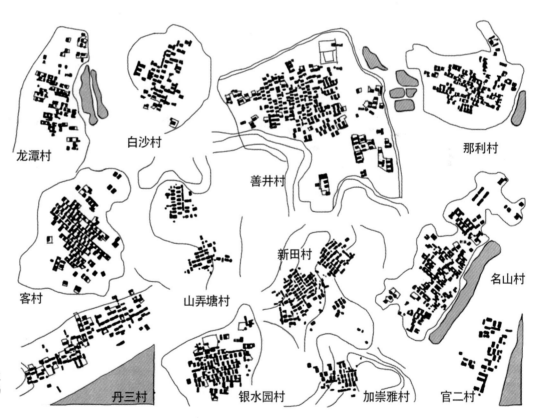

图3-2-20 村巷格局——直线矩形排布方式（来源：杨定海 绘）

龙潭村　白沙村　善井村　那利村　客村　山弄塘村　新田村　名山村　丹三村　银水园村　加崇雅村　官二村

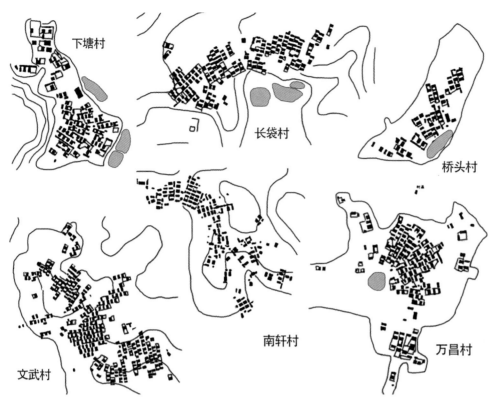

下塘村

长袋村

桥头村

文武村

南轩村

万昌村

图3-2-21 村巷格局——弧线放射状排布方式（来源：杨定海 绘）

间的界面未形成连续分布，巷道呈现自由状态，甚至无巷道可言。

海南岛村巷呈自由格局的村落也比较多，多分布于山地丘陵，也有部分存在于平原地带。分布于山地丘陵的自由格局的村落主要原因是受地形影响，可用于建筑的面积有限，故因地就势建造，村落巷道格局较为松散；还有一种情况是村落居民较少，可用建筑面积较大，村民建设所选用地宽裕而造成随意建设，这在已经汉化的黎族村落最为明显。虽然采取汉族居住方式，但仍然沿袭黎族传统建村模式，村落巷道布局自由混乱，甚至无村巷可言（图3-2-22）。

（二）聚落形态地域分异

1. 琼北聚落形态
琼北主要包括海口、文昌、定安、琼海、澄迈等区域。这些传统聚落以汉族聚居为主，长期以来经济、文化较南部发达。聚落历史悠久，人口稠密，家族聚居等传统文化的深厚积淀，对聚落形态的布局有深刻的影响，尤其以文昌、琼海、定安为典型代表，聚居宅院紧凑规整，聚落边界形态较为清晰。大多数聚落形态有较为明确的聚落核心。其主要特点在于聚落形态的基本建筑单元做较长序列的重复，形成的宅院空间连续且保持较长的距离（图3-2-23）。

2. 琼南聚落形态
琼南包含陵水、保亭、三亚、昌江、东方等。这些地域传统聚落形态与琼北聚落形态比较而言稍显松散，尤其是聚落核心不明显，甚至很多聚落没有核心。主要原因在于聚落构成基本单元发生变化。在琼北存在的细长宅院单元在南部逐渐缩短，较短的宅院对聚落形态的控制能力明显下降。因此，聚落形态稍显松散。

美肥村

文头山村

大洞村

水岭村

名山村

花料村

黎寨

坡利村

大美村

图3-2-22 传统聚落村巷格局的分异（来源：杨定海 绘）

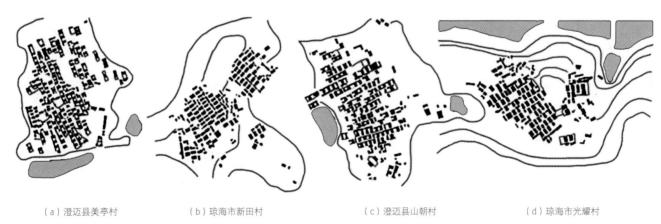

（a）澄迈县美亭村　　　　（b）琼海市新田村　　　　（c）澄迈县山朝村　　　　（d）琼海市光耀村

图3-2-23 琼北传统聚落典型形态（来源：杨定海 绘）

3. 汉化黎族村寨

由于长期的黎汉交流，在中部山区的很多黎族村寨已经逐步汉化。黎族聚落放弃船形屋居住方式而采用汉族砖瓦结构的居住方式，但居住建筑所形成的聚落形态依然松散、自由。这种松散状态与大部分黎族船形屋有相似之处，反映出黎族采用自己的思考方式用汉族的建筑组织聚落形态，自然与汉族聚落形态有较大区别（图3-2-24）。

四、汉族传统民居院落空间

（一）汉族传统聚落基本院落构成

海南汉族传统聚落的院落式布局的基本结构单元有两种：一是单个庭院由一个三开间正堂建筑独自构成，两侧无厢房及其他建筑配置；二是单个庭院由一个三开间正堂建筑居中，两侧配置厢房或廊，厢房多间，厢房与正堂形成三合院式庭院。由此可见，三开间正屋为院落的核心构成要素，除此之外应该具备辅助性功能空间，才能满足基本生活的需求，而无厢房等辅助性的庭院空间一般为祠堂等特殊庭院。

因此，海南岛传统院落的基本构成为：院落入口的"路门"，"一明两暗"的正屋，包含厢房、厨房、杂物等功能综合的横屋及围墙构成，这也是最简单的独院式院落（图3-2-25）。

"路门"即院落入口院门，是进入院落的必经之道。通常位于正屋的一侧，少数位于正屋前方，但不正对正屋大门。"路门"基本为单层单开间的建筑单元，其尺寸构成一般较正屋开间要小，进深较短，高度低矮。部分"路门"为单开间两层门楼形式，底层为通道，上下两层用木板分隔；二层较为低矮，上置人字形屋面，面向院落一面未设围墙而成为简易阁楼（图3-2-26）。这类门楼在文昌、琼海地区较为常见。

正屋为院落的核心建筑，一般处于院落中心位置，是整座院落的主体建筑，位于院落的中轴线，高度最高。多为"一明两暗"的标准建筑单元，或是在此基础上的尺寸或者构型略作调整。

横屋即位于正屋前两侧的房屋。其功能主要用作厨房、杂物间甚至客厅等。"横屋"相对"正屋"低矮，

（a）东方市大田镇乐妹村

（b）东方市公爱乡公爱上村

图3-2-24 汉化黎族村寨典型形态〔来源：唐秀飞 摄〕

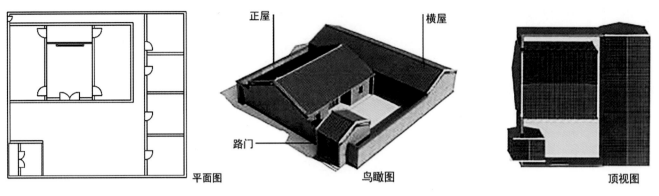

图3-2-25 海南岛基本院落构成示意图（来源：《质朴的生活智慧——海南岛传统聚落与建筑空间形态》）

图3-2-26 "路门"平面图、立面图及实景照片（来源：《质朴的生活智慧——海南岛传统聚落与建筑空间形态》）

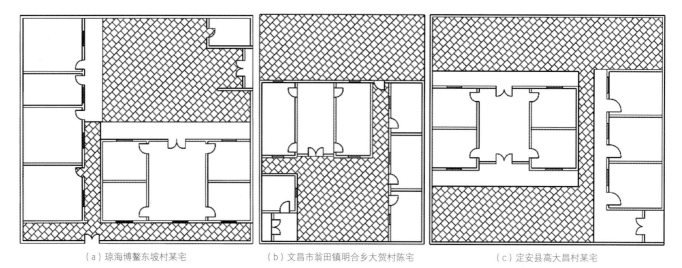

(a)琼海博鳌东坡村某宅   (b)文昌市翁田镇明合乡大贺村陈宅   (c)定安县高大昌村某宅

图3-2-27　基本院落横屋布局（来源：《质朴的生活智慧——海南岛传统聚落与建筑空间形态》）

开间宽度基本相同。"横屋"开间数量多少，多由庭院进深长度大小而定（图3-2-27）。因此，正屋与长横屋间留一通衢，称之为"巷"，既可作为庭院纵向交通通道，又起到通风"冷巷"的作用。

院墙弥补各建筑单元围合缺少的部分，将各构成要素连接起来成为完整的院落。院墙除起围合作用外，还承载着文化含义，如充当照壁的功能等。

（二）汉族传统聚落院落布局及演变

院落的基本要素由路门、正屋、横屋及围墙构成，仅能满足基本生活以及基本条件。构成院落包括居住主体建筑单元、辅助性建筑单元、围护性建构单元三类主要要素。院落构型的变化主要受居住主体建筑单元、辅助性建筑单元影响较大。

1. 居住主体建筑单元主导的变化

居住主体建筑单元作为院落的核心，其位置和排布方向决定着院落的整体构成。"一明两暗"的三开间建筑作为院落主体要素，是经过长期历史积淀沿袭而来，已能很好适应地域环境，并承载着地域特色。居住主体建筑单元主导的变化包括以数量增减主导的变化和以组合关系主导的变异两种方式。

以数量增减主导的变化主要是指居住主体建筑单元以其数量的增减为主要特征。各要素空间组合仍遵从原先的空间关系，未发生本质的变化，居住主体建筑的空间组合前后或左右的重复扩展，形成多种形式的多进式院落（图3-2-28）。

以组合关系主导的变异是指在基本院落形态的基础上，居住主体建筑单元数量增加，且各要素空间组合关系发生明显的本质变化，尤其是增加的居住主体建筑单元改变布局方向，从而使原先空间布局关系发生本质变化等。如海口市解放西路131号某宅，将增加的居住主体单元转变布局方向，形成与原居住主体建筑单元垂直的布局关系，并将其与横屋等附属建筑单元结合，使原来居住主体建筑单元列、行对正的布局关系发生了改变（图3-2-29）。这种变异情况主要是出现在用地紧张，且用地权属在长期的承袭中发生变化逐渐演变而成，较少出现在海南岛传统村落中。

2. 辅助性建筑单元主导的变化

辅助性建筑单元主要依据主体居住单元布局，其所处位置灵活，形式多样。其既可两间存在作为客厅、杂

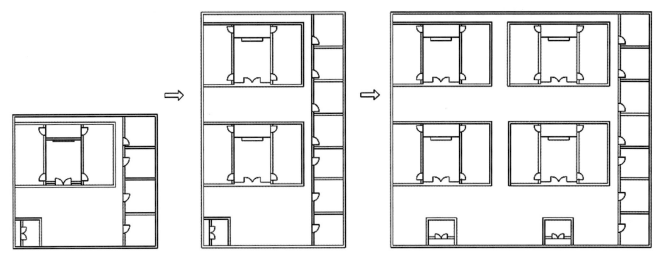

图3-2-28 居住主体建筑单元独院式院落向多进式院落的演变示意图（来源：《质朴的生活智慧——海南岛传统聚落与建筑空间形态》）

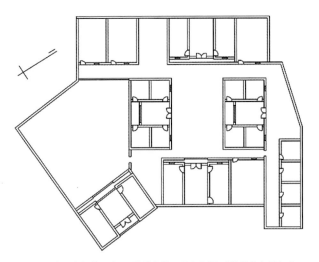

图3-2-29 海口市解放西路131号某宅平面图（来源：《质朴的生活智慧——海南岛传统聚落与建筑空间形态》）

物间、厨房，也可与路门结合作为杂物间等。因此，其空间布局也发生变化，由原来的单侧分布，可变异为主体居住单元的两侧（图3-2-30）。

海南岛传统院落横屋变异丰富多样，包括单侧横屋式、双侧横屋式和横屋独构式三种类型。

1）单侧横屋式

在基本院落构型的基础上，横屋处于正堂一侧，但其本身构型随着功能、数量、檐廊等变化而产生变化。如琼海博鳌东坡村某宅横屋开间大小不同，并承担厨

房、房间等不同的功能，横屋增添檐廊，并与正堂檐廊连为一体；琼海市温泉村某宅横屋加檐廊，在一进正堂之间形成围合，用"巷门"分隔前后空间，增加了后进庭院的私密性（图3-2-31）。

2）双侧横屋式

由于横屋处于正屋两侧，呈拱卫状，被称之为护厝式院落。双侧横屋在海南传统聚落中主要分为两种类型：一是双侧横屋位于正屋前方两侧，横屋间数以三间以下为主，多存在于东南部沿海地域，以万宁、陵水最为典型。二是双侧横屋以大于三间的长屋出现，长屋从左、右、后三面围合居中的正堂，形成半包围式布局（图3-2-32）。与第一种类型相对而言，此类院落数量较少，且多分布于北部及东北部海口、定安、澄迈、文昌以及西南的三亚崖城地域。

3）横屋独构式

在海南岛儋州等地的客家传统聚落中出现长屋聚居方式，这种"院落"构型方式中缺失正屋建筑，由联排相同大小的房间构成，或个别对角落房间变化处理，或在开门方式上进行调整，形成厅、室不同的使用功能。儋州是海南客家人的主要聚居地，这里分布着联排房间构成的院落，这种长屋明显带有福建客家

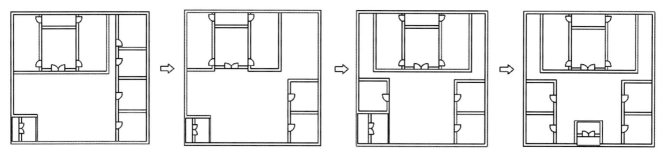

图3-2-30 辅助性建筑单元变异的独院式院落演变示意图（来源:《质朴的生活智慧——海南岛传统聚落与建筑空间形态》）

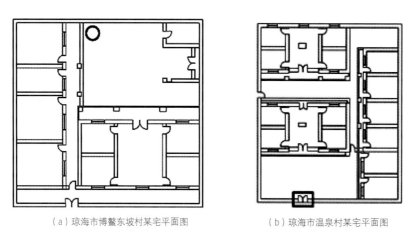

（a）琼海市博鳌东坡村某宅平面图　　　　（b）琼海市温泉村某宅平面图

图3-2-31 传统院落单侧横屋式布局（来源:《质朴的生活智慧——海南岛传统聚落与建筑空间形态》）

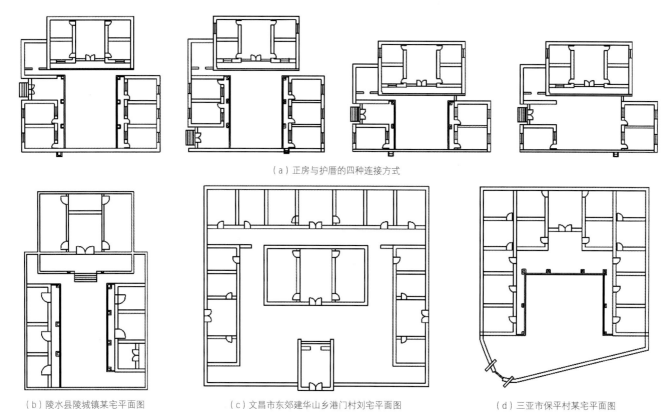

（a）正房与护厝的四种连接方式

（b）陵水县陵城镇某宅平面图　　　（c）文昌市东郊建华山乡港门村刘宅平面图　　　（d）三亚市保平村某宅平面图

图3-2-32 传统民居双侧横屋式构型及案例（来源:《质朴的生活智慧——海南岛传统聚落与建筑空间形态》）

人横屋的特征。

因此，受到地形条件及家族人口、财力的影响，客家聚落中出现多个家庭联合居住于一排长屋中，每家分得一定数量的房间，一间用作厨房，剩余房间可用作卧室、客厅等功能。在排屋相对或相邻的用地配置杂物间。这种"院落"常没有明显的围墙围合（图3-2-33）。

3. 院落布局及变异的特点

1）居住主体建筑与辅助性建筑单元的变化，空间形态丰富。

海南传统聚落院落中正屋作为院落的核心建筑单元，其空间变异相对简洁、规整。单元多以纵向拓展方式，形成前后对正的列式布局，主导了院落的空间层次。而辅助性建筑单元一般无法决定院落的空间形态，但胜在其灵活多变，大大丰富了院落整体的空间形态（图3-2-34）。

2）院落类型丰富完备，形制齐全，演变线索清晰。

在传统院落中以两侧长横屋，正中路门的对称式院落形制最高，也是海南岛传统院落布局最规整、形式最稳定、发展最完备的院落类型。这种类型院落占地最多，显示了家庭的殷实富足，同时也展现了对传统礼制文化的尊崇。传统院落中以短横屋为特征的院落类型，其与主体建筑单元的组合关系及布局更加灵活。院落的建构可由较小规模逐步拓展扩大，此类院落形制更低。

海南岛传统院落大部分表现为以较低等级的长横屋以及大量的短横屋为特征的院落类型，尤其是短横屋类型，明显表现出适应逐步拓展的动态特征。这个特征非常适合海南岛多元化家族迁徙，逐步壮大形成院落，甚至聚落的特点（图3-2-35）。

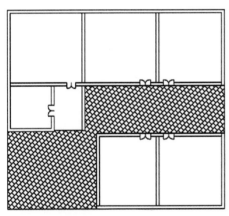

（a）昌江县水头村某宅平面图

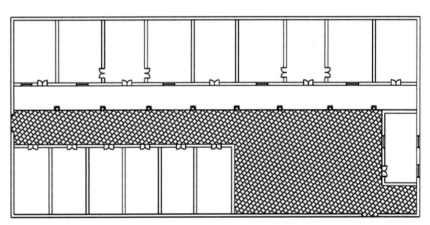

（b）儋州市南丰镇油麻村某宅平面图

（c）儋州市南丰镇油麻村某宅1

（d）儋州市南丰镇油麻村某宅2

（e）儋州市南丰镇油麻村某宅3

图3-2-33　横屋独构式院落（来源：《质朴的生活智慧——海南岛传统聚落与建筑空间形态》）

（a）琼海民居（正屋纵向拓展）　　　　　　（b）琼海民居（辅助性建筑单元的变异）1　　　　　　（c）琼海民居（辅助性建筑单元的变异）2

图3-2-34　主体建筑单元及辅助性建筑单元灵活多变（来源：《质朴的生活智慧——海南岛传统聚落与建筑空间形态》）

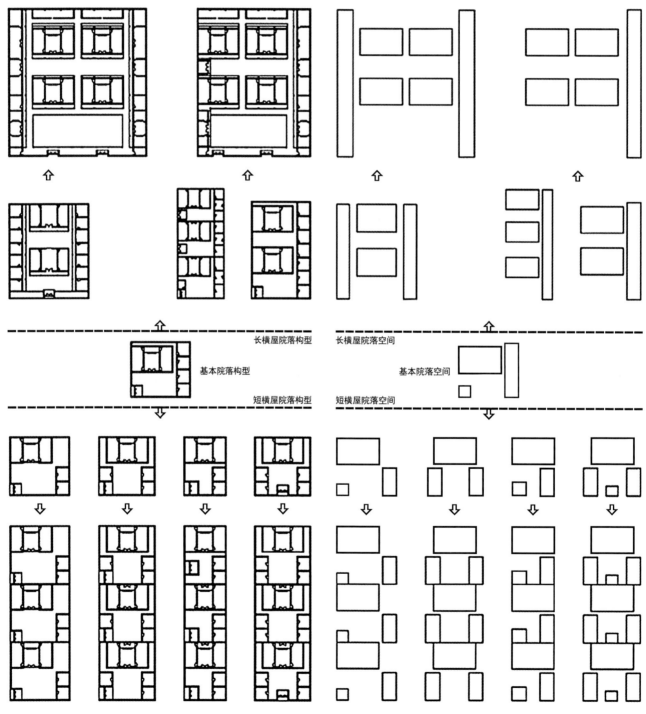

图3-2-35　海南岛汉族传统院落平面空间形态及结构演变（来源：杨定海 绘）

总体而言，海南岛传统院落已具备了具有高等级对称布局，规整尊礼，规模较大等特点的大型院落，也存在大量布局灵活，建构自由的小型院落类型。院落类型丰富完备，形制齐全。

（三）汉族传统聚落大型院落

1. 大型院落案例

1）覃家大院

覃家大院坐落在琼海市博鳌镇古调村，坐西朝东，由4间正屋和9间横廊、门楼和走马楼等组成一个方形建筑院落。覃家大院正屋前后拓展为两进，左右拓展为两列，形成"口"形两列纵进的排布方式。在正屋的右边排列着9间连续长横屋，左边则结合每进正屋设置单间或是3间短横屋。两个路门位于正屋前方。覃家大院为防御盗匪，院落围墙高大严密，侧围设置走马楼，路门两侧设置防御枪眼等。整个院落规模宏大，布局周正，结构严谨，形成一个封闭式院落（图3-2-36）。

2）文昌清澜镇岭头村梁宅

文昌清澜镇岭头村梁宅是类似福建双侧护厝的典型民居，院落主体为两栋三开间的居住建筑前后对正布

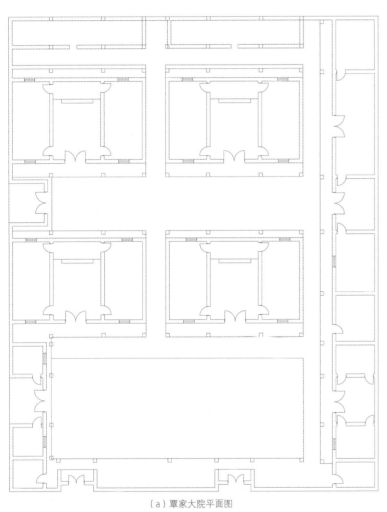

（a）覃家大院平面图

（b）覃家大院实景图

图3-2-36　覃家大院院落（来源：《质朴的生活智慧——海南岛传统聚落与建筑空间形态》）

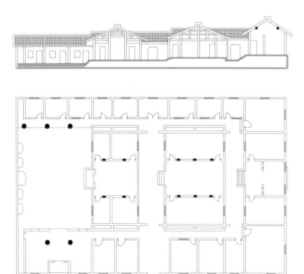

图3-2-37 文昌清澜镇岭头村梁宅（来源:《质朴的生活智慧——海南岛传统聚落与建筑空间形态》）

文昌清澜镇岭头村梁宅内院

文昌清澜镇岭头村梁宅俯视

局，两侧配建长横屋作为各类辅助性空间。两栋住宅均依坡而建，前低后高，前庭院宽大，各进院落高差不同，均能取得良好的通风效果（图3-2-37）。

3）蔡家大院

蔡家大院位于琼海博鳌镇留客村，院落坐东南、朝西北。院落主体为两栋三开间建筑单元前后对正布局，形成两进院落。主体建筑两侧为长横屋。正屋及横屋均为两层，正屋及横屋之间形成天井内庭。院落两个入口分别位于东侧两进横屋一楼，而非在正屋前庭。院落整体呈环形，结构紧凑，前庭及后庭的四周由带拱券的两层环廊连接（图3-2-38）。

4）王氏大院

王氏大院位于琼海市中原镇仙寨村，坐北朝南。院落平面由正屋成列重复成三进院落，正屋左侧配置长横屋。路门居中，两层结构。大院一列三堂纵进，前堂是接待场所，檐廊开敞，围墙采用三个并联的南洋风格拱门。横屋顶部采用混凝土平顶横廊。横屋与正屋之间为窄小巷道（图3-2-39）。

5）翁氏老宅

翁氏老宅位于琼海市博鳌镇乐城村，坐南朝北。大院主体由四个三开间的正屋依照"口"形布置，南北向两列纵进。正屋两侧横屋外墙与正屋山墙对齐，四间正屋与东西向两横屋围合形成中间宽敞的内院。院落正门布置在东面横屋一间。北面两组正屋变异，形成类似粤中三间两廊式布局，各自形成内部小天井。两组正屋之间形成狭窄巷道，开有侧门。南面两组正屋与后院辅助性用房形成后庭，并辟有后门（图3-2-40）。

6）冠南林家宅

冠南林家位于文昌市会文镇欧村，坐北朝南。林家宅平面布局中轴对称，两进式双横屋院落，其平面布局以三开间正屋成列对正布局，形成两进院落。门楼、前堂和后寝三进建筑，一字排开。三进正屋的两侧是两排横屋。两层南洋风格的门楼单独形成一进院落。门楼与正屋、横屋之间由跑马廊串联形成一体（图3-2-41）。

2. 大型民居院落的特点

1）海南岛大型民居院落是海南传统聚落的组成部分，表达着海南岛富裕阶层传统院落的特征。这类院落多为南洋华侨建构的家族院落，在传统民居的基础上融入东南亚建筑风格。

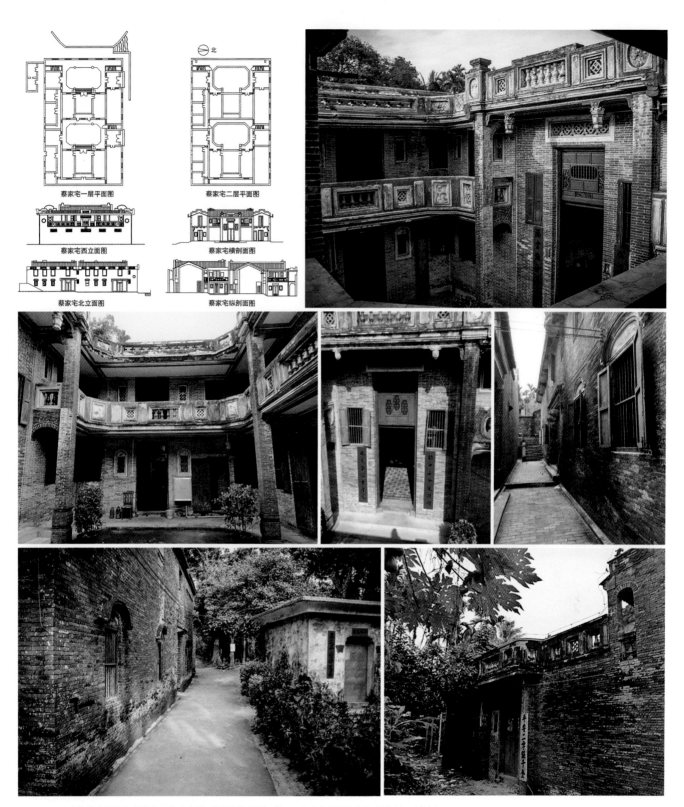

图3-2-38 琼海博鳌镇留客村蔡家大院（来源：《质朴的生活智慧——海南岛传统聚落与建筑空间形态》）

下图说明文字：蔡家宅一层平面图　蔡家宅二层平面图　蔡家宅西立面图　蔡家宅横剖面图　蔡家宅北立面图　蔡家宅纵剖面图

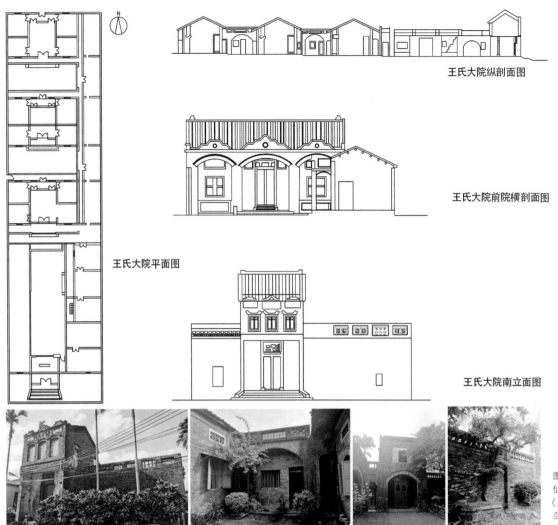

王氏大院纵剖面图

王氏大院前院横剖面图

王氏大院平面图

王氏大院南立面图

图3-2-39 琼海市中原镇仙寨村王氏大院（来源:《质朴的生活智慧——海南岛传统聚落与建筑空间形态》)

2) 海南岛大型民居院落基本以长横屋为主要特征的空间形态，这是由于长横屋适应较大规模用地及人口较多聚居家族，且强调家族内聚性空间特征。整个院落以长横屋将前后统一连接，辅助性空间与居住主体功能明确分离，更凸显传统礼制文化。

3) 海南岛一般传统民居院落建筑均为一层，而此类院落中出现二层房屋，且整体院落中表现出二层结构的独立存在方式，院落建筑层次丰富，轮廓优美。

4) 海南岛大型民居院落虽布局规模较大，做工精良，装饰奢华，但其在海南岛的数量较少，且出现时间较晚，延续时间较短，并不能全面反映海南岛的院落特点。

海南岛大型民居院落主要分布在琼北及琼东相对富裕，且文化积淀深厚的地域。因此这些院落普遍表现为规模宏大、秩序井然的空间形态。这类型院落布局普遍讲究传统汉族礼制思想。院落的空间形态是在主屋纵向及横向拓展基础上，以长横屋为主要特征的院落。

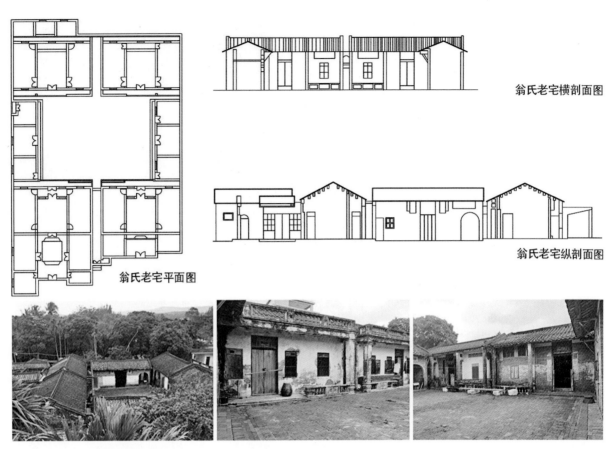

翁氏老宅横剖面图

翁氏老宅纵剖面图

翁氏老宅平面图

图3-2-40 琼海市博鳌镇乐城村翁家大院（来源：《质朴的生活智慧——海南岛传统聚落与建筑空间形态》）

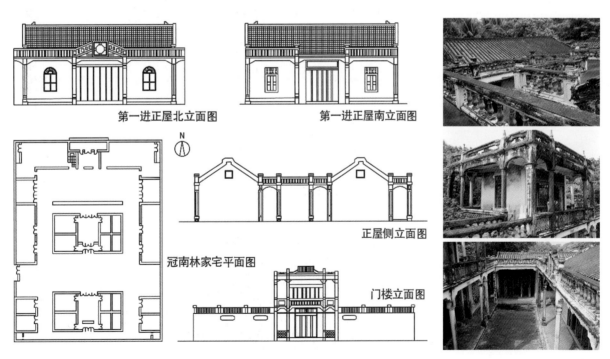

第一进正屋北立面图

第一进正屋南立面图

正屋侧立面图

冠南林家宅平面图

门楼立面图

图3-2-41 文昌市会文镇欧村冠南林家宅（来源：《质朴的生活智慧——海南岛传统聚落与建筑空间形态》）

五、汉族传统聚落建筑空间

（一）汉族传统聚落居住建筑空间

聚落的生成是在基本建构单元基础上的逐渐拓展。由于基本建构单元的变化以及对自然环境的不同理解等各方面原因，聚落空间形态也不尽相同。

1. 汉族传统聚落居住建筑空间

海南传统聚落居住建筑空间是以基本建构单元为基础，通过前后纵向"列"的拓展形成基本宅院。通过"列"的纵向重复形成多进院落，而辅助性建构单元在每进院落中可相对灵活布局。拓展的宅院之间的连续界面形成巷道。由宅院及巷道构成聚落的主体空间形态（图3-2-42、图3-2-43）。

海南传统聚落居住建筑以单列宅院通过"列"拓展生成，"列"增长到一定程度，在其侧方形成第二列宅院；或起初同时形成多列宅院的基本建构单元以纵向拓展。在客观上形成传统聚落住居空间"梳式"布局的形态（图3-2-44）。

（a）琼海市谭塘边村

（b）琼海市维礼下村

图3-2-42 琼海玉堂村某宅（来源：《质朴的生活智慧——海南岛传统聚落与建筑空间形态》）

（c）文昌市霞场村

图3-2-43 传统聚落住居空间卫星影像（来源：Google Earth截图）

图3-2-44　传统聚落住居空间基本生成方式（来源：《质朴的生活智慧——海南岛传统聚落与建筑空间形态》）

2. 汉族聚落居住建筑空间生成方式分异

1）琼北及琼东传统聚落居住建筑空间

琼北及琼东传统聚落主要的院落构型为以长横屋或短横屋为特征的两种类型，宅院呈纵向拓展延伸。多条纵向宅院呈"梳"式排列成聚落。琼北及琼东传统聚落前后院落紧密相连，前进院落正屋后门通向后进院落庭院；且纵向拓展的院落延伸较长。

博鳌镇南强村是以短横屋纵向拓展成列向宅院，纵向宅院间形成"梳"式巷道。每列宅院由多个院落构成，每个院落属于同一家族不同家庭（图3-2-45）。

文昌市会文镇十八行村具有琼北两种基本院落构型，既有长横屋的宅院构型，又有短横屋的宅院构型。其呈辐射状扇形排列，每列多则七八户，少则二三户。正屋纵向中轴对齐，前后对齐、高低有序、房屋相连的多进院落，保持着海南琼北民间浓郁的传统民居特色（图3-2-46）。

海口市石山镇儒豪村的聚落中心沿主路东侧的六列宅院排列整齐，由基本院落单元纵向成列形成，属于聚

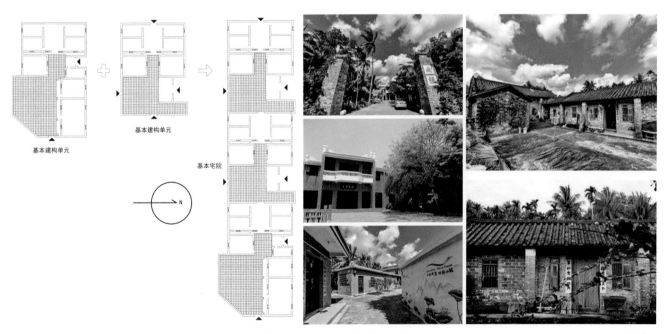

图3-2-45　博鳌镇南强村（来源：《质朴的生活智慧——海南岛传统聚落与建筑空间形态》）

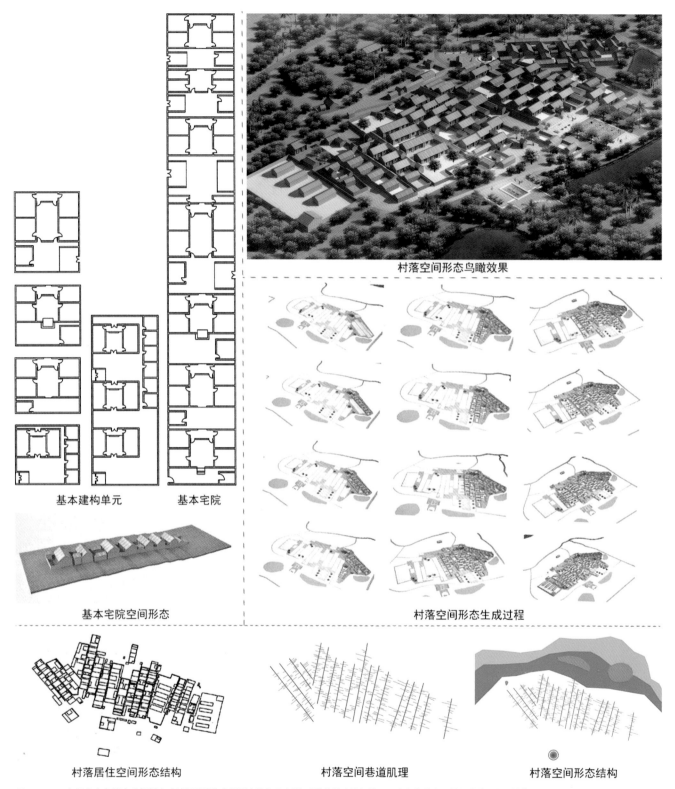

基本建构单元   基本宅院

村落空间形态鸟瞰效果

基本宅院空间形态

村落空间形态生成过程

村落居住空间形态结构   村落空间巷道肌理   村落空间形态结构

图3-2-46　文昌市会文镇十八行村生成过程及居住空间形态结构（来源：《质朴的生活智慧——海南岛传统聚落与建筑空间形态》）

落核心建筑群，六列院落之间由巷道分隔。儒豪村是典型火山地区家族聚居聚落，其聚落住居空间的六列宅院一次同时建构形成整个聚落的核心。聚落核心区宅院布局严谨整齐（图3-2-47）。随着聚落的发展壮大，以及近代传统文化的逐渐淡化，聚落周围开始出现布局零散的家庭院落，逐渐形成内部整齐严谨，外部松散的聚落空间形态结构。

2）琼东南传统聚落居住建筑空间

琼东南传统聚落以短横屋为特点，聚落以纵向拓展方式为主。琼东南的传统聚落居住建筑空间基本为家庭式独立建构方式，每个家庭拥有独立的院落单元。家庭式院落单元之间连接并不紧密，而是间隔一定距离，也就是说各家基本建构单元并未完全借助前一家的正屋来形成围合空间，而是出现较多独立建构围墙来形成围合空间。

琼东南传统聚落基本院落纵向拓展所形成的"列"延伸较短，多为三到四组院落形成，由于前后对位并不严谨，出现纵向巷道错位，也存在多条横向交叉巷道。如万宁市井口园村，聚落没有核心，没有连续直线式的巷道，各个院落随意朝向，村落居住建筑空间整体呈现混乱的状态（图3-2-48）。

3）琼西南传统聚落居住建筑空间

琼西南传统聚落包括汉族传统聚落和逐渐汉化而成的黎族聚落，汉化的黎族聚落居住建构方式采用汉族建筑形态结构。

（1）琼西南传统聚落院落拓展多是横向并列拓展。

琼西南传统聚落较多院落横屋数量减少，甚至缺少横屋。其横屋与正屋表现出较为自由的组合关系，使正屋显得尤为突出。正屋其自身变异也较为明显，表现为檐廊明显加宽，加宽的檐廊既成为院落活动的主要空间场所，又兼容部分辅助性功能，减少了辅助性横屋的空间和数量，进一步凸显了正屋在院落中的主体地位。

琼西南以小家庭为核心的聚居方式使得聚落院落基本表现为独院式，很少出现多进式宅院。独院式院落在空间拓展中表现出较多的自由度。琼西南聚落的生成是由独立式院落横向拓展而成，即独立院落左右连续并列，形成横向连续的空间形态，横向院落群纵向排列生成聚落。每排横向院落群之间形成巷道，聚落整体道路也呈"梳式"布局，与琼北及琼东聚落道路系统不同，琼西南聚落"梳式"布局是院落横向拓展成排。

昌江黎族自治县昌化镇镇区传统院落仍大部分保存完整。沿街界面以一层或两层三开间传统建筑横向连续拓展形成"梳"式街巷空间，即两个院落的三开间正屋背对，各自面向一条街巷，各自庭院以院墙分隔，在此基础上横向拓展形成。整体镇区聚落住居空间生成方式表现为明显的院落横向拓展的特点（图3-2-49a）。

东方市旦场园村也表现出聚落由小家庭独立式院落横向拓展的特征（图3-2-49b）。与昌化镇镇区不同，旦场园村横向街巷间距更小，一个院落跨两条街巷。街巷界面一边由正屋立面界定，另一边由相对的另一个宅院的路门及围墙界定。

（2）黎族汉化聚落居住建筑空间的生成与琼西南汉族聚落的生成相似，基本以家庭院落的横向拓展生成聚落。

琼西南黎族聚落数量众多，但在长期与汉族接触的过程中，很多黎寨不再保持传统的船形屋聚落，而逐步接受汉族居住方式，采用汉族三开间正屋作为居住主体建筑单元，形成具有汉族特征的聚落，但辅助性功能空间相对自由。黎族汉化聚落大部分未形成封闭围合的院落空间，而是自然开敞状态。琼西南黎族聚落生成仍然借鉴汉族聚落生成方式，表现出以家庭院落横向拓展的特征。但黎族自由的传统生活习惯使得汉化黎村呈现更为松散的状态。因此，既有表现较为规整的汉化黎村，也有表现出自由松散的汉化黎村。如东方市长安村以及白沙黎族自治县浪眉村等，表现出较为规整的聚落空间形态，聚落横向拓展生成的印记较为明显；而白沙黎族自治县南北沟村聚落形态较为松散（图3-2-50）。

1.寨门
2.村庙
3.风水树
4.村门
5.主路
6.巷道
7.祠堂
8.广场
9.入巷门楼

儒豪村聚落平面图

基本建构单元　　　　　　基本宅院　　　　　　　聚落形态结构

村落核心区建筑群
村落外围建筑群
村落外围裙楼

图3-2-47　海口市石山镇儒豪村村落生成（来源：《质朴的生活智慧——海南岛传统聚落与建筑空间形态》）

（a）万宁市曲龙村

（b）万宁市龙头墩村

（c）万宁市井口园村

图3-2-48　琼东南传统聚落影像
（来源：Google Earth截图）

（a）昌江黎族自治县昌化镇

图3-2-49　琼西南聚落的生成方式（来源：Google Earth截图）

（b）东方市旦场居村

（a）白沙黎族自治县南北沟村

（b）白沙黎族自治县浪眉村

（c）东方市长安村

图3-2-50　琼西南黎族村落影像（来源：Google Earth 截图）

4）儋州客家聚落居住建筑空间生成方式

海南客家人居住方式仍然保持有闽南或者广东客家围屋的特点，与海南岛其他汉族聚落有较为明显的差别。儋州客家人的聚落中聚居情况分为两种：一种为单独存在的客家围屋；另一种为以长横屋为居住主体建筑单元的聚居方式。

（1）客家围屋

为防外敌及野兽侵扰，多数客家人聚族而居。海南儋州的部分客家人仍传承围屋，一间围屋就是一座客家人的堡垒。屋内分别建有多间卧室、厨房、大小厅堂及水井、猪圈、鸡窝、厕所、仓库等生活设施，形成一个自给自足、自得其乐的社会小群体。

儋州客家围屋与闽南和广东等地的围屋相似，大门前有一块禾坪和一个半月形池塘，禾坪用于晒谷、乘凉和其他活动，池塘具有蓄水、养鱼、防火、防旱等作用。大门之内，分上中下三个大厅，左右分两厢或四厢，俗称横屋，一直向后延伸。与闽南和广东等地的围屋不同，儋州客家围屋相对规模较小，减少了部分横屋，如没有正堂后的"围龙"。由于围屋的综合使用功能以及大容量的居住空间，儋州客家围屋常以独立的方式存在，与周围其他居住建筑有一定的距离，呈"点状"存在方式。

（2）客家普通院落以长横屋左右连接，横向拓展为主要方式，多个院落松散形成住居空间。

儋州客家人多数小家庭以长横屋作为居住主体单元，并以此横向拓展形成聚落。单个家庭的院落空间由一个长横屋及相对或垂直的短横屋组合而成，较少出现围合封闭的院落。多个这样的院落较为分散地分布在一定地段形成聚落住居空间。

5）海南传统聚落居住建筑空间生成方式的特点比较

海南传统聚落建筑空间的生成方式与其对应的建筑及其院落的基本构型密切相关。琼北地区以长横屋为特点的院落构型客观上决定了其传统聚落建筑空间的生成方式采用纵向、横向严谨的拓展方式，总体呈现梳式布局，规整，秩序井然；琼东南地区以双侧短横屋组合主屋的方式，这种方式本身结合的松散性在生成的聚落空间形态上也有了明显的反映，因此会出现纵向巷道的错位，也存在多条横向交叉巷道。琼西南横屋与主屋更加松散结合，甚至横屋缺失而形成的独立式院落，转而出现横向拓展的聚落形态。尤其是在黎族汉化的村落，表现出明显杂乱特点（表3-2-1）。

海南传统聚落居住建筑空间生成方式的特点比较　　　　　　　　　　　　　　　　　　　表3-2-1

聚落地域	生成方式	聚落居住建筑空间特点
琼北及琼东传统聚落	纵向拓展为主	琼北传统村落居住建筑空间纵向拓展构型严谨，整齐。聚落多为单纯"梳式"布局，即只有村前一条横路连接各纵向"梳式"巷道
琼东南传统聚落	纵向拓展为主	琼东南村落居住建筑空间纵向拓展有松散趋势。聚落巷道以纵向为主，但纵向巷道出现错位，也存在多条横向交叉巷道
琼西南传统聚落	横向拓展为主	琼西南聚落居住建筑空间的生成方式表现为独立式院落横向拓展的方式。琼西南黎族村落生成仍然借鉴汉族村落生成方式，表现出以家庭院落横向拓展的特征。但黎族自由的传统生活习惯使得汉化黎村住居空间呈现更为松散的状态
儋州客家聚落	横向拓展为主	客家围屋常以独立的方式存在，与周围其他居住建筑有一定的距离，呈"点状"存在方式。客家普通院落以长横屋左右连接，横向拓展为主要方式，多个院落松散形成村落住居空间

（二）汉族传统聚落公共建筑空间

公共建筑是聚落公共活动或凝聚公共感情的建筑物，是聚落公共空间中的关键要素。尤其是文庙、书院、宗祠、村庙等，其建构空间形态往往既代表民族传统空间的共性，又彰显地域族群空间的个性，并影响着聚落的形态。

传统聚落的公共建筑包含书院、文庙、村庙、祠堂、戏台等。这些公共建筑在聚落中形制等级较高，其不仅反映着全民族对传统共性建筑的理解和传承，同时也往往展现出地区族群对传统共性建筑适应地域化的改造。

1. 书院

书院之名始见于唐代，但发展于宋代。书院最初为较大规模的教育机构，多选址于传统城镇之中，成为城镇重要的公共建筑。

溪北书院位于文昌市铺前镇珠溪河北面，是海南清末著名书院之一，现保存完好。书院坐北朝南，规模宏大。由前至后分三路三进，中间一路依次设置半圆池、头门、讲堂、东西长廊庑、经正楼。左右两路为辅助性学堂空间，各以三栋房屋配合中间讲堂。

中路南开山门，俗称头门，面阔五开间，进深十二檩，门前有廊。整个书院的中心位置设置讲堂，面阔五间，进深十九檩，前后有宽檐廊，明间三大间前后无墙阻隔。讲堂东西两侧为两长廊庑，皆面阔七间，进深六檩，廊南、北两端设八角形门洞。书院二进院落正中位置且规模最大的经正楼，为上下两层建筑（图3-2-51）。

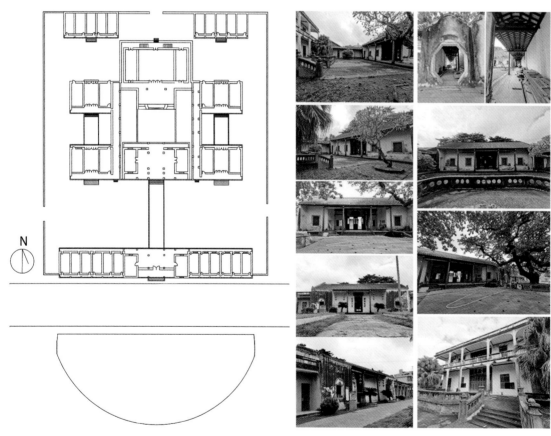

图3-2-51　铺前镇溪北书院（来源：杨定海 绘）

2. 文庙

以孔子为代表的儒家文化是中华文化的精髓，很多地方建有供奉孔子的文庙，海南也不例外。文庙作为儒家文化最具代表性的物化象征，获得了极高的身份地位，文庙与官学一体化，并设于全国的州、府、县。

文庙位于文昌市文城镇古城区的东部，始建于北宋庆历年间（1042～1048年），是海南现存最完整的古代建筑群。文昌文庙平面布局严谨，左右对称，庭院宽广。其主体建筑由朱壁、大成殿、崇圣祠、明伦堂、东斋、西斋、东庑、西庑、名宦祠、乡贤祠、节孝祠、忠义祠、祭器室、乐器室、泮池、泮水桥、棂星门、礼门、义路等组成（图3-2-52）。主体建筑位于中轴线上，中轴线起点是一道由四条白色石柱构筑成的"棂星门"。紧接着是前庭，前庭内一半圆形泮池，泮池上修一"状元桥"，孔子塑像被安放在状元桥的正对面。过了前庭，便是三开间、构造精致的大成门。跨过大成门，就进入了文庙的中心地带，这是一个类似于四合院的建筑群。院的正中央是大成殿，大成殿外宽阔的平台称祭台或拜台，供祭祀时乐舞及行礼使用。

公共建筑中的文庙、书院由于受众面广，基本配置于传统城镇中，多布局于传统城镇的核心位置，与县衙等传统行政中心一起对城镇的其他构成要素起一定统领作用。

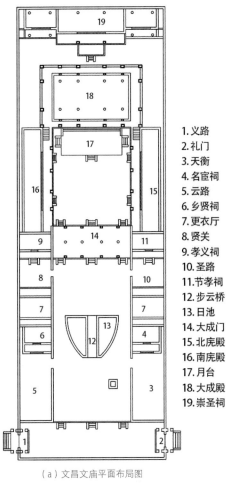

1. 义路
2. 礼门
3. 天衡
4. 名宦祠
5. 云路
6. 乡贤祠
7. 更衣厅
8. 贤关
9. 孝义祠
10. 圣路
11. 节孝祠
12. 步云桥
13. 日池
14. 大成门
15. 北庑殿
16. 南庑殿
17. 月台
18. 大成殿
19. 崇圣祠

（a）文昌文庙平面布局图

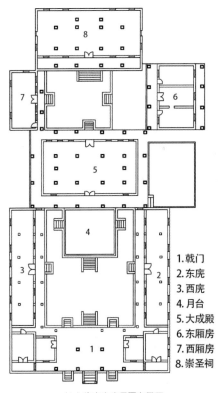

1. 戟门
2. 东庑
3. 西庑
4. 月台
5. 大成殿
6. 东厢房
7. 西厢房
8. 崇圣祠

（b）临高文庙平面布局图

图3-2-52　海南岛文庙平面布局图〔来源：杨定海 绘〕

六、典型汉族传统聚落

（一）海口市遵谭镇东谭村

1. 聚落概况

东谭村位于海口市龙华区遵谭镇的东部，村庄西侧为遵谭村、东侧为龙泉镇，北侧为咸东村、南侧为新坡镇（图3-2-53）。县道158线自东向西从村庄南部穿过，村委会距离县道158线约500米，县道向东约4公里为东线高速公路美仁坡出入口，区域交通便利。

东谭村是一个隐藏在绿荫深处的美丽村落，是一个内外都透着一股古老文化气息的古朴村庄，地貌为典型的火山岩地貌。遗存有古牌坊、古官道、古墓群、古井、祖祠、古宅、庙宇等建筑群，默默地散发着它的历史魅力，透露着古代文明与辉煌。东谭村各村脉络肌理清楚明晰。

2. 历史沿革

东谭村是具有850年历史的古村，是宋代时就从福建迁琼的蔡氏先人的始住地。历代有18名学子中举

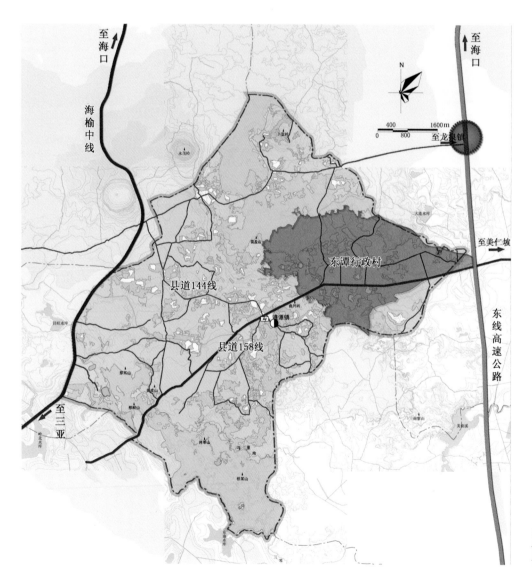

图3-2-53 海口市遵谭镇东谭村区位图（来源：《海口市龙华区东谭村传统村落保护发展规划》）

中进，历史上称"十八杰"，村内有古官道、宋代古墓群、贞寿坊、文瑞坊等历史遗址、遗迹遗存，是海口市历史文化比较浓郁的村落（图3-2-54、图3-2-55）。2008年，东谭村被评为海南十大文化名村之首。

3. 聚落选址

羊山地区先民多是为躲避战乱由大陆辗转而来，初到海南大多顺应自然、择地而居，而在逐渐形成村庄聚落的过程中，通常将生存条件作为村落选址的首要因素，与生存条件相关的要素包括交通、水源、耕作和防御等。这些要素造就了羊山地区的村落选址具有如下特点：

第一，靠古驿道两侧分布——移民便于抵达，方便来往。

第二，一个或几个村落拥有一口古井——羊山地区遍布石头，缺水成为生存的一大考验，能凿穿岩石找到饮用水源是村落形成的基础。

第三，靠近火山或其他适宜耕作的区域分散而居——火山周围岩层风化后土壤较为肥沃，适宜耕作，

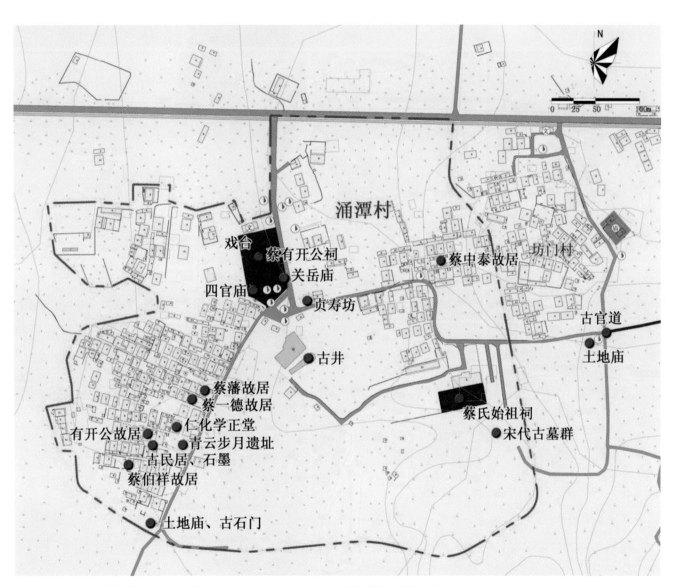

图3-2-54　海口市遵谭镇东谭村涌潭村历史遗迹图（来源：《海口市龙华区东谭村传统村落保护发展规划》）

图3-2-55 海口市遵谭镇东谭村历史元素（来源：唐秀飞 摄）

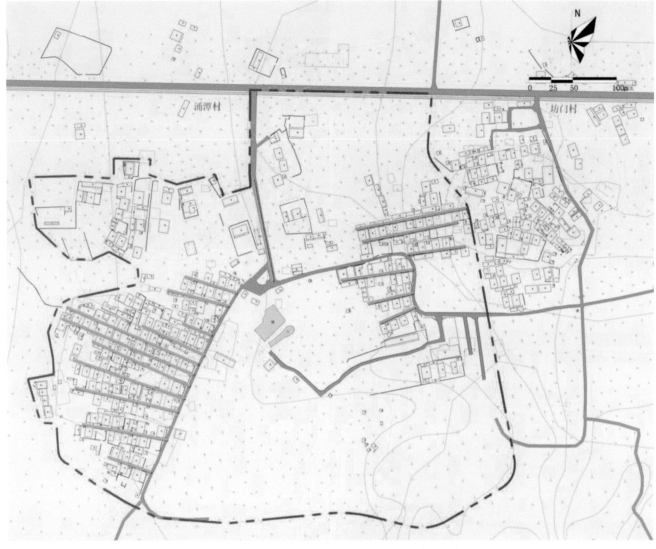

图3-2-56 海口市遵谭镇东谭村涌潭村村落肌理图（来源：《海口市龙华区东谭村传统村落保护发展规划》）

而分散而居可提供更充裕的生产活动空间。

第四，村庄靠山且四周拥有密林——可防台风和避寒，同时起到安全隐蔽的作用。

东谭村由密林环绕，其选址具有鲜明的羊山地区特征。

4. 聚落格局

东谭村涌潭村整个村落总体呈树枝状分布，其选址贴近自然，融于自然，与自然同生同息。东谭村涌潭村村中道路全由黑色火山石砌成，从主路上引出多条支路有序地向村中延伸。村中的住宅多坐西朝东，垂直或平行于道路布置（图3-2-56）。

5. 建筑风貌

1）民居

东谭村位于羊山地区，除有众多宗祠、庙宇外，还保存有多处古建筑和明清古宅，其建筑特色主要为火山石传统民居，大多数房屋皆用火山岩垒砌而成，其建筑内部多为木结构，横梁及墙壁上雕刻有许多精美的图

图3-2-57　海口市遵谭镇东谭村传统建筑风貌图（来源：杨定海 摄）

图3-2-58　海南蔡氏始祖祠（来源：郑小雪 摄）

案、图腾，蕴含着丰富的古代文明，体现了琼北民居火山口周边村落对建筑材料的应用技巧。

东谭村大多数石屋为双坡屋顶覆以青瓦，以火山石砌为外墙，内以木结构屋架，大部分内梁刻有精美的图案，内分三开间，中间为正堂，两侧为卧房，房子院落四周大多有火山石堆砌而成的院墙，蕴含古朴之风（图3-2-57）。

2）公共建筑

东谭村各村有祠，为族人对家族中的"忠臣烈士"进行祭祀活动的地方，其设计、构造及风格充分体现了祀祖敬宗，凝聚本族，保存文化传统之思想。宗祠选址遵循左宗右社，即在村右建祭祀土地神的社屋，在村左建家庙宗祠的传统，宗祠多建在"坐下龙脉、有形势、有堂局、有上砂、有结构、有明堂、有水口"的地方。东谭村内有14座祠堂，包括海南蔡氏始祖祠（图3-2-58）、开宗祠、吴氏宗祠、王氏宗祠、缪氏宗祠、冯氏宗祠等，其中历史较久远的当属海南蔡氏始祖祠和开宗祠。东谭村历史悠久，村内共有28处庙宇，包括泰华四官古庙、关岳庙、洋游庙、六神庙、五神庙以及土地庙和井公等。

（二）文昌市会文镇十八行村

1. 聚落概况

十八行村位于海南文昌市会文镇，有着260多年的历史，是由十八处多进式合院以单箆式布局方式组成的血缘型聚落。该村是文昌市著名的侨乡，大多为林姓，外出人员较多，家家户户都有海外华侨，村庄沿等高线呈扇形分布（图3-2-59）。该村有浓厚的人文底蕴，独具地方特色——房屋相连，井然有序，多进院落前后一致对齐，是海南民间具有浓郁传统民居特色的古村聚落。

2. 历史沿革

十八行村隶属湖峰村，是文昌市会文镇林姓大村。湖峰村是历史上悠久的古村落。自沓祖于明正统年间（1440年）从竹子村迁居湖村算起至今已有580多年历史。传至今有二十一代。沓祖生五子，即宏、宦、实、宗、宁。长子宏祖迁居迈仍村，儿子宦祖、三子实祖留居湖村，宦祖居坎头。实祖居中村即十八行村。

十八行村是湖峰的中心村，也是湖峰村的发源地，由纵向排列的十八行民居建筑群而得名。沓祖三子选择村中心之风水宝地为建屋居住之地。林氏先祖建村自始就遵循中国传统聚居思想，携福建祖地的村落居住特征及风水观念建设村落。当时只有一家，随子孙繁衍，财产分割，建设新屋，由于兄弟们不愿分居太远，便延续先祖的建房模式，依次建起了新房，明末清初十八行只有四五户居住。至清康熙年间，增至七户，至清末民初，聚落格局逐步形成。

3. 聚落格局

十八行村由十八行多进式院落顺坡而建，扇形行列布置，房屋沿纵向轴线单箆式布局排列成行在南高北低的台地上。一户成一行，纵向院落前后贯通，最长的有一百米。建筑与建筑紧密地聚在一起，形成一个组织严

密的建筑群，十八条纵向巷道为联系聚落前后的主要交通。村落建筑有着平整的天际线，整个村落建筑与周围环境浑然一体，建筑隐藏于其中。村后和东西两侧密植树木，形成防护林包围整个村落，村前则有三个半圆形池塘。村落的南面中部有地势稍高的山包，北面是地势低洼的水面，西面是地势较高的飞岭山，属半丘陵地带。村落设有三个入口，主入口在村落的东南角，两个次入口分别设在村落的正南中心和西北角。宗祠建在村外道路对面，讲求轴线关系，与正中央空间同一轴线上。村口栽有一棵大榕树，榕树下建有十八行的村主公庙，入口各自有宗祠和土地庙。

十八行村的整体格局特点是：坐南朝北呈辐射状扇形排列，以血脉关系单箆式布局聚落（图3-2-60）。每行多则七八户，少则二三户，为多进封闭式院落，大门及每行纵向轴线对齐，在"行"的中轴线上，每进房屋的正厅前后大门都要上下对齐，以示"同心"，整个布局呈现出内向性和聚合性。这种格局以血缘关系聚合，寓意"兄弟同心，邻里不欺"。所谓同心，是指每行屋内住的都是由同一房分出去的兄弟辈直系亲属，而"行"与"行"的住宅间，同辈的房屋必须高度相等，以示邻里相互平等。站在正屋的庭院从前往后看，各家各户的正厅前后大门洞开，设立

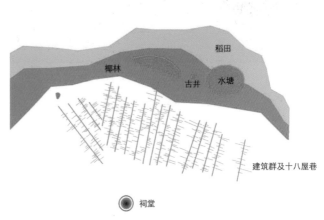

图3-2-59　十八行村格局结构示意图（来源：《文昌市会文镇十八行古村落保护规划》）

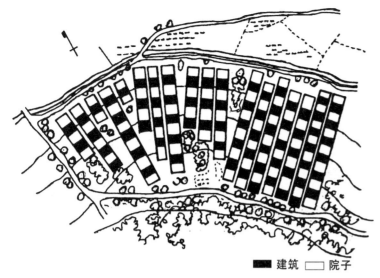

（a）文昌十八行村总平面图（来源：《海南文昌近代民居空间形态研究》）

■ 建筑　□ 院子

（b）文昌十八行村鸟瞰

图3-2-60　文昌十八行村

通天柱，即门厅柱子到顶为顶天立地，由前面可以一直看到最后面的房子，视线非常通透（图3-2-61）。各家的门楼都建在正屋的一侧，形成规整的天际线（图3-2-62）。每行院落间都留有相当间距，形成村巷，是各户人家出入的主要通道。十八行村建筑布局采用多进三开间，正厅对正的模式，是海南琼北地区传统民居的典型代表。整个村落田野交错纵横，曲径通幽，绿树成荫，小桥流水。因血缘关系聚集，使得建筑布局紧凑，彰显兄弟同心，顶天立地，邻里无欺的美好传统文化。

图3-2-61 文昌十八行村宅院、门楼图（来源：杨定海 摄）

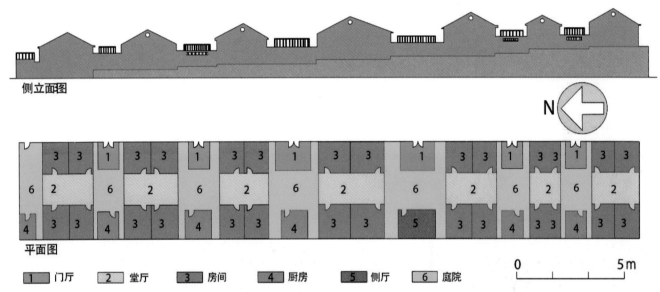

侧立面图

N

平面图

1 门厅　2 堂厅　3 房间　4 厨房　5 侧厅　6 庭院

0　　　　　5m

图3-2-62 文昌十八行村宅院空间分析图（来源：《文昌市会文镇十八行古村落保护规划》）

十八行聚落空间的逐级构成关系十分明显。十八行建筑的基本构成单元是中原"三开间""一明两暗"的"间"，由"间"的组织围合形成合院空间，合院空间纵向组合形成多进院落空间，院落组空间排列形成村巷空间，整体以宗族血缘聚集，最终形成十八行聚落的多进式合院式主体空间（图3-2-63）。

各层次空间按纵向关系组合成整体聚落空间，层级等级分明，形制规整，其特点是结构清晰，交通便利，通风防火较好；但空间格局雷同，识别性差，景观较单一。

4. 建筑风貌

1）民居

文昌十八行村民居一般是砖木结构的房屋，多为"一"字形三间，两房一厅，中间为厅，左右为偏房（图3-2-64）。正厅对面为天井，天井两旁有横屋，比正屋稍矮。前围墙称为"奎壁"，也称"照壁"，壁上一般都刻有"福"字，以表示接纳福气。外门叫"路门"（图3-2-65），设在正屋前面或左右边，路门一般要比厅门高，路门槛也要比厅门槛高，富裕人家还在路门上建有门楼。

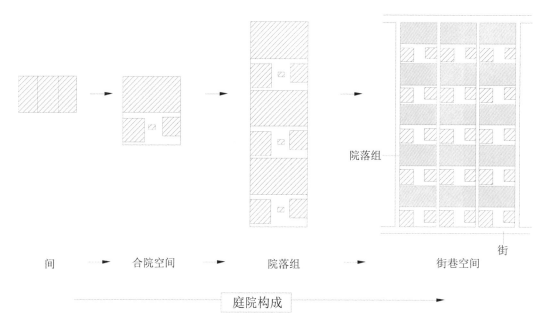

院落组

街

间 → 合院空间 → 院落组 → 街巷空间

庭院构成

图3-2-63 文昌十八行村逐级构成关系图（来源：唐秀飞 绘）

图3-2-64 文昌十八行村房屋图（来源：唐秀飞 摄）

图3-2-65 文昌十八行村"路门"（来源：唐秀飞 摄）

十八行村的民居青砖瓦房，飞檐翘角，蕴含几多明代雅韵、清朝风骚。民居的细部装饰主要集中在脊吻与山墙规带部分，充分运用了文昌传统灰塑技艺。脊吻、规带的装饰元素以草尾、云、广曲草、广曲云为主，每进正屋的脊吻形态各异（图3-2-66）。

2）公共建筑

（1）祠堂

林氏祠堂是供奉、纪念祖先的处所，记录同姓族人的辉煌显赫历史，立族规祖训的地方（图3-2-67）。而大型节庆祈福活动一般到祠堂，体现了聚落的凝聚力。在海南琼北地区基本是每村有一个祠堂，各家有一个神堂。

（2）古井遗址

村落北部椰林中有口古井，井口保存完好，井水清澈，充盈富足，仍然供应村中居民饮水。井旁保存完好古井碑刻。

（3）抱鼓石

抱鼓石是汉族民居宅门构件之一，既有建筑功能也有装饰和显示主人身份地位的作用。在古代封建社会，老百姓只能用小小的石门墩，只有官家大户才可能用大规格的抱鼓石。抱鼓石是礼制建筑等级的符号象征，也是"非贵即富"的门第符号（图3-2-68）。据说，这几件石器是清初曾任江西高安县知县的林运鑫在世时所用，至今已有400多年的历史。

图3-2-66　文昌十八行村正屋脊吻（来源：唐秀飞　摄）

图3-2-67　文昌会文镇十八行村林氏祠堂（来源：唐秀飞　摄）

图3-2-68　文昌会文镇十八行村抱鼓石（来源：唐秀飞　摄）

第三节　黎文化传统聚落

一、黎族传统聚落选址

（一）进山避世，依险而居

海南岛的黎人多依山地险峻处选择聚居。黎族聚落选址苛求安全隐秘，多在山谷缓冲的坡地或山间盆地之中，村子周围保留着茂密的树木。平原聚落的周围种植着刺竹，形成营寨，称为"黎寨"。

长期的山居隐秘生活逐渐形成了影响黎族生活的民族文化。这种文化也反映着黎族人的世界观和生活观。黎族没有文字，但形成了特点鲜明的织锦。在黎族织锦中基本的图案都是由线条编制的网状，往往人处于网络中心。大部分黎锦都描述一个基本情况：构图中人为中心，四周山水、鸟兽围绕，在其周围有封闭的边界围合；边界外围则是茂密的花卉果林，或是层层密林（图3-3-1）。这种场景正是黎族人传统聚落基址的形象描绘。

（二）壶中天地，山水交融

从小范围的居住地域来看，黎族聚落周围地形并不是丘陵坡地，而往往较为平坦。古籍中记载亦是如此：

图3-3-1　黎锦（来源：郑小雪 摄）

海南崖州黎人居住在崇山峻岭之中，"山凡数十重，每过一重，稍有平坦之处，黎人即编茅居之。"

黎族聚落选址原则具体归纳为：一是靠近耕地。村址靠近耕地便于劳作生产，并在其周围的小丘陵或山坡种植杂粮。二是靠近河川或溪流，便于利用水源灌溉农田及生活饮用，并且可以捕捞水族类改善生活。水源成为黎族居住在山地的必要条件。黎族的生产力条件只能借助山泉小溪用水需求。山泉水流变化较大，较近常会受到山洪威胁。因此，近水但不临水成为选择的基本条件。三是靠近山岭及森林。村落一般建造在山脚下，有利于防台风袭击，多饮山泉水；靠山便于解决日常燃料及建筑用材，并且可以狩猎以满足物质上的需求。四是地势要高爽，地形要有一定坡度，但不占用耕地。这样既可以防湿、防潮，避免对房屋、人畜的侵害；同时，有了坡度，可利用雨水将地表的脏杂物冲到村外或洼地田里去，利用地形、地势自然改善村内卫生环境。五是野兽出没要少，避免山猪、猴子等对农作物的破坏。黎族村落选址的原则满足了生产、生活两方面的需要。

坡为基，背着山，前河流，间梯田，这是黎族村落典型的选址布局（图3-3-2）。黎人在群山环绕之中选择平缓坡地，紧邻溪流，田地多呈小块分散状。因此，其聚居地如"壶中天地，山水交融"。

（三）林木环绕，生态自然

黎族聚落依山临水环林，多是被高大的阔叶林和灌木林围绕着。村中干阑房依坡而建，小河从村前流过，稻田栉比，椰树、槟榔树婷立相映，村寨周边山地草木葱郁，一派自然生态村落的景象。如白沙黎族自治县南开乡道小村位于鹦哥岭和霸王岭交界处，属南渡江的上游山区，四面山岭环绕，四季鲜花盛开，

| （a）初保村 | （b）洪水村 |

图3-3-2　海南黎村（来源：唐秀飞 摄）

青山碧水，鸟语花香。村子集中建在半山坡，水田也是沿着山坡开梯田。四周山林密布，水源丰富，满足自给自足的生产需要。海南黎族村落静若处子，表现着一种朴素而散淡之美。

二、黎族传统聚落特点

黎族聚落的特点：一是建筑类型单一。黎族聚落以居住建筑为主要类型，缺乏以精神信仰为凝聚力的建筑载体。聚落较为松散，核心感较差。二是道路系统混乱。黎族聚落道路系统为自然形成，是以应对人类最初级的交通行为需求产生，甚至未形成固定的路面结构。这样的道路系统无法承载步行以外的高层次交通方式。三是各种辅助功能空间布局随意。畜养牲畜家禽、种植蔬菜等完全处于自由状态。空间布局的随意性也显示出黎族聚落的组织方式尚处于松散的自发状态。

但从黎族聚落整体空间构成而言，仍表现出黎人对聚落形态完整性和秩序性的重要意义的认识。尤其是对公共性空间的组织上，明显表现出统一组织的特征。表现在以下三个方面：

（一）边界及防卫空间的组织

黎族聚落对于公共空间领域感的强调明显优于单个家庭，聚落拥有明显的公共边界和防卫空间，而基本单元船形屋间的布局则呈现间距不一、界限不明的状态。

（二）谷仓空间的组织

黎族聚落对于谷仓的重视程度高于居住建筑，不仅表现在建筑材料及技术方面，还体现在聚落空间布局上。在受汉族影响较少的东方市江边乡白查村，谷仓布置于聚落中最安全的内部空间，并与居住建筑严格分离。在受汉族影响较多的上、下振兴村，谷仓一部分集中布局且与居住建筑隔离，另一部分临近居住建筑。无论集中布局还是临近家庭布局，都从某一方面说明谷仓的重要意义。在黎族传统的谷仓集中布局中，显然已经深刻彰显了黎族人"自为"的规划意识。

（三）聚落中心广场的组织

黎族聚落的空间构成在公共性空间布局中彰显黎族人"自为"的理性，而在个体私人空间的布局中则表现为"自发"的感性。黎族聚落的边界空间、谷仓空间以及聚落中心广场空间涉及黎族人安全、温饱及康体健身的基本需求，是黎族聚落赖以存在的根本。

这些功能空间的存在保证了聚落的完整性，是对这些空间的"自为"安排。因此，聚落空间形态对外表现出紧凑性、整体性、秩序感，而对内则表现出松散性、自由性、无序感。

三、黎族传统聚落空间形态

黎族传统聚落规模较小，组成要素较为简单。主要表现为由山林、溪河等形成的清晰的聚落边界，边界内建筑以居住性船形屋为主体，其外围布局环村林地、谷仓、牛栏、猪舍、寮房等。紧邻聚落外围布局菜地、稻田以及坟头，在聚落入口处设置土地庙。黎族传统聚落总体表现出明确的边界和相对自由的内部空间。

图3-3-3 黎寨风情（来源：唐秀飞 绘）

（一）边界空间

海南岛历史上，黎族长期作为弱势群体，其居住地不断受到汉族的侵扰而收缩。每个黎村在选址建村之时，就采取了各种方式清晰标明自己的占领区域。最常见的方式是选择明确的自然界要素，如河流、山脊等。在此基础上还采用村口竖碑、植树、砌石、埋牛角等，形成象征性边界。对于边界的维护多采用环村林带，形成一定封闭的界限。部分黎族聚落以榕树表示边界和入口，树下还常供奉土地神，逢年过节必须祭祀，使得这些大榕树变得神秘，更加神圣了。

黎族传统聚落呈现较为原生的形态，聚落的建造对地形地貌的改造极少，房屋的布局与基地和谐共处（图3-3-3）。传统聚落没有严格的围合，聚落内部空间与外部空间没有明确的划分，由环绕聚落的树林、山体或河流作为界定。

（二）内部空间

黎族聚落内部空间由居住船形屋、寮房、谷仓、晾晒架、圈养栏等要素限定构成。按照空间功能可区分为居住空间、道路空间、活动广场空间、储藏空间、晾晒空间、种植圈养空间等。

1. 居住空间：黎族聚落主要以居住船形屋为主体构成居住空间。寮房作为未婚成年男女独立居住的一种特殊居住空间成为黎村特色。在传统的黎族聚落里，寮房往往零星分散在村头、寨尾或村外的山坡林子中；也有将单个人睡的寮房设在住屋的前廊，集体睡而面积较大的则建在村头或寨尾。

2. 道路空间：黎族聚落道路空间是随着聚落建筑逐步拓建而自然形成。黎村内部道路是在建筑、地形导向下，根据人的行为活动的需要自然生成。

黎村大部分传统建筑或依山就势布局，或基本保持同一方向，因此村落主干道由垂直于等高线的纵向道路、平行于等高线的横向道路以及与等高线任意斜交的道路，或者是与建筑基本保持平行或垂直的道路组成。山地黎村地形丰富多样，高程变化较显著，小路多采用"之"字形的折线道路形式，用以缓解道路坡度

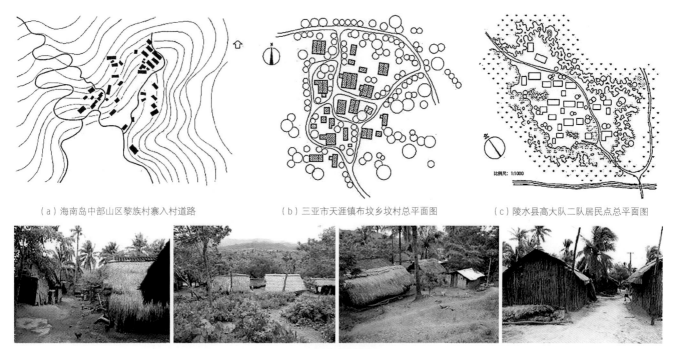

（a）海南岛中部山区黎族村寨入村道路　（b）三亚市天涯镇布坟乡坟村总平面图　（c）陵水县高大队二队居民点总平面图

（d）村落道路实景图

图3-3-4　黎族村落道路空间（来源：杨定海 摄）

（图3-3-4）。

3. 活动广场空间：黎族虽没有完整的宗教信仰和强烈的祖宗崇拜，却对自然界怀有深深敬畏感，歌舞是他们表达对自然敬畏的主要方式。建村之始就已预留聚落中央区域作为集中歌舞庆祝活动空间。现在黎族聚落中心仍保留较大的活动广场作为中心地带，场地不规则，边界不明显。不仅作为逢节集中歌舞庆祝活动的空间，也成为日常休闲娱乐以及体育比赛的空间。

4. 储藏、晾晒空间：谷仓采用较居住建筑优良的材料建造，并单独设置在聚落中。不同聚落谷仓设置位置不同。东方市感城镇坨头村谷仓每家一座，与各家住宅紧邻；与之一河之隔的上、下振兴村，谷仓存在两种方式：一部分谷仓设置在住宅附近，另一部分则集中设置于村落主干道路的一侧，与聚落居住建筑分隔；而远在深山中的江边乡白查村，聚落谷仓全部集中于聚落内部东边椰林中，处于聚落最里面，并与居住建筑隔离设置（图3-3-5）。紧邻家庭住宅布置，表明谷仓以家庭为单位便于看护；集中布置更显示出集全村之力保护谷仓的安全。无论是哪种布局方式都能说明谷仓的重要性。

晾晒在早先合亩制的黎村中与谷仓一样，占有重要地位。集中的晾晒架一般建造在村子中央广场附近，全村统一晾晒谷物。随着合亩制的解体，晾晒成为单个家庭小规模劳作方式，往往采用简易的方式，随意搭建，以便挂谷穗，利于风吹晾晒。

5. 种植圈养空间：黎族地区社会生产力低下，独特的自然条件与丰富的资源保证黎族人过上自给自足的生活。除了粮食以外，黎人圈养牲畜和家禽。牛栏为了清洁卫生往往安排在村边较低洼的地方。在自家住宅旁则做简易围栏，甚至直接依托船形屋侧檐设围栏圈养猪、鸡等。一般也在自家旁边开辟小块用地种植蔬菜（图3-3-6）。

（a）东方市感城镇上振兴村储藏、晾晒空间

（b）东方市感城镇下振兴村储藏、晾晒空间

（c）东方市江边乡白查村储藏、晾晒空间

图3-3-5　黎族聚落储藏、晾晒空间（来源：杨定海 摄）

（a）东方市的江边乡俄查村

（b）上振兴村

（c）下振兴村

图3-3-6　黎族种植圈养建筑（来源：杨定海 摄）

四、黎族传统建筑空间

（一）黎族传统建筑的基本构成

黎族传统建筑空间一般由前檐廊（或前庭）、居室、后檐廊三个主要部分组成。干阑式黎族建筑一般前面有"庭"，作为由地面进入室内的交通过渡平台，又成为日常晾晒谷物、进行家务和会客聊天的空间。地居式住宅则在正面山墙入口处设前檐廊，成为沟通室内外的空间，也是休闲、娱乐、劳作等空间，是黎族建筑最富情趣的空间。黎族建筑室内较少明确分隔空间，空间使用较为自由，常将不同功能简单布局在一定位置。后檐廊常被用作畜养、堆放杂物等功能。黎族传统建筑功能空间简单，仅满足基本的生活睡眠、做饭、储存、畜养等功能，不具备厕所、洗澡等功能。

黎族传统建筑较为封闭，一般不开窗户，只靠门扇及墙壁间隙通风采光。建筑立面造型简单、朴素，没有任何装饰，体型方正，以长矩形体为多，较少凹凸。多以茅草、自然木绑扎而成，与自然环境紧密融合，整体形态质朴而敦厚（图3-3-7）。

（二）黎族传统建筑的类型

黎族传统建筑根据功能可分为三大类型：居住建筑、隆闺、辅助性用房。

传统居住建筑：黎族传统居住建筑包括船形屋和金字屋两大类型。船形屋是在山墙开门，纵向进入，因屋顶盖呈半筒状，形如船篷。金字屋是建筑前后檐墙升高，檐墙开门，垂直檐墙进入，屋顶盖如汉族金字坡方式。

图3-3-7　黎族传统建筑的基本构成（来源：杨定海 绘）

隆闺：黎族习俗孩子长到十三四岁便要搬到"隆闺"居住，不与父母同住。大"隆闺"住三五人，小的仅住一人，是黎族青年男女由相识到定情的小房子。"隆闺"的式样和住屋相似，不过要狭小得多，室内一般不间隔，仅开一个矮小的门，只可弯腰而入。

辅助性用房：

1. 谷仓：一般都选在村落外缘较干爽的向阳处集中或单独建造，一家一户，互不干扰，目的是防火及保护粮食的安全（图3-3-8a）。

2. 土地公庙：主要为镇村之神，多在村子入口的茂密大树下，用五块没有加工过的石头堆砌而成：一块平坦的石板作为地板，三面不太规正的石块作墙，顶上盖一块作为"庙顶"，里面中央放一块下宽上窄看似很顺滑的偶像形的石块，作为供奉的神。也有的地方用三块石头垒成一个人字形（也有是用木偶）作为土地公（图3-3-8b）。

3. 晒谷场和晒谷架：多家或者单个家庭，在公共空间或者自家住房旁用树枝或竹片筑成围墙圈围一块场地用作晒谷，晒谷场旁架设晒谷架晾晒稻谷。晒谷架一般简单搭设，使用木棍立柱，上用横架加固成网络状（图3-3-8c）。

4. 牲畜圈：牲畜圈多为露天，也有茅草盖顶。较大规模的牲畜圈都是以木头打下边桩，然后用较细的树枝或粗藤编成篱笆，入口处用结实的木枋作门角柱，装上数条活动的横木为插栓。简易的仅用藤条将细木棍编连呈围护墙既可（图3-3-8d）。

5. 山寮房：黎族村寨多处于山岭谷底，农田较少且多分散，一般离村子较远。黎民为了耕作方便及对农作物的看护，于是在园内搭一个简易的高架小茅草房，作为巡园、休息、用餐、驱赶野兽的临时场所，称为山寮房（图3-3-8e）。

（a）谷仓　　　　　　　　　　（b）土地公庙　　　　　　　　　　　　（c）晒谷架

（d）牲畜圈　　　　　　　　　　　　　　　　　　　　　（e）山寮房

图3-3-8　黎族辅助性用房（来源：杨定海 摄）

（三）黎族传统建筑的特点

1. 空间低矮、封闭

黎族人为了适应温润、潮湿、多虫兽的山地环境，其住所通过封闭的室内环境来抵御夜间寒冷以及虫兽的侵袭。通过火的烘烤加强气体流动，保持室内干爽。船形屋虽经历由高到低，由纵向转成横向，且室内空间相对增宽、增高，但始终保持相对封闭的空间。

黎族船形屋采用茅草、竹条、木棍、黏土等材料，以自然枝杈及绑扎为主要连接工艺，这在结构上已经决定其建筑空间低矮，使用面积有限。黎族是在汉族的干扰下逐步退入山地居住，长期的偏僻生活环境及对外戒备的文化特点造就了船形屋封闭的空间特点。

2. 功能混杂

大部分黎族传统船形屋未对室内空间进行清晰界定，一般将睡眠、饮食煮饭、会客接待、杂物储藏等容纳在同一室内空间。即使后来模仿汉族发展的横向式船形屋，其室内空间仍以多元化混杂的方式存在。船形屋是整个生活的中心，各种功能混杂在一起，成为黎族人生活的主要内容。这种布局方式在某种意义上反映了黎族人把船形屋作为其生命的栖息之所。

五、典型黎族传统聚落

（一）东方市江边乡白查村

1. 聚落概况

白查老村是东方市江边乡美孚黎聚居的村寨，是目前海南省保存较为完好的最后黎族船形屋古村落。白查村地处于海南省西部，隶属东方市江边乡管辖（图3-3-9），聚落四面环山，名曰"玉龙岭"，地形较为复杂，物产以香蕉等少数热带水果为主；向北则有海南省知名的大广坝水库，附近有多条溪水，饮用水则以山泉为主。黎族先人因地制宜地选择了适合自己的生活方式，但由于交通不便，与外界交流困难，造成了经济落后，村级公路虽然解决了部分作物外运的难题，但仍需逾越的盘山路，还是成为交通的最大瓶颈。

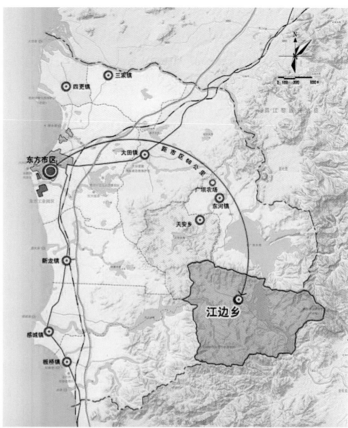

（a）白查村区位图（来源：《东方市江边乡
白查传统村落保护与发展规划》）

（b）白查村鸟瞰

图3-3-9 白查村

2. 历史沿革

相传，白查村的先民原居在尖峰岭上，100多年前，为了逃避一种黎语叫"白防劈"的飞虫的侵害，就三易其址，最后落户至此。"白查"，在美孚黎系方言中叫"别岔"，黎语"别"是有水的烂泥田，"岔"是厚皮树。当时村边有一片烂泥田，田边长着很多厚皮树，故村子就按黎语音译称为"白查"。

2008年，以白查村为代表的黎族船形屋营造技艺被国务院列入国家级非物质文化遗产保护名录加以保护。在具体保护中，把茅草房改造和原始村落保护结合起来，重新选址建设白查新村，而把具有民族特点和时代特征的船形屋、古老家园整体保留下来。

3. 聚落选址

1）选址原则

由古至今，村民们对于居住场地的选择往往会考虑"满足生活、舒适安全"等要求，有"山、水、村、田互为融合"之说。出于安全（防台风、侵害）、防晒、便利（用水）、不占用农田的考虑，而形成的选址原则可归纳为"三靠一净"。

"三靠"：靠近耕地，有取食之便利；靠近溪流或沼泽，有饮水之便；靠近山脉及森林，有解决日常燃料及建筑用材之便。

"一净"：野兽出没少，避免野兽及虫害等对作物的破坏及对村民生活的侵扰。

2）白查村选址

"靠山面水，形成围合"：白查村靠山（白石岭、跳帕天、欧堂岭）面水，围绕聚落周边的山脉，形成了聚落天然的地理界线。

"资源丰富，满足生活"：聚落周边林木葱郁，耕地遍布，便于村民劳作生产及备取船形屋的建造用材。白查村聚落选址的原则满足了生活、生产两方面的需要。

白查村住房形成的团块与山脉形成的场地之间，有着各种呼应关系（图3-3-10）。如场地的虚拟中轴线与房屋团块的中轴线基本吻合；建房屋的台地总是面对谷地的开敞处，形成了良好的视野。

4. 聚落格局

黎族聚落自然格局秉承了中国文化"天人合一"的思想，居于自然，着重利用自然环境，依山就势，并通过种种自然材料的运用及建筑营造方法，谋求与周边环境的融合协调。

船形屋建筑并非随意摆放，房屋的扩张也有一定的"规矩"。聚落中地势开阔又在居中位置的房屋，往往是比较好的或建造比较早的。这说明聚落在开始形成时，对地形是有考虑的。后来子女长大后或独立出去的人口，就在旁边建房，逐渐形成了聚落的样子。受到地形的影响，白查村房屋排列方式为：靠近谷地的是横向排列，靠近路的一侧则是纵向排列，两者分得很清楚。

聚落的地块往往是由山脉（形成围合）、台地（高出地面）、农田（填满或围合谷地）、溪流（内外通道）等构成。

1）聚落边界

白查传统聚落三面环山，绿水青山环抱间，聚落自然边界浑然天成（图3-3-11）。

2）聚落入口

进入聚落的第一空间节点是聚落入口，同时也是聚落内部对外联系的重要交通节点。

白查村口设在村落西南侧，与村道衔接，便于村落内外的联系。村口伫立着以"挑担子的两个黎族姑娘"为原型设计的黎族风格牌匾，上面镌刻着"白查传统村落"六个字，字迹清秀，独具匠心，每一个细节都散发出几分黎风雅韵（图3-3-12）。

3）聚落核心

白查村周边的山体、水系、耕地、林木构成村落的核心大环境，而聚落内有着百年历史的船形屋建筑则成为聚落的核心元素。

5. 建筑风貌——船形屋

聚落内传统建筑是具有民族特色的船形屋，是黎族传统文化的重要组成部分，也是黎族最古老的居屋，它承载着黎族许多传统文化的原始记忆（图3-3-13）。

白查村的船形屋是一种直接将房屋的柱子深埋在屋基之中，以四周和中间的圆柱为主要支撑，搭梁并以树枝连接为骨架，用树皮或藤条外皮缚绑的木架结构房屋，均为一层建筑（表3-3-1）。基本上能满足遮风挡雨，避免毒蛇猛兽的攻击和侵害等功能。

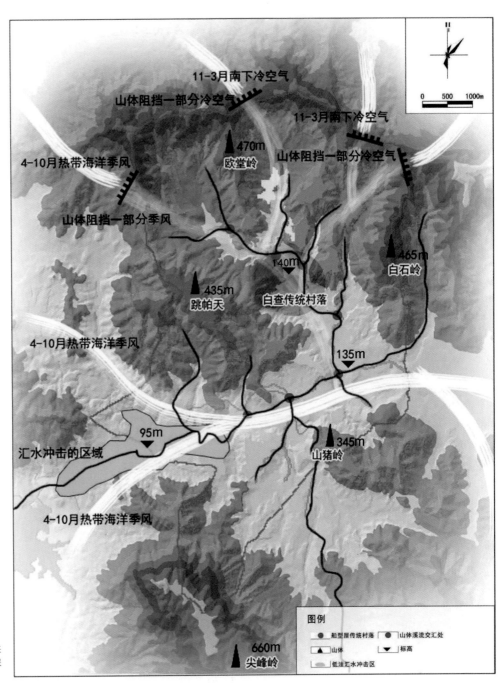

图3-3-10 白查村选址与格局图（来源：《东方市江边乡白查传统村落保护与发展规划》）

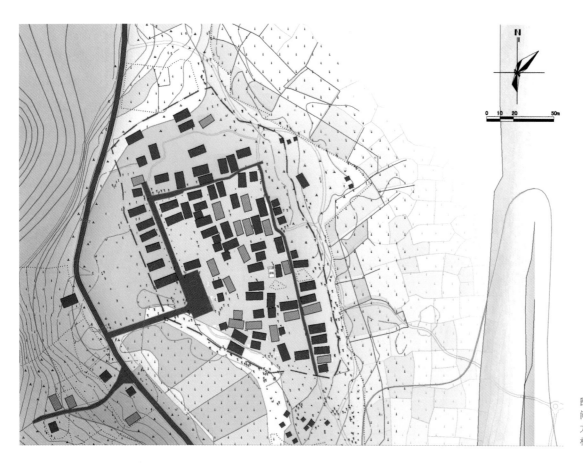

图3-3-11 白查村空间格局图（来源:《东方市江边乡白查传统村落保护与发展规划》）

图3-3-12 白查村入口（来源:《东方市江边乡白查传统村落保护与发展规划》）

图3-3-13　白查村船形屋（来源：《东方市江边乡白查传统村落保护与发展规划》）

船形屋营造技艺表 表3-3-1

准备用料		所用材料主要有木头、竹子、白藤、茅草、麻皮、芭蕉叶、椰子叶、葵叶、稻草等
平整屋址		选址：美孚方言对屋址的选址很讲究，辈分高的必须在东边或北边建新的房子；选好屋址后，要进行平整
构筑屋架	埋设主柱	主柱有3根，纵向排列埋设在已平整的地面中间位置，地上部分留有3.6米左右
	埋设次柱	次柱共6根，分别埋在3根主柱的两侧，地面高度有2.2米左右
	架设屋梁	主梁是一根；次梁（边梁）共5根，两长三短
	设立墙桩	墙桩是设立在屋架四周的木桩，也就是檐墙桩，长1.5米左右
	架设屋顶	由网状屋顶架和上面铺设的茅草夹构成
屋门制作		古时，屋门用木棍绑扎而成，随着生产力提高，机锯加工的方材和古老的榫卯工艺开始用于船形屋的建造
墙体糊泥		把黏性较好的黄土和水搅拌成泥浆后，再把晒干的稻草扔进泥浆里，用脚踩踏、用双手揉搓成稻草泥巴，沿着四周檐墙、前后山墙底堆放，然后每组两人内外相对配合，把稻草泥巴由下而上一层层地往上抹到墙顶，并在挂的过程中一次次地由下往上抹平，使墙体平滑。十天半月泥巴墙晒干后，便成了很结实的稻草泥巴墙
铺设屋顶	编织茅草夹	每片长2米左右，一般建造一座60平方米的船形屋需要茅草夹160片左右

（注：根据《黎族传统聚落形态研究》绘制）

（二）五指山市毛阳镇初保村

1. 聚落概况

初保村隶属五指山市毛阳镇牙合村委会，傍邻五指山大峡谷漂流。初保村黎语为"德什龙"，意思是"在大水田上面的村寨"，该村三面环山，村前有一小溪，东南面是一片绿油油的水田，举目远眺，满目翠绿，山林环绕，犹如巨龙，有着优越的区位优势。

2. 历史沿革

初保村初建于清朝末年，已有一百年的历史，是五指山市目前保留比较完好的"黎族干阑式茅草房原形的自然村"，2005年被海南省申报为国家非物质文化遗产（图3-3-14）。

3. 聚落格局

初保村还蕴藏着丰富的黎族传统文化，有保留比较完好的黎族干阑式的木板房或茅草房。现有的茅草屋仍然体现着黎族传统民居的"船形屋""金字屋"的特点和演变过程。位于丘陵山地的初保村，住屋顺应山体等高线布置，朝向不一，间距不等，建筑轮廓线弯弯曲曲与基地融为一体，同时方位上常常是"山阳水北"，能够取得更多的阳光（图3-3-15、表3-3-2）。

图3-3-14 初保村村牌（来源：费立荣 摄）

图3-3-15 初保村空间形态（来源：费立荣 摄）

建筑	居住建筑	金字形茅草房	为木板构架、茅草顶
	其他建筑	隆闺、牛栏、猪圈、仓群	仓群分布在村子的另一端,以主要村道与住宅群分隔开;隆闺、牛栏与猪圈,则疏散地分布在屋前或密林中
	公共建筑	供销社小卖部	位于村口处
户外空间	公共空间	村口处的广场	为后来修建的一处以水泥混浇而成的公共场地
	交通空间	水满公路	是进村子唯一的通道
		主要村道	为水泥铺就
		小路	路面为自然形成,并与排水系统结合

1)边界空间

在村子的四面均环有茂密的热带树林,村子以山为界,并在村子的入口处,以石头堆砌而成的标志作为界限,上面题有"初保村"字样。此外还有竹编的围栏,将村子的住宅群围合起来。

2)内部空间

初保村除去主要村道为水泥铺就而成,其他均为自然形成,在平行于等高线的道路布置上,均为典型的"半边街"的形式,而在建筑密集、高程相差很大的垂直等高线的道路布置上,则多采用"之"字形的折线道路形式,用以缓解道路坡度(图3-3-16)。

4. 建筑风貌

1)保存完好的茅草屋

干阑木板构造房屋,是初保生态自然村传统民间工艺内容中最为特色的建筑形式,是初保村重要的一大人文景观。其建筑平面呈长方形,主体采用木构框架,墙围四周为木板拼接构造,工艺采用镶榫推槽衔接,梁与柱衔接间用木铆固定,屋顶以竹架茅草覆盖,整个房屋建筑不用一铁一钉(图3-3-17)。

初保村的房屋看上去风格一致,以金字形茅草屋、墙身材料为木板(少数椰叶和竹抹泥)为主。初保村的房屋四壁均为木板结构,顶部是茅草材料,低

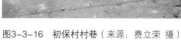
图3-3-16 初保村村巷(来源:费立荣 摄)

图3-3-17　初保村村落风貌（来源：郑小雪 摄）

矮的茅檐使身材比较高大的人需低头弯腰才能走动。
整座房屋没有一个窗户，屋内因此显得光线昏暗，通
风条件也较差。

2）聚落的活动中心

村中的活动中心为村子出口处的广场，为后来修建
的一处公共活动场所。由于村中人口的增多，建筑密度
大，原先的村寨中心已为住宅建筑修建所用，故将村中
的活动中心迁移至村口处（图3-3-18）。

图3-3-18　初保村村口活动中心（来源：郑小雪 摄）

第 四 章

城镇聚落空间形态

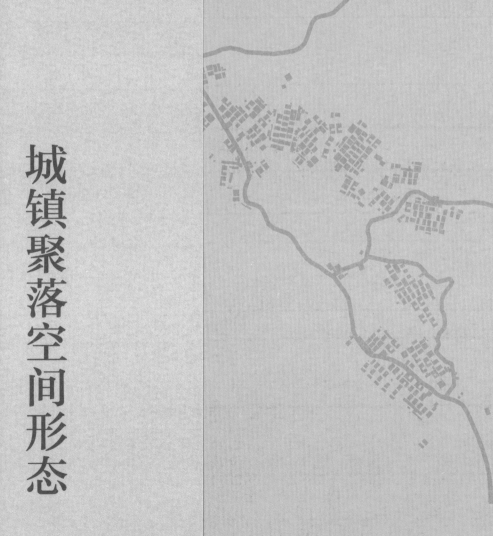

第一节　传统城镇形态

中国传统城镇形态主要由城墙、"坊"、"市"、"街道"、庙学、衙署、祭祀建筑、民居等要素构成。中国传统城镇外部形态由城墙限制，往往呈现城墙所界定的城市轮廓形态。城镇中居民建筑彼此相连，前后左右拓展形成居住"里坊"，结合交通构成"街道"，部分建筑经营商业活动形成"市场"。学官、衙署往往以点状要素存在城镇的核心地域，成为组织城镇形态的重要构成要素。

从传统城镇空间形态来看，因受到政治因素和封建等级制度的影响十分严重，同时也受到地区具体的地形、气候影响较多，传统城镇形态结构会有适应性调整。

海南岛的传统城镇基本分布在汉族聚居区。尤其是人口圈层式分布格局形成后，黎族分布在中部山区，延续刀耕火种、自给自足的生产和生活方式，难以形成传统的城镇。

一、传统城镇形态的边界

海南岛传统城镇架构与中国传统城镇一脉相承，遵循基本相同的空间形态布局，以城墙作为限制城镇边界形态的最主要要素。海南岛史志记载的城镇，受正统文化的影响，多为较规则且近似方形的空间形态，如万宁县志、昌化县志、定安县志，对此都有记载；但也有椭圆形或偏圆形城市，如文昌县治、澄迈县治等亦有记录。

壕沟、城门、月城、子城等与城墙一起构成城市外围城池防护体系，限制城镇的边界。每座城镇的城池体系稍有区别，如万州城池启四门，北门填塞，上祀真武，东西南三门外筑月城及城门敌楼，城外池水环流，石桥通行。昌化古城为砖石结构的矩形城墙，开四门，

皆设城门。昌化古城未有自然水系可借，为强化城池防御功能，城墙外围有护城河。澄迈县治修筑城池略呈圆形，西南沿江，东北凿隍，上设警铺，下设水关，三门各设城楼，北建望海楼，未设城门。文昌古城明朝开东、南、北三门，未开西门；西南濒溪，东北就田为濠。儋州古城启四门，上各建楼，外筑月城，沿城开濠，四门架吊桥，四角设角楼。定安县治正德八年筑城，砌以石。古城临南渡江而建，西门、北门均可见江流并建有渡口、码头。古城址平面呈不规则方形，城墙皆以玄武岩大青条石叠砌。古城东西南北城门均建有城楼，城外挖有壕堑（图4-1-1）。

二、传统城镇形态的组织核心

海南岛传统城镇也采用级别较高的公共建筑作为城镇形态的组织核心。这些点状要素分为两类，一类分布于城市内部，设置于街巷的主要交叉点。如衙署、学官、书院、文昌阁、城隍庙、各类牌坊等。此类建筑一般体量较大，依附其左右的城市空间往往又是市民活动中心，自然成为组织周围城市空间形态的核心。另一类分布于城市外围，根据风水、祭祀、纪念、观景等功能需要，形成外围自然环境中的形态核心，与城市内部空间形态相呼应。如风水塔、各类亭台庙宇、纪念祠等。这些点状要素在遵循基本设置原则的基础上，各城市根据相应的地形、布局等实际情况作了相应的调整。

万州城衙署居城内中部，城内设文昌阁、书院、城隍庙、关帝庙，儒学设在城南门外。澄迈古城有司门之署，有守陴之舍，楼橹池隍略备。学官居于城市中心，衙署在其东，城市行政中心偏于东隅；东西城门附近形成墟市，为西门市、东门市。文昌古城衙署居城中部，学官居其左，东向。主要街道南北向，承流坊、宣化坊分列衙署左右，毓秀坊置学署前。儋州古城公署于城中

图4-1-1 海南外围城池图（来源：费立荣 摄）

东部；武署于州治西，十字街市在城中四牌楼下。定安县署取向明而治，建于城中街。学官在县治南，正对文峰。社稷坛在城外西北隅。风云雷雨山川坛位于南门外三角亭。先农坛在东门外明照阁之右。城隍庙在尚友书院左。天后庙在中街，东向。龙王庙在东门街，北向。忠义祠在南门街，东向，三义祠在南门街，西向。东岳庙在城东楼上；西关帝在城西楼上。北帝庙、文帝阁、关帝庙在北楼中座，南向。内翰坊、折桂坊、解元翰林坊、方伯坊、光振坊、亚魁坊等设在县中街（图4-1-2）。

三、传统城镇形态的骨架

传统城镇街巷系统构成的城市形态最具特色。海南岛传统城镇主要分布于四周平原地带，选择地势开阔平展的地域，城镇街巷以纵横交叉的"井字格"或"丁字格"网状结构方式架构。并以连接核心点状要素的街巷为城市主要轴线，街巷开阔，其余支巷空间狭窄。如琼州府城内街道以东西向的府前街（今文庄路）和镇台前街（今忠介路）为主干，形成"七井八巷十三街"。澄迈古城由于未开北门，城市沿东、西、南城门拓展形成"丁"字形主要街巷。定安县治城内街巷交错，呈"广"字形状，主要街道由东门街、西门街、北门街、中南门街4条组成，均以青石砖铺设路面，平坦宽阔，古朴典雅。县中街有县前市，逢乙、丁、己、辛、癸日集。城门外形成墟市街道。昌化古镇由一条面向昌化江由东北向西南走向的主街与垂直的由西北走向东南的十二条支巷构成。

每个城镇街巷布局由于地形、气候、经济、文化、生活风俗等各种原因影响，并经过长期的历史积淀，逐渐形成独具特色的街巷格局，彰显城镇空间形态的魅力。

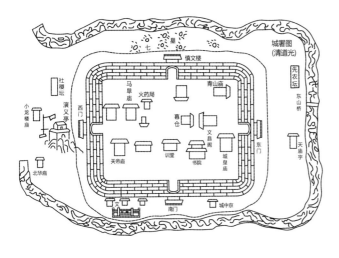

（a）清道光万宁县城署

（c）清嘉庆澄迈县治

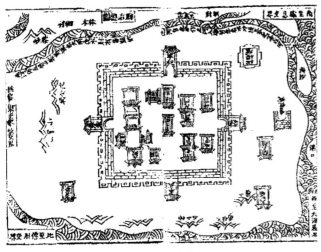

（b）清康熙昌化古城

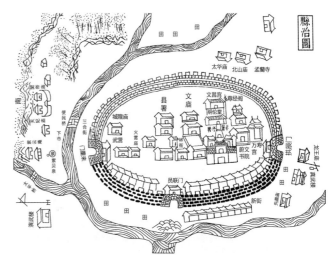

（d）清道光文昌县治

图4-1-2　海南古城署图（来源：（a）万宁县志，（b）昌化县志，（c）澄迈县志，（d）文昌县志）

第二节　传统城镇形态特点

一、一脉承袭，格局规整

　　海南岛虽与大陆文化交流不畅，经济落后，但传统城镇建构仍承袭正统城镇建构方式，建有完备的城池体系。分布于城池四个方位的城门决定城市主干街道的走向；衙署、学官成为城市最为重要的公共建筑，并处于城镇核心地段，成为控制城镇发展轴线的主要节点。以此沿主干道向四周拓展出主要的相关行政机构和公共纪念建筑（纪念祠、牌坊等）；城市外围分布各种祭祀建筑，如各种祭坛、庙宇等；结合风水设置风水塔等。这些要素的有机布局构成整体的城镇空间格局。

二、因地制宜，形态各异

传统城镇聚落营建，尤其是南方城镇聚落，在遵循基本建制下，常因地制宜，根据自然环境而调整，故而形态各异。海南岛传统城镇聚落营建亦是如此。如万宁、定安、儋州、昌化古城城池基本为方形，多启四门。而文昌、澄迈县治则选择了椭圆形、扁圆形。因借自然河流水系环境不同，部分城池体系需人工建构城濠；部分城市增建月城、子城等。城内公共建筑及街巷布局亦如此。

三、初具规模，尚待成长

海南岛虽孤悬海外，但城镇聚落营建明确沿袭中原及岭南城镇建制，在建城要素上基本相同，其布局方位亦是遵循传统古制。府城作为海南岛政治经济中心，行政级别最高，开东、南、西三个城门。东、南、西各门设置门楼一座，东、西、南北角各建一座角楼，北边没有开门，但建城墙楼，城镇已初具规模。但其规模明显较小，这与其交通不便，经济落后有直接的关系。

规模尚小的海南岛传统城镇正处在初步成长阶段，还未形成明显的城郭分布格局。部分城镇商业突破城池而形成外围城厢，但尚局限于城门附近，呈带状发展之势。

总体而言，海南岛传统城镇与中原及岭南城镇一脉相承，格局完整。建城遵循因地制宜，而形态各异；城市规模较小，尚处于初步发展阶段。

第三节　传统城镇格局

一、琼山府城

（一）古城演变

府城是一座历史悠久的文化古城。唐太宗贞观元年（公元627年），开始在此建设琼山县城。宋开宝四年（公元971年），琼州州治从旧州迁置于此。元为琼州路安抚司、乾宁军民安抚司、乾宁安抚司治所在地。明洪武三年（1370年），升琼州为府，置府治于此，统辖整个海南岛，始称"郡城"。清沿明制。民国称琼城。1955年改称府城；1968年改称红城；1979年3月复改称府城，沿用至今。从贞观元年（公元627年）至2002年府城一直是琼山县治所在地；从宋开宝四年（公元971

年）至清末，府城又是州治、府治所在地，成为海南岛政治、经济、文化、交通中心。

宋开宝年间（公元971~975年），府城进行大规模扩建。城墙扩展到约1.5公里长。宋、元两代一直沿用。明洪武时期一再扩建。明万历三十三年（1650年）五月，琼北大地震，大部分城墙和建筑物倒塌殆尽，而后重建。至清光绪年间（1875~1908年），经不断修补扩建，府城形成一座典型、完整的古城堡。四周城垣坚固，设有东、西、南三个城门，城门上建有鼓楼，史称海南卫城池。城内亭台楼阁星罗棋布，寺庵庙宇鳞次栉比，设雷琼兵备道署、琼州府署、提督学院行署、琼州县署、习艺所、看守所等。此外，建有玉皇庙、天宁寺、县学官、三公祠、五公祠、琼台书院等。城内建有"七井八巷十三街"，有学士坊、绣衣坊、仁和坊、朱吉里、宗伯里、关帝巷、万寿亭、鼓楼街、马鞍街等。民国时期大部分城墙倒塌，府城城建发展缓慢。

（二）府城格局

府城古城自明代以来，城池演变逐步扩大，府城古城呈矩形平面，东西长，南北短，城内地势北高南低，呈现不规则的方格路网结构，城内主路呈错位十字相交，用地功能分区明确，反映出海南古代城市建设既操守礼制，又机动灵活、因地制宜的风格。

府城随形就势，核心区域东西向形成平行于城墙的两条主要街道：今文庄路、中介路，其余路巷多在南部铺开。至清末民初，街巷内人口集中，店铺林立，商贾云集，市肆兴旺，逐步形成了"七井八巷十三街"纵横交错的城镇街巷网络。

街，为比较宽展的城市主要交通通道。府城十三街包括东门街、府前街、南门街、靖南街、尚书街（坊）、北帝街、镇台前街、县前街和县后街、丁字街、学前街、马鞍街、北门街（今绣衣坊）、北胜街。镇台前街是清时的镇台署所在地；府前街是府署门前的大街；东门街是通向东门朝阳门，南门街（现鼓楼街）是通向南门南靖门的主要街道；北胜街是从大西门出入府城的必经之道；北门街连接着北胜街和大西门。靖南街依南城墙而建；尚书街是一条通往府署大门的小街；县前街和县后街，是在县衙前和后形成的两条街。

巷，是大街之间互通的小街。府城的巷，宽度仅2米左右，多为居民点集中区。蛋巷，巷口小中间大，府城最短最狭窄的巷。打铁巷，北接文庄路南连靖南街，南低北高，是坡度最大的巷。清时有几家铁器作坊制造家庭用品出售，由此得名。仁和巷，从靖南街至琼台书院转北接道前街，转四道弯，成最弯曲的巷。关帝巷，南起文庄路，北至抱珥山，关羽庙建于此。少史巷，因有一户祖先当过少史官职的大家搬至此定居而得名。草芽巷，依西城墙而建的一条巷。达士巷，位于小西门内南隅，是石板铺设最完整的一条巷。东起马鞍街西至外巷（今朱云路），是全城最长的巷。双龙巷，位于鼓楼街之东，两端与靖南街相对。

井，是纵横交错、以"井"字形交通分隔布局的用地板块，上述八巷十三街构成了府城的七大井块，从东向西排序分别是：南门街、尚书街和道前街、靖南街组成第一井块。尚书街、打铁巷和道前街、靖南街形成第二井块。打铁巷、仁和巷为纵，道前街、靖南街为横，构成第三井块。丁字街、县后街为纵，镇台前街、少史巷为横，拼成第四井块。丁字街、县后街和少史街、县前街组成第五井块。县后街、草芽巷和镇台前街、小雅巷组成第六井块。草芽巷、马鞍街为纵，镇台前街、塘圮巷丙段和培龙市场南门为横，组成第七井块。

府城八巷十三街是以南北向为纵，东西向为横，构成了府城的七大井块，造就了道路畅通、市井繁荣的城镇格局。这七大版块，体现了府城最基本、最有特色的城市空间形态特征。

学官是府城内重要建置，在府衙的东边。"琼台书院"是海南的最高学府，建于清康熙四十九年（1710年），清末书院改为中学堂。此外，在府城创办的书院还有东坡书院、同文书院、奇甸书院、西洲书院、崇文书院、粟泉书院等。

府城的寺、观、庵、塔鳞次栉比，祠堂、庙宇随处可见。社稷坛、开元寺、天宁寺、玉皇庙、城隍庙、雷庙、玄坛庙、灶君庙、黎母庙、马王庙、泰华庙、孚惠伯庙、仁孝祠、孝义庙、东昌庙、三贤祠、苏公祠、五公祠，等等。关帝庙建在府城的制高点抱珥山，环山修筑琼台，琼台前面立有琼台福地坊（图4-3-1）。

现今城区的布局结构仍保持着明显的东西主轴线和南北次轴线的关系。其东西主轴线即现在的文庄路

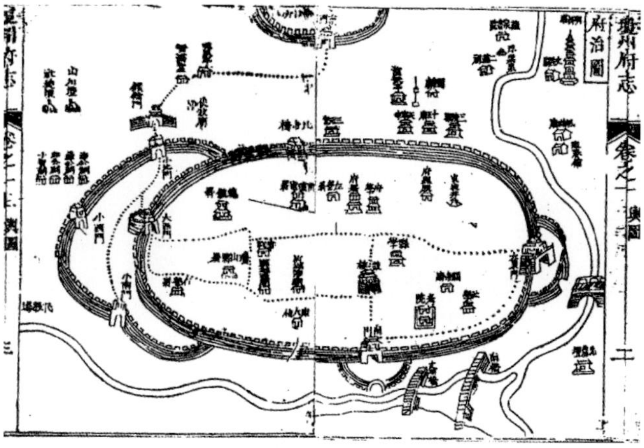

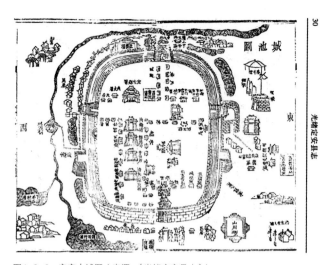

图4-3-1 琼山府城古城图（来源：《琼州府志》）

图4-3-2 定安古城图（来源：《光绪定安县志》）

转经忠介路延伸至大路街；南北次轴线主要是已改造成现代商业街的中山路，此外还有仍保持传统格局和走向的北胜街、绣衣坊、马鞍街。府城历史文化街传统民居建筑为多进四合院形式，左右对称，装修设计典雅，雕饰工艺精美，达到了使用功能与建筑艺术的完美统一。

二、定安古城

（一）古城概况

明清时期的定安古城，始建于明成化二年（1466年），曾经繁华热闹一时，是定安政治、经济、文化的中心，素有"小苏州"之称。古城东西南北城门均建有城楼，城外挖有壕堑，北城临江。现存西门、北门，城墙则存西北、西南二段，遗存众多文物古迹，如解元坊、亚元坊、清潭亭、见龙塔、县官衙、文庙、明照阁、百年老街骑楼等历史遗迹，2008年，定城镇被评为全国历史文化名镇。

古城历经五百多年，其间曾经多次修理。解放后扩建县建城，定安古城被拆除三分之二，古城现存西门、北门。城门上方有"西门"石匾额，旧城楼尚存。城楼

改建为定安县粮食局大楼。古城城墙则仅存西北、西南二段，为玄武大青石条叠砌筑成。这是海南现存唯一较完好的县治城垣（图4-3-2）。

2019年10月7日，定安古城遗址被国务院公布为第八批全国重点文物保护单位。

（二）古城格局

城内街巷交错，呈"广"字形状，主要街道有东门街、西门街、北门街、中南门街4条，均以青石砖铺设路面，平坦宽阔，古朴典雅。如今从"东门街"到"西门街"，还保存一条长长的古老街市，沿街铺陈着南洋骑楼。

古民居大致分为两种风格，一种是明清风格砖瓦房，悬山式顶，留有走廊供行人通行。另一种是南洋风格骑楼，楼高以二层居多，也有三层但不多，这是民国时期的建筑，主要集中在西门街。西门街是古定安县衙所在地，是最繁华的一条街道，古时的集市贸易就集中在这里。民国时在东门街建街市廊（即农贸市场），商业中心向东移，新中国成立后，由于商品贸易繁荣，南门街也成了一条商业街道，唯有北门街始终没有商业活动，是单纯的住居街道（图4-3-3）。

定安城内除县衙和学官外，还有社稷坛、城隍

图4-3-3　定安古城街巷图（来源：李贤颖 摄）

庙、北帝庙、文帝庙、关帝庙、观音阁、吕祖阁、天
后庙、龙王庙、雷神庙、忠义祠、节孝祠、元坛庙、
泰华庙、三义祠、金莲庵、慈华庵、盂兰庵等。东岳
庙建在东城门楼上，西帝庙建在西城门楼上，南城门
楼也叫"文明楼"。

三、儋州故城

（一）故城概况

儋州故城位于中和镇镇区西部，始建于明洪武六
年（1373年）。城址集中在高程7米以上的北门江南岸
地区的小台地上。儋州故城规模较小，主要是为了军事
防务、防范洪水和利于排水而选址于此。它是海南省目
前保存年代较早、沿用时间较长、分布面积最大的一
座故城址，是我国古代中央政权管辖海南的历史见证
（图4-3-4）。目前故城的路网格局基本保留。

（二）故城格局

儋州故城城址平面呈不规则方形。城制布局严谨，
防御设施齐全，设有东门（德化门）、西门（镇海门）、
南门（柔远门）和北门（武定门）四个城门。城门建造
结构基本相同，其上置有敌楼，外筑瓮城。

现存镇海、武定两座城门，呈前、后双层门结构，
其外用砖石混筑砌成加固。门呈拱形，部分青砖上雕刻

卷草纹。武定门门额上横书"武定门"三个楷书大字，
地面现存石门墩、挡门石等遗物。其余城门保存有城基
（图4-3-5）。

故城内巷道基本呈"田"字形，是较传统的古镇
布局方式。古镇内南北向的街巷主要有解放路和复兴
街，东西向的街巷主要有朝阳街、东风街、北门街
和西门古道；道路按路面铺装分为青石板路和沙土
路，多数街巷较窄，路网比较规整，街巷宽度和两侧
建筑高度比基本为1：1~1：2之间，比例尺度较显
局促。

故城内现存有魁星塔、宁济庙、关岳庙、西门古
道、太婆井、分司井、州属遗址和传统民居，以及具有
南洋建筑特色的骑楼等（图4-3-6）。

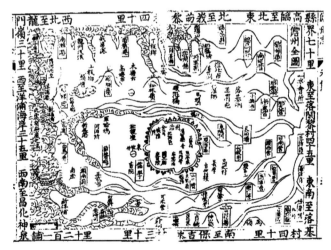

图4-3-4　儋州故城地域图（来源：《万历儋州志》）

144

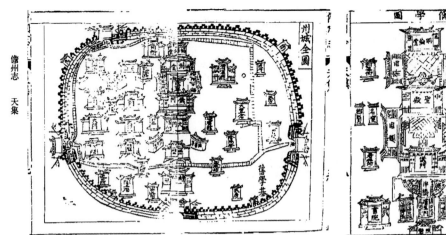

图4-3-5　儋州故城图（来源:《万历儋州志》）

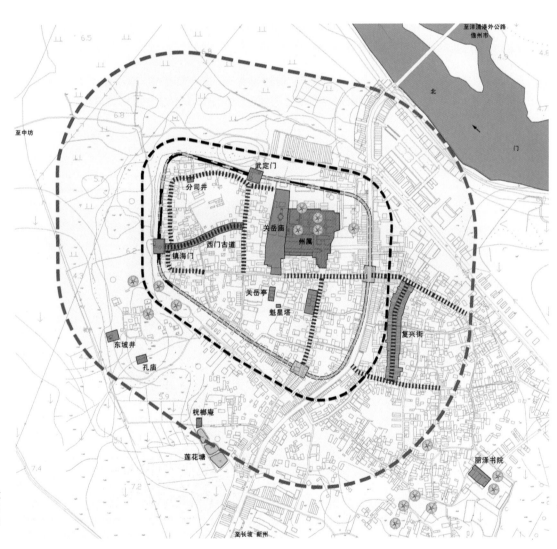

图4-3-6　儋州故城文
物分布图（来源:《儋州
中和镇国家历史文化名
镇保护规划》）

四、崖州古城

（一）古城演变

崖州古城坐落于五指山山脉地带，东、西、北部三面环山，形成环抱之势，三面山体都为五指山余脉，南部宁远河顺流而下。整体选址背山面水，负阴抱阳，十分符合中国古代理想城市选址的原则，是适宜人类居住的绝佳环境。

自汉武帝设珠崖郡始，一直是琼南政治、经济、文化中心，是中央政府对南海行使主权的边陲重镇。保平村尚存若干炮台遗迹，是清代海防重镇的重要见证（图4-3-7）。

崖州古城选址位于南山与北部山体约8000米半径圆的中心位置，体现了古人选址"中"的理念（图4-3-8）。

崖州城始建于南宋庆元四年（1198年），修筑的是土城。绍定六年（1238年），用土砖砌墙，开东、西、南三个城门。明洪武九年（1376年），知州刘斌用砖石进行了加固。洪武十七年（1382年），千户李迁将

图4-3-7　崖州古城遗址分布图（来源：《三亚崖城历史文化名镇保护规划暨总规修编》）

城池扩大。洪武十八年（1385年），千户李兴再次加固城池，并修整城门加盖城楼，挖掘护城河。正德十四年（1519年），千户周崇礼添筑了月城。崇祯十四年（1641年），知州瞿罕再修城池，增高1米。道光二十一年（1841年），知州许梦麟重修南城门，并刻了"文明门"的石匾（图4-3-9）。

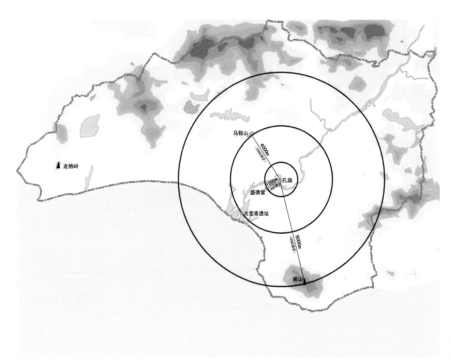

图4-3-8　崖州古城选址分析图（来源：《三亚崖城历史文化名镇保护规划暨总规修编》）

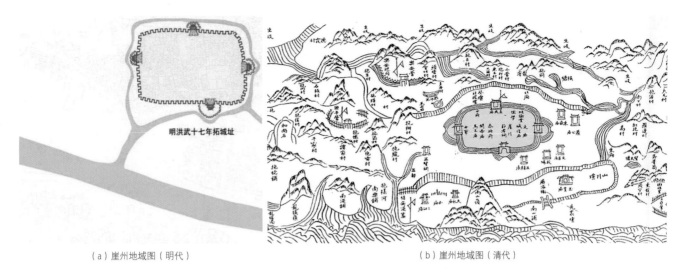

<table>
<tr><td>（a）崖州地域图（明代）</td><td>（b）崖州地域图（清代）</td></tr>
</table>

图4-3-9　崖州古城明、清地域图（来源：《三亚崖城历史文化名镇保护规划暨总规修编》）

（二）古城格局

1. 古城格局完整，布局独特

在古城格局方面，崖州古城以文明门为核心构成了从城北少祖山主峰方田岭—凝秀门—崖州学宫—文明门—南山一线的城市山水景观轴线，依托轿夫街—牌坊街—东门街构成了城市生活轴线。古城内文明门、城墙和崖州学宫作为统领标志，结合海南传统民居、民国建筑构成了朴素却不失风情的古城风貌。

古城内部街巷通过组织形成了虽不规整，却功能组织有序的街道系统，其中崖州古城城墙内部的街巷系统可以概括为"三通、四漏、七转、八角"，即"三通"为出入城的通道开三门，"四漏"为城内路基开四个排水涵洞，"七转"为城内的马路不能直开，要有七个转弯，"八角"为在七个转弯点形成八个角（图4-3-10）。另外，孔庙正对南城门，形成城市轴线，此格局在中国众多古城中极为罕见。

2. 丰富而独特的建筑遗产

古城内部的历史文物古迹众多，包括了崖州学宫、崖州古城西北城墙、迎旺塔省级文化保护单位3处，三

姓义学堂、何秉礼故居、林缵统故居、东门骑楼街建筑群、崖城古民居建筑群、万代桥市级文物保护单位6处，是三亚市乃至海南省文物保护单位最为密集的地区（图4-3-11）。

五、铺前古镇

（一）古镇概况

铺前古镇位于海南岛的最北部，三面环海，自古以来是文昌重要的港口古镇，早在明代就是商船云集的繁华商埠，是海南岛货物与人员出洋的主要港口。铺前古镇是由于商业繁华而逐渐自发形成的集镇。2008年，被国家评为中国历史文化名镇。

（二）古镇格局

古镇呈长矩形，无城池，自然形成的街巷主要以东西和南北走向的"十"字形与"丁"字形布局。南北为巷，东西为街，是古镇主要交通走廊，呈S形走向，其寓意聚财敛物之意，寄托着商人发家致富的美好愿望。老街两旁的骑楼顺街跨人行道沿弧度而建，在马路边相互衔接形成自由步行的长廊，构成了一家紧挨着一家，

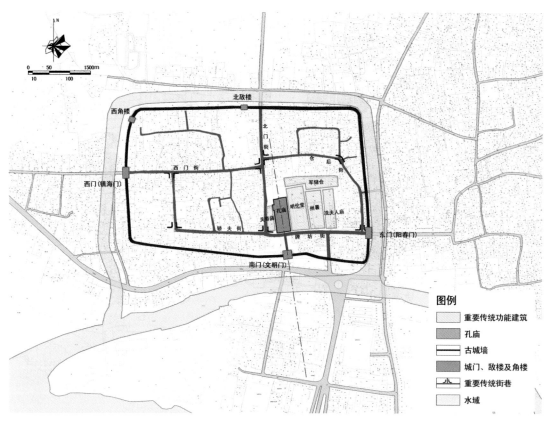

图例

- 重要传统功能建筑
- 孔庙
- 古城墙
- 城门、敌楼及角楼
- 重要传统街巷
- 水域

图4-3-10 崖州古城格局分析图（来源：《三亚崖城历史文化名镇保护规划暨总规修编》）

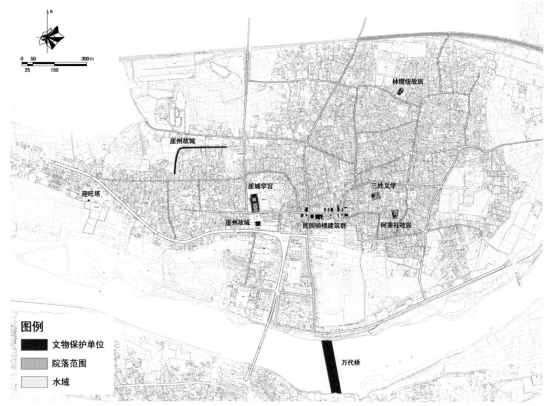

图例

- 文物保护单位
- 院落范围
- 水域

图4-3-11 崖州古城文物保护单位分布图（来源：《三亚崖城历史文化名镇保护规划暨总规修编》）

密密实实的典型南洋骑楼建筑风格。两旁建有南洋骑楼风格的店铺楼顶注重装饰，阳台、花栏各具特色，柱梁、峰顶美丽绝伦，各建筑立面、柱体、墙面图案、女儿墙竟无一雷同，中西合璧的立面装饰、匠心独运的细微处理手法以及它们组合形成的独特建筑风格，具有很高的艺术价值和审美价值。虽历经百年风雨侵蚀，现仍古色依旧，风范犹存。它们所构成的整体环境和秩序，反映了某一历史时期的建筑风貌特色，具有很强的历史价值。带孔洞的女儿墙，组成一条条波浪般起伏的天际线；底楼开敞的柱廊柱柱相连，柱子外表大多带有框纹，成为古镇最具典型特色的街巷形态，浓缩着文

昌作为我国重要侨乡的历史缩影。在最繁荣的时期，当地曾流传"东奔西走，不如到铺前和海口"的美谈（图4-3-12）。

六、昌化古镇

（一）古镇概况

昌化古镇位于昌江县的西南部，昌化江入海口的北岸。古昌化城曾作为昌江县治，是有名的古迹旅游胜地。据史志载，自西汉元封年（公元前110年）在海南置珠崖、儋耳二郡，儋耳郡邻儋耳、至来、九

图4-3-12　铺前古镇街巷布局图（来源：《铺前国家历史文化名镇保护规划》）

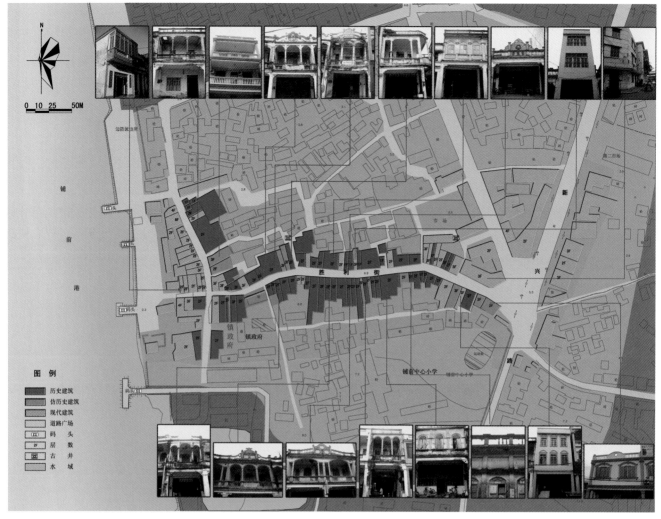

图4-3-12　铺前古镇街巷布局图（来源：《铺前国家历史文化名镇保护规划》）（续）

来三县时，至时县，隋大业三年（公元607年）改昌
化县，即今昌江县。县治就设于古昌化城（图4-3-
13）。古昌化城现保存的历史古迹及文物，除古环城
土墙、壕沟，还有赵鼎衣冠冢、治平寺碑、南门园墓
群、峻灵王庙遗址等。

昌化城是海南岛历史最为悠久的县治之一，其受到
以儒学为主体的中华传统文化的熏染。在儒家伦理思想
体系中，"礼"与"贵和尚中"的思想对中国古代都城
建设和城市规划的影响最为显著、强烈。从都城到县城
的规模、方位布局与分区规划到礼制建筑的形制、建筑
的群体布局、传统民居的空间序列等方面，无不浸透着

"礼"之规制。儒家"贵和尚中"的基本特征，则在较大
程度上赋予了中国古代都城、县城和谐、严整、方正、
秩序的理性美基调。这一点在古昌化城也得到了体现。

（二）古镇格局

古昌化城池始建于明洪武二十五年（1392年），昌
化城池环城石砖砌墙，城楼4座，城门4个，东为启展
门，西为镇海门，南为宁和门，北为宁武门。城墙四方
规整，将整个昌化古城围成了严谨的长方形。城池外
围近墙处开挖深壕沟，昌化城池完整坚固，雄伟壮观
（图4-3-14）。

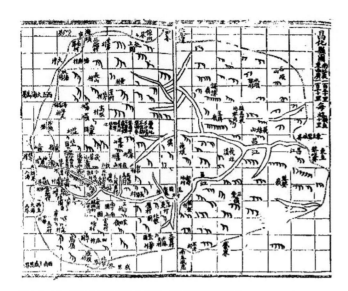

图4-3-13　昌化古镇地域图（来源：《光绪昌化县志》）

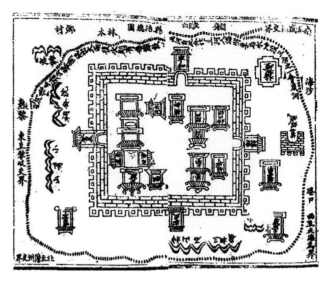

图4-3-14　昌化古城图（来源：《光绪昌化县志》）

第 五 章

乡村聚落空间形态

第一节　乡村聚落空间要素

一、公共空间

（一）村落入口

村口是一个村落与外环境连接的主要通道，具有标识和引导作用。布局较为保守且周边有山水为界的村落，一般设有1~3个村口。分布于平原地带，房屋布局分散的村落，设有一个主入口，其他街巷联通外出道路，都可以进入村落。传统村落多离城镇较远，连接主干道的进村道路一般是曲折狭窄的道路，房屋被茂密的植被遮挡，难以被发现。琼北地区人口掺杂，这样的布局可以避免干扰。

村口布局比较有规律性，入口处一般有配植如高山榕、小叶榕、荔枝、榄仁等遮阴效果好的树种，并且在树下摆放石阶、石凳，供村民日常聊天、休憩用。一般每个村落入口处设置土地庙。村口常与构筑物有意识地围合形成空间，使之具有自然、浪漫的意味和情趣（图5-1-1）。

图5-1-1　村口布局示意图（来源：唐秀飞 摄）

（二）广场空间

广场空间是村民日常聊天、娱乐、休憩的场所，是聚落内部人流量最密集的文化空间。广场空间规模大小不一，多数分布在水塘、村口、祠堂、水井、道路交叉口等。广场空间要素一般为石凳、石桌和高大遮阴的植物，许多都是上百年的古树，当地居民将其作为风水树，象征子孙兴旺，富贵绵长。广场空间是聚落中最重要的空间节点之一，可以在此处进行聚众议事、迎宾送客、谈古论今等社会及娱乐活动，是村民的"多功能大厅"（图5-1-2）。

图5-1-2　广场空间（来源：唐秀飞 摄）

（三）戏台

海南汉族民间传统戏曲艺术为琼剧，2008年国务院批准列入第二批国家级非物质文化遗产名录。戏台是琼剧表演的舞台，几乎每个村子都会设置，规模大些的聚落则多建几个。戏台的构造较简单，一般是用砖头砌成长方形高台，后有一背景墙，戏台四角立四根柱子用于搭幕布。海南一般村中有喜事，如结婚、升学等；或是某些节日，如军坡节、公期，有条件的都会邀请琼剧班子到村里唱戏。

戏台在海南传统聚落中的位置比较有规律性，戏台常常与宗祠、村庙分布在一起，且多数布置在宗祠正前方位置，若是前方无空地，则建于一侧，其目的是为了达到"人神共乐"（图5-1-3）。

（四）公共空间的其他构成要素

海南传统聚落公共空间的构成要素主要为祠堂、村庙、土地庙、水塘、村井、村树、树林、溪流等。

1. 祠堂

祠堂一般被称为"宗祠"，是祭祀先祖、教育子孙的重要场所，受到海南岛民众的普遍重视。其存在位置与聚落的关系主要为两种：一是与居住建筑混杂，与普通居住建筑类似，仅为单个独立三开间建筑，其布局较为随意。此类祠堂数量较多，规模较小，多为小家族所建。二是单独存在，这类祠堂较为规范，规模一般比村庙较大，多为三进。建筑形制也较高，尤其是大殿多为五开间。这类祠堂数量较少，主要是经济实力雄厚的大家族所建。这类祠堂可存在于各类地方，如村落中心、村前、村侧等，对位置未有明显特别要求。较为规范的祠堂大体布局与村庙相似，由大门、前堂、拜亭、左右厢房和大殿组成。如定安县雷鸣镇龙梅村王氏宗祠，为王弘诲致仕归里后创建，坐东北向西南，主要由山门、前殿、后殿组成。虽然单体建筑较少，但每栋单体建筑规模较大。山门面阔五间，进深十三檩，有前廊。前殿为八角殿，合王氏宗祠之山门，为重檐歇山顶宫殿式构筑，有后殿和东西配殿，组成四合院式布局。后殿面阔五间，进深十五檩（图5-1-4）。

海南传统聚落的祠堂虽享有较高的心理尊崇度，但对其存在方式没有明显苛求，其周围配置要素可简可繁，无特殊固定要求，周围环境亦是如此。常见祠堂前仅植大树而已，甚至与民居无异。相当一部分传统聚落没有祠堂。

2. 村庙

海南岛几乎有村就有庙，遍及大小村落，不计其数。海南传统聚落宗教信仰广泛，即使近在咫尺，信仰也是不同。如海南岛较大的村庄海田村，六个自然村都建有自己的村庙，祀奉不同的神灵。一庙郭公庙、二庙武圣庙、三庙泰华庙、四庙张天师庙、五庙关帝庙、六庙关圣大帝和火神娘娘庙。庙宇在海南岛似乎享有较祠堂更高的地位。一般村落可能没有祠堂，但都会有村庙。这在多源迁入、杂居重构的海南琼北聚落中相对明显。人口来源不同的村落，神庙较为容易被集体认同而存在。

由于较高的认同度，对村庙的位置显然要慎重和苛

图5-1-3 戏台（来源：唐秀飞 摄）

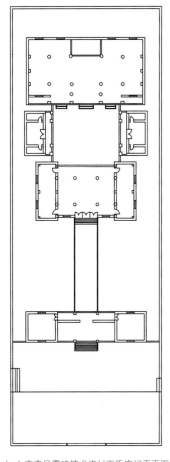

(a) 定安县雷鸣镇龙梅村王氏宗祠平面图

(b) 定安县雷鸣镇仙坡村胡氏宗祠平面图

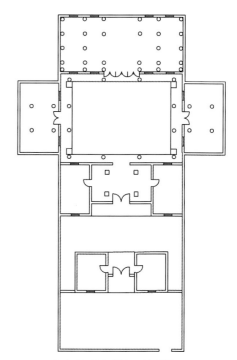

(c) 澄迈县石礧村冯公祠平面图

图5-1-4 传统宗祠平面布局（来源：杨定海 绘）

求得多。庙宇一般单独存在，多数存在于村中地形开阔、景观较好的地段。村庙周围空间也比祠堂宽敞和隆重。一般村庙前设置宽阔的广场，广场四周都生长着高大茂盛的古榕或枇杷树，村庙对着戏台，遇有重大的祭祀活动，都要上演琼剧（图5-1-5、图5-1-6）。

3. 土地庙

土地庙，又称福德庙、伯公庙，为海南民间供奉最多的村神。海南岛各地传统聚落均有分布。土地庙与村庙一样，其所代表的精神信仰是凝聚聚落的主要因素之一，其位置选择较为固定。多为入村村口，结合村门、古树设置（图5-1-7）。土地庙在海南岛极为简单，多为民间自发建立的小型建筑，甚至几块石头一垒，就是土地庙。

二、村落街巷

（一）空间格局

村巷是聚落形态的骨架，是联系和交流各类行为场所的重要纽带，一般为树枝状或网状结构。传统村巷的空间形态、尺度、构成方式与聚落的形成、演变有密切关系。大部分的海南聚落规模较小，平面布置以纵向巷道为主，结合横向巷道，以双篦式和单篦式排列方式的村巷格局，简单而清晰，布局自然紧凑。

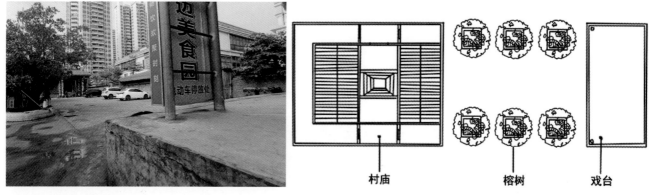

村庙　　　　　　　榕树　　　戏台

图5-1-5　海南传统村庙空间（来源：杨定海 绘）

海南村庙平面布局图

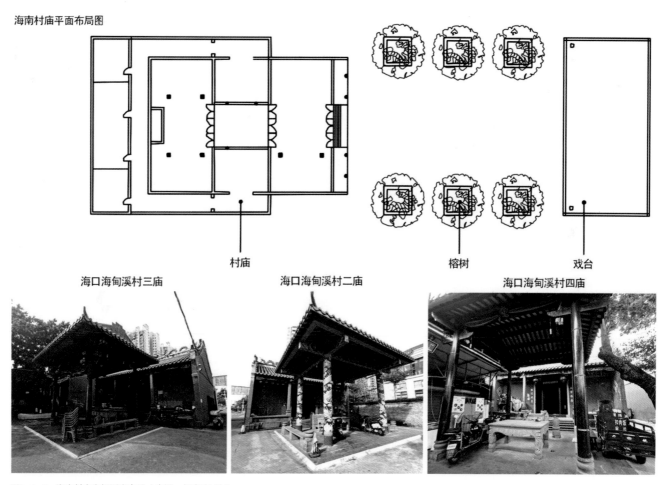

村庙　　　　　　　　　榕树　　　　　戏台

海口海甸溪村三庙　　　　海口海甸溪村二庙　　　　海口海甸溪村四庙

图5-1-6　海南村庙空间形态布局（来源：杨定海 绘）

图5-1-7　海南土地庙（来源：唐秀飞 摄）

　　随着聚落规模的扩大，房屋建筑的逐渐增多，村内道路也随着建筑布局的变化而变化，形成了树枝状的村巷结构，这类聚落形态格局较为松散，如文山村。另外一类村巷的空间布局是受到宗教思想以及风水理论的制约，一般要求建筑以宗祠、水体、田野为中心整齐排列，从而形成了"向心式"的村巷结构，这种方式形成的村巷格局规整，如石矍村。海南聚落的形成存在自发性，正是由于这种自发性与随机性，使得村巷景观空间结构变化多样，富有趣味（图5-1-8）。

图5-1-8　自然式与规则式村巷（来源：唐秀飞 绘）

（二）道路铺装

海南传统聚落街巷纵横交错，四通八达，尺度一般在1.2～3米之间。琼北地区的村巷道路铺装就地取材，绝大多数都是采用火山岩铺成，偶尔采用墓碑铺装路面。铺装并不是铺满整条道路，而是将火山岩铺在道路中间，或者某一侧，这样有利于村巷的排水。路面铺装方式各种各样，较大的石块一般都铺在最主要、最经常踩踏的地方（图5-1-9）。

图5-1-9　村巷道路铺装形式（来源：李贤颖 绘）

三、建筑布局

（一）民居建筑

1. 民居建筑空间结构

海南岛因台风频发，传统民居建筑基本比较矮小。一般为"石头+木质"结构，房屋四面墙体由火山岩砌成，外墙涂抹泥土或不做任何处理。内部间壁和前檐的门庭皆是用木板制成。间壁、阁楼上一般都刻着精美的木雕。不同地区的庭院结构布局有所差异，多为二进或三进院落，由主屋、横屋、路门等单体组成。主屋包括堂屋和卧室，堂屋内设置阁楼安放祖先牌位，阁窗上张贴堂号。阁楼下放一张八仙桌，作为摆放香烛祭品之用。堂屋是家庭礼制的中心，节日祭祀、结婚嫁娶、大小事的商讨，都在堂屋完成。平面布局普遍采用三开间形式，院落少则二至三进，多则五进，甚至七进。前后通畅、院落围合，从而形成了外封闭内开放的院落式建筑（图5-1-10）。利用厅堂、檐廊、院落、村巷等建筑布局和构造措施，达到自然对流、通风、降温、采光等生活功能的要求。

黎族传统房屋的结构、建材、形态与汉族房屋相比则有较大差异，黎族村落的建筑多为"泥土+茅草"或"木头+茅草"的结构，其中，最具代表性的是洪水村、白查村的船形屋。船形屋建筑材料通常就地取材，以树干为梁柱，靠竹子、树杈搭桥承托骨架，采集藤本作固定之用。黎族传统干阑式船形屋以及金字形屋，主要是为了适应环境而演变成的建筑形态，具有独具特色的建筑形式，又称"巢居"。

2. 建筑立向

建筑在建造过程中，除了选址，建筑的朝向尤为重要。海南传统聚落深受中国风水理论的影响，对于聚落的选址与布局，民居建筑的选址、朝向、择日以及建筑内部的摆设布局都十分注重风水的优劣。

1）有山有水

这类地形较为理想，建筑通常沿等高线布置，朝向较为统一，如龙吉村、儒音村。随着村落规模的扩大，后续建造的房屋也会遵循先人的格局和朝向，形成整齐划一的村巷结构。从风水角度讲，易于营造"背山面水"的风水格局。但地形的变化往往也限制了村落的规

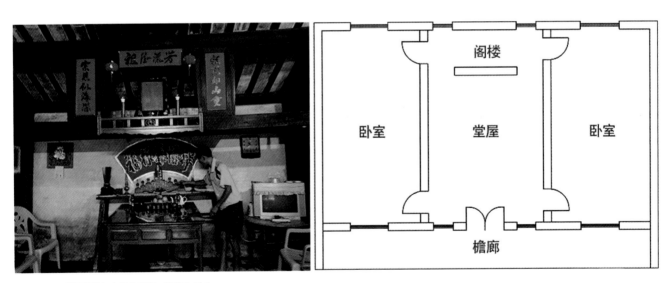

图5-1-10　堂屋结构与布局（来源：唐秀飞 绘）

模，增加建筑建造的难度。

2）有水无山

水对生态环境、生产生活等方面至关重要，因此水体也是海南传统聚落构成的要素之一，有些聚落即便没有水体，也会通过人工开挖沟渠、池塘，引水入村。因此，处于平原地区的传统聚落，在没有山体的情况下，建筑物通常朝向水体环形布置，朝向具有一定规律性，如大美村、石矍村、罗驿村等。

3）无水无山

没有大型山体和水体的聚落，其没有统一的朝向，布局较为混乱，如保平村、东谭村、老丹村等，这类聚落通常是不同宗不同姓，人口组成较为复杂，多是从各地搬迁而来。这类聚落宗族意识较薄弱，不会按照先人定下的建筑朝向布置建筑，而是通过风水理论选择合适的朝向。

海南民居建筑立向的决定性因素主要有地形（山体）、水体、风水等，在众多要素中，以地形为首要考虑对象，依山而建；其次为水体，面水而居。

（二）宗祠建筑

宗祠，通常称之为祠堂，是供奉祖先及先贤的场所，是宗族文化的标志性建筑。宗祠的大小象征着一个宗族的昌盛程度，它既是传统聚落宗族制度的重要载体，也是聚落重要的公共空间节点。宗祠主要分为两种，一类用来祭祀祖先，一类用来祭祀当地贤人。

祭祀祖先的祠堂就是普通的姓氏家祠，通常大门口会挂有"某氏祠堂"等字样。门口两边配有一对石狮或石鼓作为本宗族势力的象征。石鼓越大，表明本宗族的势力越大。祠堂的厅堂供奉着祖先牌位，室内会挂有写着堂号的匾额，或直接将堂号写在墙壁上。堂号是用来区别同姓宗族不同支系的标志，有利于同姓宗族之间的相互认同。祠堂内的柱子上一般会写有许多对联，描述家族的来源与发展。

祭祀先贤的祠堂一般所供奉的是当地才能比较出众的人才，或是为当地作出过突出贡献的，对当地社会、经济、文化影响较大，深受老百姓拥护和爱戴的人物。如罗驿村忠烈祠供奉的先祖李福庇、石矍村供奉的冯氏先祖冯宝与冼夫人。政府为了树立这样的榜样人物，联合村民建立了纪念祠堂，以此作为教育子孙后代之用。由于有政府的参与，规格提高了，再加上人物的影响力、感召力强，会得到村民们的高度敬仰，形成更深层次的宗族文化。随着历史的发展，至今已成为海南传统村落中重要的祭祀之地。

祭祀建筑的基本功能是供奉神主的牌位。神主牌位被放于祭祀建筑明间后墙的神龛之上。神主牌多为木制，有些底座刻有雕花。每一位祖先都有一块相对应的神主牌。像王氏宗祠、曾氏宗祠这些在海南具有社会地位的大家族的宗祠内，其神龛上常见陈列着几十块甚至上百块神主牌（图5-1-11、图5-1-12）。神主牌上依序刻有祖先的名讳、生卒时间、官位以及得到过何种功名，供后世祭奠。各祖先牌位的排放也很讲究，神案分若干层，最高层安置始祖，始祖为该姓氏族自发祥地迁至该地的首位祖先，以下按照世系分列神主牌。所供奉的始祖更多的是被人们赋予象征意义，其所代表的是本姓氏的历代祖先。

1. 建筑空间的营造

1）祭祀空间封闭统一

宗祠是一个宗族占有这片土地共同营造的有纪念功能的建筑，它既向外姓人宣示了本族对这块土地的占有和控制，也教育族人要相扶相帮，共同对抗外敌，共同居住生活。宗祠建筑对外有着很强的私密性，既可以有效地防御火患和外敌，也可以满足礼制的需求。在核心祭祀区域的建筑两侧建有高大的封火山墙，对内形成封闭的空间。宗祠通过多进院落的围合成一组群体，具有统一感，通过内部院落来满足通风采光的需求，

图5-1-11 定安县雷鸣镇龙梅村王氏宗祠牌位〔来源：费立荣 摄〕

图5-1-12 海口市桂林洋区迈德村曾氏宗祠牌位〔来源：费立荣 摄〕

增强族人的团结和凝聚力。宗祠对外表现为封闭，其内部的祭祀区域日常也是封闭的。供奉神主牌位的寝堂，平时大门紧闭上锁，只有举行活动或祭祖时才打开（图5-1-13）。寝堂作为长期陈列先祖牌位的场所，庄重严肃的气氛表明了对神主的尊敬，使其有安静的环境，不受外界的打扰。

2）内外空间紧密结合

宗祠建筑在空间上一般划分为室内空间、室外空间、过渡空间三类。海南地处亚热带，天气炎热潮湿，室内空间需要获得充分的通风采光、开敞与通透，在对建筑的严肃性并不做要求的情况下，厅堂做成开敞的形式，前后用隔扇，可随需要拆装，有的厅堂直接做成敞厅，也有的在建筑两侧做成开敞的侧厅，这种敞厅的形式可开可闭，关闭时，厅堂与天井独立，拆除隔扇后，天井与厅堂融为一体，把室外空间引入室内，室内空间向外延伸。一些建筑的天井中栽种花草等植物，用绿化对室外空间加以修饰。

厅堂与天井用柱廊或廊檐联系，廊的屋面与厅堂相连，一边紧靠室内，厅堂入口的隔扇、柱廊梁架的精致

图5-1-13 曾氏宗祠封闭的寝堂〔来源：费立荣 摄〕

木雕以及屋面檐口高低的穿插，使檐廊的空间曲折而有层次。有的还在天井中设置拜亭，这样既扩大活动的场所，又使空间得到延伸，同时使厅堂获得良好的采光和通风（图5-1-14）。

3）院落灵活多变

宗祠建筑内各个建筑单体通过天井和门前广场组合成各种院落，分隔出不同功能空间。通过对室内庭院和门前广场的灵活处理，使空间上形成虚实对比，加上地坪的高度落差，使得宗祠建筑中轴线上的空间组织更具秩序性，各建筑单体主次分明，营造出宗祠建筑所需要的庄重、严肃的氛围，同时，使宗祠空间富于变化，达到变化而又统一，丰富而又不凌乱的空间效果。

海南传统村落的祠堂一般分布于村落的中心周边或入口处，祠堂的正对面布置戏台。宗祠建筑朝向与民居建筑一致。用地规模、房间数量以建祠者财力而定。平面布局通常为"三开间式"二至三进院落为主。建筑装饰具有较强的艺术性，从地板墙面至房梁屋架，采用大量的木雕、石雕、陶瓷、绘画等工艺手法进行艺术装饰（图5-1-15～图5-1-18），外墙通常用涂料涂成粉红色。从上到下，彩绘或雕刻了无数人物、动物、花草的吉祥图案，都有不同的寓意与期望。屋脊的双龙戏珠，屋檐的陶塑鳌鱼均是族人祈求功名利禄、幸福安康的表现。

图5-1-14　宗祠建筑的内外空间（来源：费立荣 摄）

图5-1-15　斗栱雕刻（来源：费立荣 摄）

图5-1-16　雀替雕刻（来源：费立荣 摄）

图5-1-17 柱础石刻（来源：费立荣 摄）

图5-1-18 梁架彩绘（来源：费立荣 摄）

（三）景观建筑

1. 牌坊

牌坊是为表彰功勋、科第、德政以及忠孝节义所立的建筑物（图5-1-19）。其与宗祠一样是传统聚落古代礼制文化建筑。海南传统聚落中的牌坊主要是石质的，体积矮小，相比广东、徽州等地的牌坊，显得秀气许多，但作用效果一样。有旌表读书人而建的"进士坊""蜚英坊""步蟾坊"，以及旌表村中妇女的"贞烈坊""节孝坊"等。

2. 风水塔

海南传统聚落营造过程中，对于风水形局不理想的聚落，可采取一定的补救措施，如中国古典园林常用的技法造山理水，使聚落形成背山面水，山水环抱的态势。平原或是没有靠山的地区，通常采用植入的方法弥补村基之不足；修建风水塔也是弥补村落风水形局的常用方法之一。

澄迈县罗驿村建有"道乐""用倒"两塔。建塔从风水理论上看也是为了聚落兴文人，发科甲的目的。罗驿村于南宋末年形成，自古以来，人才辈出。早在元明两朝，村民便竞相送子到外县求学，而后回村里开学馆，教授学业，培养人才，村中读书氛围十分浓厚。

四、景观环境

（一）水井

水是生命之源，是生产生活必需的物质，海南的传统聚落周边几乎都有多处水源（包括河流、水塘、沼泽等）。水体还起到排污积游，调节村落周边小气候，改

图5-1-19 牌坊（来源：费立荣 摄）

三角形（大美村）　　　　　　　四边形（罗驿村）　　　　　　　六边形（大美村）

九边形（龙吉村）　　　　　　　圆形（文山村）　　　　　　　不规则形（高林村）

四孔（石礜村）　　　　　　　　四孔（罗驿村）　　　　　　　两孔（石礜村）

图5-1-20　形态多样的水井（来源：费立荣 摄）

善人居环境质量的作用。水体景观是传统聚落景观不可或缺的组成部分，水的柔美与灵动蕴含着生命运动的本质属性。

1. 水井的类型

随着村子人口的增多，水井的数量也随之增加，因此挖建时间自然不一，但基本都经历了数百年以上的时间。井壁用石头砌成，井底铺层细沙，可达到过滤地下水的作用。井口形态多样，常见的有圆形、四边形、六边形、八边形、不规则形等，其中六边形的古井居多。井口多加盖石质井盖，井盖常凿出2~4个孔，便于水桶穿过取水（图5-1-20）。

2. 井台空间

水井作为连接各家各户的纽带，是村民重要的活动场地之一。为方便取水与洗刷衣服，井面多用石块、石条作为铺砖。水井多分布于聚落的边缘地势低洼之处，这有利于挖到水源和便于村民日常取水。或是镶嵌于村中街巷交汇处、拐角，通过建筑物的围合，形成一个半封闭式的空间。或是分布于村口，利用石头砌成围墙与井门，形成井台空间，水井周围一般会配有石质的器皿，作为盛水之用。井台空间与街巷形成由"点"及"线"的景观空间形态，在聚落中起到了丰富景观变化的作用。

（a）海口市加乐塘村

（二）水塘

在传统聚落中，水多以池塘的形式出现。对于没有河流经过的聚落，人工开挖的水塘最为常见。古时人力物力有限，水塘的规模不大，数量也不多，所以水塘往往位于村民心理上的"中心"位置，成为聚落的核心。

海南传统聚落的水塘多为自然洼地积水形成，只是人为简单加以修饰，并没有刻意追求其形态，故海南传统聚落水塘形态各异，大小不一，甚至聚落周围有多个水塘存在。水塘虽未刻意为之，但聚落布局以水为核心，明显经过深思规划。水塘对村落而言，意义显而易见，已经具有"风水塘"的作用了（图5-1-21）。

（b）琼海市客村

石矍村的聚落地势前低后高，村子西侧有一圆形的小湖，名曰饮马湖。村民认为其具有风水效应，建筑沿着湖岸，面朝湖心依势排列，是典型的"梳式结构"布局模式。建筑虽未完全包围湖面，但借助植物的围合，形成明显的中心感（图5-1-22a）。

澄迈县白莲镇境内的罗驿村，村口处有两面湖，村民称之为月湖与日湖，村落西北角还有一湖，称为星湖。聚落建筑朝向水体整齐排列，基本都是坐北朝南，对村口两面湖形成围合之势。整个聚落形态规整、统一，形成以建筑和道路为主的"向心式"格局。水塘镶嵌于村落中心或村落周边，还得到了从人工至大自然过渡的作用，使景观效果有很大改观（图5-1-22c）。

（c）澄迈县东山村

图5-1-21 海南岛传统村落的水塘布局及形态（来源：Google Earth截图）

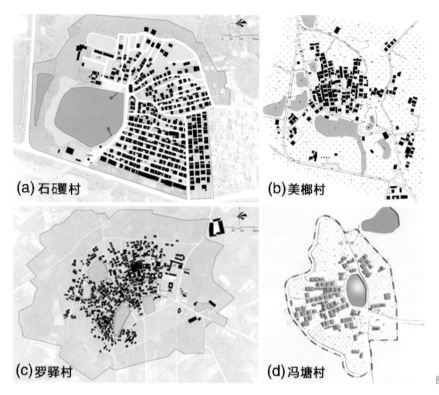

(a) 石碣村   (b) 美榔村

(c) 罗驿村   (d) 冯塘村

图5-1-22 聚落与水塘的关系（来源：李贤颖 绘）

（三）村树

村树在村民心目中占有重要地位，是海南传统村落必不可少的构成要素。村树多数为古树，往往被赋予村落生机的象征，或者是被认为具有灵性而加以崇拜。在海南，村树一般为榕树。榕树的树冠阔大，一般能覆盖约50平方米左右的面积。甚至在海南聚落中可见到独木成林的榕树景观。正因为树冠的阔大，榕树往往能提供一个纳凉歇荫的场所，所以在炎热潮湿的海南地区，榕树甚为常见（图5-1-23）。其常常与祠堂、村庙、井台、村门等结合，成为聚落中最为稳定的空间要素。

（四）农田

对于传统农业社会而言，土地与农田是人类社会生存和发展的基石。海南传统聚落周边几乎都有大小农田密布，村落多依地势而建，避免占用农田面积（图5-1-24）。人们一直寻找的理想居住环境是"远山环抱农田，农田环抱村落"，农田即在村落房屋周围，与建筑关系十分密切。

图5-1-23 海南岛传统村落的村树（来源：唐秀飞 摄）

图5-1-24 聚落与农田的关系
（来源：费立荣 摄）

第二节 乡村聚落形态类型

海南岛多样的地形地貌与热带资源特征，形成了独具海南特色的传统聚落。传统聚落往往是受人文因素影响而形成，从形态布局来看，海南传统聚落聚居的自然形态自发与自然地形结合，水、山石、地形等多种因素的作用影响到聚集形态的形成。

一、带状布局

带状布局聚落是海南岛较为常见的一种聚落形态，主要沿河流一侧，道路两侧或一侧呈带状分布。带状布局的聚落形态主要特点是街巷多垂直于河流和主要道路，建筑单元沿着街巷重复布置，多在村口的入口处或者聚落的中心部分布置活动中心。呈带状布局的聚落形态整体布局规整，建筑重复而有序，相邻聚落之间距离较近（图5-2-1）。这类形态的聚落在滨河型聚落中沿着河流呈带状布局，在山地型和平原型聚落中多沿着村庄的主干道布局。

二、圆形布局

圆形布局形态的聚落有两种形式，一种是沿着等高线呈圆形布置的聚落。沿等高线圆形布局的聚落建筑单元没有统一的建筑朝向，聚落内部的道路多是不规整的形态，如琼海市嘉积镇礼义村（图5-2-2a）。另一种形式是沿着聚落内部的水塘呈环抱布置的聚落。沿中心水塘圆形布局的聚落建筑布局较为规整，聚落内部道路从水塘呈辐射状连接住宅，中心水塘成为聚落的核心，建筑外环环绕着茂密的树林，聚落有着较为清晰的边界，如澄迈县大丰镇文音村（图5-2-2b）。

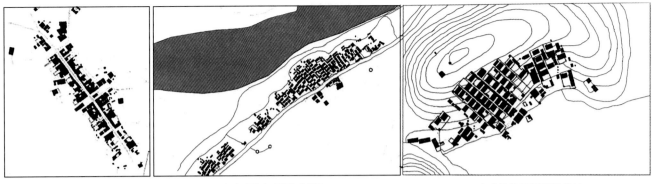

（a）文昌市锦山镇溪尾圩村　　　　　　　　（b）琼海市嘉积镇龙楼村　　　　　　　　（c）琼海市万泉镇沐湟村

图5-2-1　带状布局聚落形态（来源：杨定海 绘）

（a）琼海市嘉积镇礼义村　　　　　　　　　　　　（b）澄迈县大丰镇文音村

图5-2-2　圆形布局聚落形态（来源：杨定海 绘）

三、豆荚状布局

豆荚状布局的聚落一般处于两座山岭或突起地块的交接处，聚落一般由一个较大组团和一个较小组团组成，两个组团相邻较近，这也是由于组团发展过程中，小组团从大组团中脱离出来而形成（图5-2-3）。豆荚状布局聚落根据地形条件一般选择坐落于山岭的最低处，背靠山体。豆荚状布局聚落的建筑沿等高线规整布置，巷道一般整齐排列。聚落的公共活动空间一般集中在较大组团的村口或两个组团之间交通方便到达的地方，方便两个组团之间人群聚集交流。

四、扇状布局

扇状布局形态的聚落在山地型和平原型聚落中较常见。在山地型扇状布局聚落中，建筑单元在纵向和横向沿着等高线排列，建筑排列规整有序，扇状布局聚落因地形不适宜建造或交通不便等原因往往剩一侧没有围

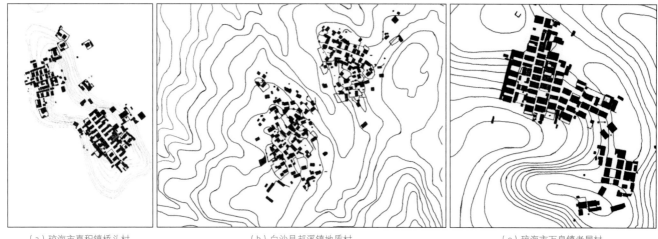

| （a）琼海市嘉积镇桥头村 | （b）白沙县邦溪镇地质村 | （c）琼海市万泉镇老屋村 |

图5-2-3　豆荚状布局聚落形态（来源：杨定海 绘）

合。在平原型聚落中，聚落往往围合水塘或者农田呈扇状布局。扇状布局聚落的整体布局较为规整，建筑单元沿着聚落内部巷道重复有规律纵向排列，纵向排列到达一定规模之后横向重新排一列布置。聚落内部巷道朝向一处中心呈发射状布置，方便聚落的通风降温和排水排污等（图5-2-4）。如海口市琼山区包道村、海口市灵山镇潭谢村等，东北部的文昌市会文镇湖峰村委会十八行村、文昌市头苑区头苑上村、翁田镇大贺村、下山陈村、琼海市逢龙村、仙寨村等。

五、规整块状布局

规整块状布局形态的聚落一般位于平原的宽敞地带，在海南岛的四周均有分布。这类型聚落一般规模较大，地势较为平坦，有足够的扩展空间，建筑单元横向和纵向均排列整齐有规律，聚落巷道呈梳式布局（图5-2-5）。聚落单体组织受某种规划理念诱导（宗族观念、环境意识等），如下坡村、北让村。这类聚落由同姓族群构成，宗族意识较强，建筑布局紧凑规整，呈典型的梳式布局。

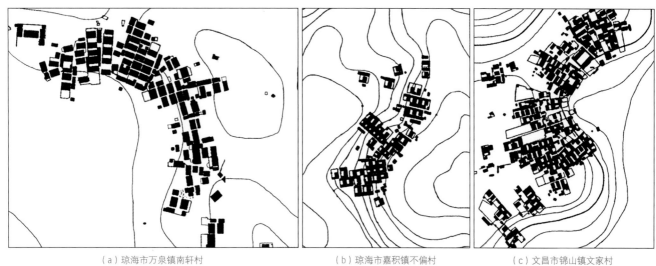

| （a）琼海市万泉镇南轩村 | （b）琼海市嘉积镇不偏村 | （c）文昌市锦山镇文家村 |

图5-2-4　扇状布局聚落形态（来源：杨定海 绘）

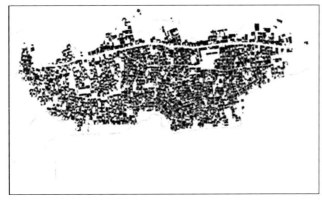
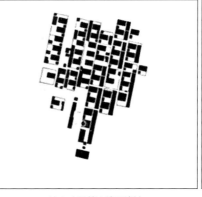
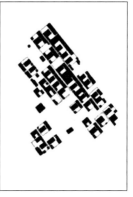

（a）万宁和乐镇乐兴乐群村　　　　　　　　　　　　　　　（b）文昌锦山镇下坡村　　　　　　　　　　（c）文昌锦山镇南坑村

图5-2-5　规整块状布局聚落形态（来源：李贤颖 绘）

六、自由布局

自由式聚落布局，是黎苗族地区较为常见的布局方式。黎苗族聚落的布局自由，适合具有黎苗族人地域特色的生活环境。简单要素的构成，相对自由的内部空间是黎苗传统聚落的总体特点。黎苗聚落的空间形态对外表现出聚落的整体性、紧凑性和质朴秩序感，而对内则表现出原真松散性、自由性和致用无序感，如昌江县叉河老裂小队、东方市江边乡白查村等（图5-2-6）。依山的传统聚落，房屋根据地势朝向不一，近水的聚落，房屋沿河流、小溪疏落布置，房屋的间距疏密不均，道路弯弯曲曲（图5-2-7、图5-2-8）。

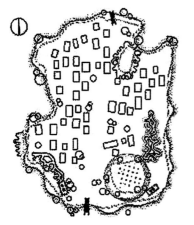
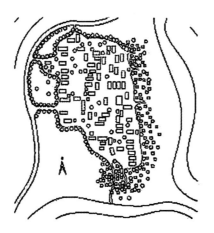

（a）陵水县高大队总平面图　　　　　　　　　　（b）江边乡白查村总平面图　　　　　　　　（c）昌江县叉河老裂小队总平面图

图5-2-6　黎族村落"离散"的建筑组合方式（来源：《质朴的生活智慧——海南岛传统聚落与建筑空间形态》）

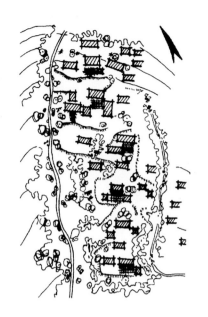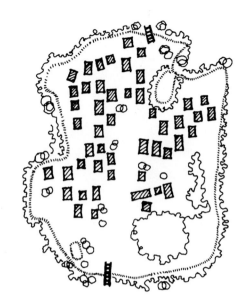

图5-2-7　陵水巴山村平面图
（来源：李贤颖　绘）（左）
图5-2-8　昌江老烈村平面图
（来源：李贤颖　绘）（右）

第三节　乡村聚落的景观特征

一、乡村聚落景观构成要素

海南地域的热带季风气候、圈层式地理地貌、水文等自然环境以及封闭落后的经济、弱化的工匠技艺和儒家文化造就了当地聚落景观形态简易朴实的特点。

海南乡村聚落景观空间要素基本由乡土环境自然而生：自然敲碎的火山岩成为各类硬景建构材料；从土壤中捡起的碎石简单干垒砌成高起的田垒；种植刺篱围护菜地；缓阶梯式稻田中河流冲积形成的土丘—卵石—椰林成为田间劳作休憩的空间；村落掩映在周围密闭的灌林和古树中，周围随地势分布水塘；水塘边简单砌筑朴素的村庙和土地庙，村庙对面多为高1米的土台戏台。这些景观形态总体表现为自然朴实的景观要素通过简单的工艺建造所形成的朴实、纯正的乡村景观空间，正是海南乡村景观空间的地域特点。

（一）自然景观

1. 地形与地貌

海南岛地形四周低中间高，以五指山、鹦哥岭为核心，向外围逐级下降，由山地、丘陵、台地、平原构成环形层状地貌，梯级结构明显。

山脉：海南岛五指山、鹦哥岭、吊罗山等位于海南岛中部，密布热带原始森林，森林野生动植物资源丰富，是天然的大氧吧（图5-3-1）。

海岸带景观：海南海岸线长达1823公里，景观资源丰富，具有热带滨海风光特色，如海口市琼山区东寨港的热带海岸红树林景观（图5-3-2），三亚珊瑚礁自然保护区的海岸地貌珊瑚礁景观，具有很高的科普和观赏价值。

水系：海南岛中部高四周低的地势使得比较大的河

（a）五指山山脉

（b）鹦哥岭山脉

图5-3-1 海南山脉（来源：费立荣 摄）

图5-3-2 热带海岸红树林景观（来源：费立荣 摄）

流大都发源于中部山区，组成辐射状水系。其中，南渡江、昌化江、万泉河等河流，河水清澈透明，河流弯曲延伸，河畔林木繁茂，景观秀丽，尤其万泉河的景观更优美，闻名全国（图5-3-3）。小河、溪流游洄在深山密林之中，更有众多瀑布和水库，如五指山的太平山瀑布、临高的居仁瀑布、琼中的百花岭瀑布等壮观景色；松涛水库依山傍水，湖光山色，是海南省最大的水库（图5-3-4）。

火山、洞穴、温泉：海南许多火山活动地质遗迹的死火山口保存得十分完整，海口的火山口群是中国为数不多的火山喷发活动的休眠火山群之一，科考、科普和旅游观赏价值都非常高。海南岛内各类洞穴（群）百余处，主要分布于海口至三亚西线地区，以碳酸盐岩基础上形成的岩溶洞穴居多。著名的三亚落笔洞洞内还发现

图5-3-3 万泉河（来源：费立荣 摄）

图5-3-4 松涛水库（来源：费立荣 摄）

"三亚人遗址"。岛上温泉众多，温泉区域不仅景色宜人，且泉水多属于治疗性温泉，是发展疗养、观光为一体的优质景观资源。

2. 气候：海南属热带季风海洋性气候，四季不分明，年平均气温高；干、雨季明显，冬春干旱，夏秋多雨，多热带气旋；降雨量多，日照时间长，热、光、水资源丰富，利于植物生长。

3. 植物：海南植物种类繁多，热带森林植被类型复杂，垂直分带明显。

（二）人文景观

1. 聚落景观

海南乡村聚落的多民族特征明显，且大多数乡村聚落生态基底较好，聚落景观个性分明，但基础设施相对落后。

2. 历史文化景观

历史街区：海南位于海上丝绸之路上，海南人很早就参与海外贸易，经过几代人的顽强打拼，这些"闯南洋"的人终于荣归故里，给海南带来了南洋文化，并将其融入民居建设中，从而形成了新的商住建筑——骑楼。海南的历史街区最有特色的是骑楼老街，主要集中在海口和文昌。海口骑楼老街是海口最具特色的街道（图5-3-5），呈现出欧亚混合的南洋风格，体现了海口人兼收并蓄、海纳百川的精神。文昌市铺前老街的街道两旁骑楼的奇花异草中式传统浮雕墙面，花样繁多的窗楣构件，蔓藤飘带的西式雕梁画栋，形如波浪的楼顶风景线，浓缩了中西完美结合的特色。

传统民居：海南的传统民居可分为琼南、琼北、琼西南和琼中南黎族等四大地域的民居，类型较多，其中，疍家渔排、火山石民居、崖州合院、多进合院、南洋风格骑楼、南洋风格民居、军屯民居、儋州客家围屋、船形屋和金字屋等类型的传统民居，最具乡土特色，被入选《中国传统民居类型全集》。海南最具乡土特色的建筑要数黎族的船形屋、金字屋和火山石民居（图5-3-6、图5-3-7）。

图5-3-5　海口市中山路的骑楼
（来源：唐秀飞　摄）

图5-3-6　东方黎族船形屋（来源：唐秀飞 摄）

图5-3-7　火山石民居（来源：唐秀飞 摄）

宗祠：海南的宗祠为三开间独立建筑或是传统三进院落，宗祠前两边多栽植古树，设置戏台。

村庙：村庙为面阔三开间的前殿和后殿组成。村庙的外部空间多植大树，戏台既是宗教活动场所，也是重要的公共活动的空间。

书院建筑：海南自古是流放地，书院建筑是海南建筑景观的一大特色。书院一般中轴对称，以中为尊，建筑群落整体有序，空间层次分明，是儒家文化的缩影。

民俗活动：古朴独特的民族风情使海南社会风貌显得更加丰富多彩，其中黎族、苗族民俗文化最具有民族色彩。其中具有特色的活动，如每年的"三月三"是苗族、黎族同庆的节日；海口市新坡镇等地方，在农历二月初九至十九举行为期四天的"军坡节"；儋州民间在中秋节举办调声对歌、儋州山歌比赛和"赏月"等项目。

二、乡村聚落景观空间类型

（一）宅院景观空间

海南乡村宅院多由前后成列的多组建筑组成，建筑将宅院空间自然划分为多进院落。宅院入口的前庭多为种养空间，以种植蔬菜为主，也种植花草、果树，成为宅院享受自然、调节心情的特色景观空间。后庭多为

以自然石块矮墙堆叠成大小不一，圈养猪、羊、牛等牲畜的空间，很少作为休闲纳凉活动空间（图5-3-8、图5-3-9）。

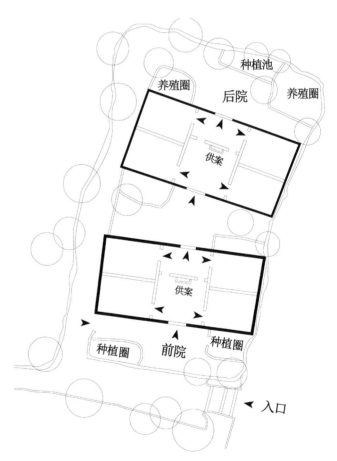

图5-3-8　海南乡村宅院平面示意图（来源：杨定海 绘）

图5-3-9　海南乡村前庭种植景观空间（来源：杨定海 绘）

（二）公共市井空间

海南乡村公共市井空间成为村民主要的日常休闲景观空间。公共市井空间自然散布于聚落中，并以不同的形态出现。巷道的转角旁，相邻宅院的错落边，地形的变化等都能形成村民集聚休闲的公共市井空间。

1. 以村中散落的大榕树为核心而展开的空间。榕树下散置自然石块作为坐凳，三两棵树上系挂吊床形成纳凉和闲谈的景观空间；或依此形成老少皆宜、较大的公共活动空间。

2. 以村中饮水井为中心，形成取水、洗菜、洗衣等活动空间；空间使用目的和人群明确，具使用时段性。

3. 因地形变化或宅院错落等而在宅前屋后形成的空间，多用来种植蔬菜或果树，兼放养鸡鸭等家禽，且常作为傍晚休闲空间而被多家共享。其不同于农田景观空间，休闲性劳作营造的轻松气氛常引发多元化的人群活动，如群聚聊天、小孩与家禽追逐嬉戏等乡村趣味性活动（图5-3-10、图5-3-11）。

（三）村庙景观空间

海南的乡村中均有村庙，规模较小，格局基本相同，多由入口门屋、过厅、主屋组成。庙前对称或散植榕树、菠萝蜜等乡土树种，树荫空间较自由，规模大小随地形而定，树旁自然放置石块等坐凳。树荫空间中最大的树木常成为许愿树，常被红色的许愿丝绸装点，树前常开展焚香烧纸等祈愿祭祀活动。正对庙门的是戏台，长度与村庙相同，平时常作为小孩游戏空间（图5-3-12）。每逢庙会上演本土戏剧时，庙前树荫空间既是集中祭祀仪式空间，又是村民看戏、凑热闹的民俗体验空间。

（四）农田景观空间

海南岛聚落大多数分布河流的沿岸，良好的水源造就了这里发达的水稻业。更独特的在于稻田区域河道丰

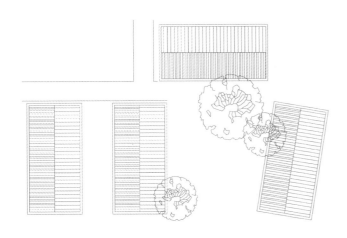

图5-3-10　乡村公共市井空间平面示意图（来源：杨定海 绘）

图5-3-11　乡村公共市井空间示意图（来源：杨定海 绘）

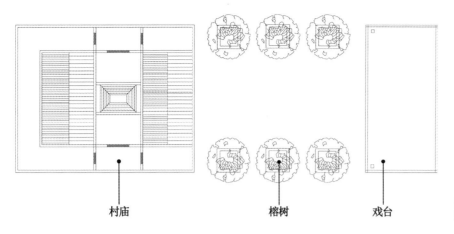

村庙　　　　　　　榕树　　　　　　　戏台

图5-3-12　海南乡村村庙景观空间平面示意图（来源：杨定海　绘）

富、蜿蜒交错，沿线分布较多自然灌林植被群落，将稻田自然划分成许多小斑块。每个稻田斑块内地形起伏相对较大，使其呈现微梯田格局。河流交错冲击，或露出个别卵石，或在稻田中形成分散布局的较小土丘岛屿，其上自然生长灌林植被或被人工种植椰林等，形成劳作间隙休憩的场所。由河道—灌林群落—稻田—土丘椰林共同组成的自然斑块状稻田格局已成为围绕海南聚落独具特色的农田景观空间。

三、乡村景观空间建构的思想渊源

海南乡村景观空间建构是海南人对地域地形、气候等自然环境的理解以及传统文化感悟的融合，最终形成海南乡村智慧，景观空间正是集中体现了这种地域智慧。

（一）生活环境的智慧调适

1. 防火、防潮、防台风

海南聚落规模较小，周围植被密布，聚落与自然的有机融合大大降低了火灾的发生。临水而居或者保持相当数量的自然水塘等也是出于防火的考虑。雨量充沛，气候炎热，居住环境潮湿。海南聚落针对防潮的主要措施就是保持通风。居住建筑前后对正，厅堂相通；宅院间冷巷相隔，聚落周围水塘相伴，既保持风道畅通，又通过建筑与自然间的冷热环境创造"冷湖"效应，以保持环境自然凉爽。通畅的风道自然有利于台风通过，巧妙的是聚落周围的灌林植被已然成为防止台风的第一道防线。聚落低矮的建筑、厚重的用材成为防止台风的关键措施（图5-3-13）。

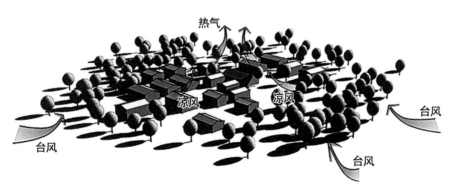

图5-3-13　聚落小巧松散，亲近自然，舒爽宜人（来源：杨定海　绘）

2. 安全防卫

海南乡村为多元化族群建构，相对封闭的聚落环境成为聚落景观空间的首选。在地形回环、偏僻的地域选址建村，远离交通要道是聚落安全防卫的首要考虑。低矮的建筑群掩映在自然环境中，围村的密林成为村落的"软城墙"。聚落分散布局，自由灵活，便于遭遇危险时的疏散。厚重的建筑也具备防卫的基本功能。

（二）自然而为的闲淡观念

海南乡村景观空间的自然而为与其自古地域文化思想的发展相辅相成。由于海南岛地处边疆，交通闭塞，信息不畅，传统的儒家文化及礼制要求在海南岛逐渐淡化。长期与自然为伴、生活无拘无束等因素造就海南岛自由闲淡的生活习惯，也奠定了海南乡村景观空间的自然闲适基调。

海南乡村聚落掩映于层层绿荫之中，布局小巧，形成许多公共活动空间，处处散发自然而为的闲淡情感，解决了居住环境所面临的种种困难。

（三）传统居住空间的追忆延续

中国传统儒家文化强大的包容性使其在各地域聚落中以不同的形式延续和生长。海南岛是多族群迁居地，主要移民来自闽粤，各族群携带原住地传统文化。海南乡村聚落居住建筑群仍遵循基本的宅院递进、聚合而居的传统格局。单个宅院多由三开间主屋前后对正，前低后高，层次递进；建筑群由单个宅院左右延伸拓展。住居群中心或重要位置布局家祠或村庙，宅院空间幽深而宁静，空间组织传承儒家礼制秩序。

（四）自然优先，尊重自然为本源的景观空间理念

海南乡村一般规模较小，居住建筑群简单且紧凑，多随地形呈扇形布局。建筑群、街巷之间多分布公共空间。公共空间随建筑群相互交错或地形变换而设置，错落而自然。扇形居住景观空间外围密布果林、灌林等生态林地，向内则多围绕草地、水塘、菜地、农田生态系统。

扇形圈层式布局表明传统聚落有意识地保留聚落外围密林，形成天然屏障，既可阻挡台风，又能形成绿地"冷湖"效应，增强通风，降低聚落温度。聚落形态布局多借自然地势，顺坡拓展成扇形梳式布局，朝向小气候风向；也可有效利用聚落周围自然水体，或在村落低地人工开挖水体，形成"林包围村，村顺着坡，坡脚开塘"的"林地 — 聚落 —水塘（水田）"的布局结构，既解决了防风、通风、降温、排水等问题，还可利用水塘养鱼。

与内陆传统聚落空间核心以祠堂为具体物质载体置于聚落中心不同，海南乡村景观核心更多以"绿地"为核心，是生态自然空间。这种以"自然"为核心的布局方式，和合之美自然而成，传达的是海南人以自然优先，尊重自然为本源的景观空间理念。

第 六 章

聚落的营建思想及审美

第一节 聚落的营建思想理念

一、聚落营建模型——"外闭内畅，合聚而居"

琼北传统村落主要居住着来自于闽、粤等地的移民，在海南建村之始就已经积累了原住地建村的实践经验，携带原住地的文化传统及生活习俗。面对海南岛相似又有区别的地理及气候自然环境，他们对原来建村模式进行了智慧的调适，彰显了琼北传统村落营建思想的内核——"外闭内畅，合聚而居"。

土楼、围龙屋是闽、粤等地区人们熟悉的客家人居住方式，其封闭的外部形态，开敞的内部结构布局，能很好地解决陌生环境中的生存和繁衍的问题。迁入琼北的闽、粤"客家"移民面对新的环境，首先要解决自身的安全，在营村之始自然采取了原先熟悉的村落营造模型思想——良好的外部防卫和通畅的内部交流。

然而，海南琼北地区的地貌、气候及生活居住环境与闽、粤有较大差异。从表6-1-1中可知，琼北人聚落面对的问题与闽、粤客家人有所不同。地形和气候的差异界定了解决自然环境问题的侧重点。临海的琼北地区海陆风强烈，为通风降温提供有利条件，但对于防火却面临困难，而台风的袭击又是对建筑安全的极大考验；强烈的日照对建筑采光和遮阴有不同的要求。人口稀少及相对较富足的土地资源，使得迁入人群与当地人群矛盾较少，建村具有相对宽松的外围社会环境，"防卫"的要求相对弱化。因此，琼北迁入人依托迁入地基址资源，细致审视客观条件，对曾经熟悉的土楼、围龙屋等聚居营造模型从聚落形态、建筑布局、建造技术等方面进行了巧妙而智慧的调适，彰显海南地域特色。

琼北人村落建筑群借鉴闽、粤居住模式，仍以家族聚居为主。以祠堂或村庙为村落布局重心，但宅院建筑组群布局已简单化。宅院建筑群以简单的三开间建筑为单元，呈单列多进布局。宅院间多列成组，以自然巷道过渡，交通相对松散和便捷。村落建筑群外围多火山石砌围墙环绕，再以茂林屏蔽，留较小村口，陌生人极难发现聚落所在。与闽、粤聚落相比，安全防卫不再是村落的主要问题。在琼北村落整体厚实的防护结构以茂林替代之，较小的村落规模，依托茂林坡地或平地建村，辅以简易火山石砌墙，外围密植层层绿林，自然隐秘地解决了村落安全。

琼北聚落融入自然，外部借助林地进行防卫，内部建筑组群自然成列成组，整体呈现"外闭内畅，合聚而居"的地域特色（图6-1-1）。

闽、粤居住环境与琼北居住环境比较　　　　表6-1-1

	闽、粤客家人居住环境	琼北迁入人居住环境
气候	亚热带	亚热带/热带
地形	多山	平坦或缓坡、临海或近海
人口	稠密	较稀少
植被	繁茂、阔叶乔木	繁茂、灌林、多棕榈科
土地	稀缺	相对富足
材料	多土、木	多石、木
建造技术	较先进	相对落后
经济	相对较好	较差
传统文化	浓厚	相对弱化
主要解决问题	强防卫 通风降温、防潮、防火	通风降温、防潮、防火、防台风、防日晒 弱防卫

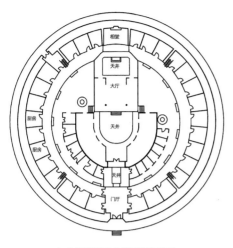 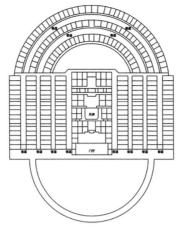 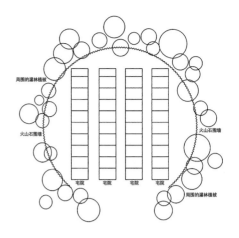

(a) 福建客家土楼平面结构图　　　　　(b) 广东客家围龙屋平面结构图　　　　　(c) 琼北人聚落基本结构示意图

图6-1-1　闽、粤与琼北聚落平面图（来源：杨定海 绘）

二、聚居物理环境调适——"顺应自然，简朴纯真"

（一）通风、降温、防台风思想

海南岛频繁的海陆风有利于日常环境通风，但遭遇强烈的台风会造成相当巨大的损失，因此，引入海陆风，防止台风是村落整体面临的首要问题。

就琼北村落整体结构而言，植物空间是影响通风、降温、防火、防台风等自然环境的主要因子。海南岛较小的人口密度使得琼北传统村落布局相对分散，规模较小，村落营建有足够的土地空间，因此村落外围能保留或种植大量植物群，其规模多是村落居住建筑群的3~4倍面积，多为椰林、果林或野生灌木林；而村落内部建筑围合的公共空间中植物则多以孤植或散植为主，庭院内部只在前院种植少量观赏果树或花卉。村落的植物空间整体表现为外围植物紧密，村落掩映在浓密的树林中，内部植物空间松散，建筑群敞开于四周空间中。外部植物空间既能成为防止台风的主要屏障，又能形成"绿林冷湖"，而村落内部建筑群形成的"建筑热岛"环境与之配合，此种结构"外堵内畅，交融更替"，既有效降低台风的影响，又增强了内部日常的通风降温效果。

琼北传统村落建筑组群多呈梳式布局。建筑组群纵向递进排列，形成多列笔直通畅的"冷巷"，利于通风，对村落内部通风降温极为有利。如澄迈县老城镇石礌村地势后高前低，村前有一饮马湖，全村各院落沿着小湖依势排列，是典型的"梳式结构"布局模式，村前湖水成为村内居住空间凉风的主要交换源。石山镇儒豪村内部建筑群体呈多进式院落梳式布局，外松内紧，七行排列，巷道笔直通畅（图6-1-2）。因地形复杂，琼北传统村落也出现因地制宜、自然而居的传统村落。如石山镇荣堂村居住建筑组群院落大小不一，随地形自然布局。村落空间沿树枝状道路向纵深发展，自然消失在村后茂林中，复杂的坡地会在海陆风的基础上形成山地风等多风向的气流，建筑组群的树枝状布局形成了多方向的"接纳"空间，也有利于居住建筑群整体环境的通风降温效果。

就单个琼北院落布局而言，常采用单列多进式布局，各进院落间正房厅堂前后正中开门，且前后对正，厅堂中间无隔板遮挡（除供奉祖宗厅堂外），多进之间畅通开敞，在院落间形成自然风流通。这种布局方式通风极好，对厅堂及两侧房间降温效果明显。

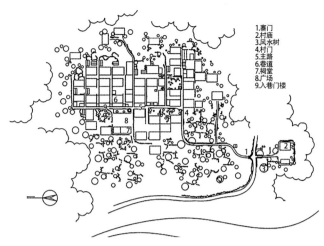

图6-1-2 儒豪村总平面示意图（来源：杨定海 绘）

1.寨门
2.村庙
3.风水树
4.村门
5.主路
6.巷道
7.祠堂
8.广场
9.入巷门楼

琼北传统村落单体建筑基本为单层三开间。为利于屋内降温，单体建筑进深较大（正房进深一般7.8米，有的达到12米），墙体采用火山石砌筑，厚度可达36～50厘米，前后正房之间庭院间隔3～4米。为防止台风，建筑屋檐低矮，屋脊用火山条石压顶，檐墙开小窗或者不开窗。琼北传统村落建筑防风降温建造技术简朴实效：①屋顶采用双层瓦设置通风间层，一方面利用通风间层的外层遮挡阳光，使屋顶变成两次传热；另一方面利用自然通风，带走进入夹层中的热量，白天能隔热，晚上易散热。但双层瓦屋面，容易被大风吹翻，因此多在檐口部位的双层瓦屋面上用几层条砖压住瓦面。②墙面采用大小不一的火山岩自然面干砌，相互咬合，层层累叠，形成的细微缝隙补充了室内部分的透光及通风的需求。③山墙面沿脊顶留置间距30厘米，直径10厘米通风口若干，有利于室内热空气流出，冷空气补充，达到室内通风降温目的。

（二）防火思想

海南岛气温较高，防火至关重要。村落防火体系由三部分组成：①建筑采用"外石内木"的方式，将木材外露的部分降到最小，不设窗或设小窗，窗榠靠内安装，建筑出檐较短，即使设外廊，廊柱也多采用火山石砌筑，极大地降低了火灾发生的可能性。②建筑群体间由冷巷间隔，其中一行宅院失火，相对影响周围宅院的可能性降低。同时，冷巷也成为紧急救火时的便捷通道。③设置储水水缸。户户储备多个水缸储水，既可满足平时生活用水，也可作为紧急救火水源。

（三）排水、防潮思想

琼北村落多依山面水而建，平地建屋则地基前低后高。村落布局多村后为山，村前为田地或池塘，通过地势巧妙地将多余雨水引入村前田地或池塘，既可田地补水又可储水养鱼，整体布局自然解决村落排水又利于防火。

居住建筑内部以火山岩做36～50厘米的地基层，木构件置于其上，火山岩细密的孔隙自然达到防潮目的。琼北传统村落以绿护村，呈列布局，屋巷通畅，建筑低矮，材料自然，用料厚重，构造巧妙等综合的思想及技术造就整个村落居住环境体系适应台风、通风、降温、防潮，将地域气候环境及当地建筑材料融合，顺应自然，简朴纯真。

三、聚居社会环境调适——"拒外纳内，隐忍闲适"

琼北传统村落多为闽、粤汉族迁入建成，来源复杂，异地建村及族群聚居的原因，其人际交往及村落之间仍奉行对外防卫，对内交融的思想。

（一）防卫空间

村落选址一般不紧邻主要道路，而采用较长的入村小路与外界道路沟通。为了安全需要，一般只设一个村口，并栽种大量灌木植物，村道掩映在茂密的植物之中，陌生人很难发现，即使发现也不敢轻易进入。例如石山镇儒豪村围绕村寨围砌火山石寨墙，将村落紧紧包围。设置两重门关，沿寨门入村的道路较窄，两旁密林掩映，蜿蜒曲折，到村落的建筑群口设置村门，狭小坚固，门框用加厚的整条火山石修筑，坚固异常。

琼北传统村落多为家族聚居发展而来，建筑群多集中布局，以祠堂为中心，内紧外松。以儒豪村为例，村庄核心院落成行聚集排列，祠堂处于村落核心区，周围建筑面向核心区布局，成团块聚合护卫状分布。

村落宅院虽属一家所有，但宅院每进庭院用石墙围护形成单独空间。宅院入口门楼厚重，多进院落依次进入，最深院落正屋设置祖宗牌位，级别最高，最为隐秘；或宅院设一个独立的入院巷道，巷道位于宅院的一侧，联系多进院落，沿巷道设置多进巷门，每进庭院面对巷道设置侧门，层层设防，私密性极高。

（二）交融性空间

琼北传统村落整体形成层级防卫的体系，即由内到外防卫性逐渐突出，而在村落内部及家庭空间中则保持相当自由的交融空间。

村落的交融空间由村口广场、巷道节点、院落庭院、正屋堂厅组成。村口广场往往以村庙或祠堂与戏台相对布置，间植几株榕树等，中间形成广场，作为全村人交往的集体性活动空间。巷道是院落间进出的主要通道，在巷道口或巷道拐点常设置水井，成为部分院落间人群交流的常用空间。院落庭院、正屋堂厅是家人及友人交往的主要空间。庭院乘凉或厅堂会客不亦乐乎。

紧邻的院落间自然形成巷道分隔的模式，各家人不用走出巷门而直接通过每进庭院的巷道间侧门自由往来。宅院内家人通过穿越厅堂的纵向系统交流；宅院间则通过面对巷道的侧门横向系统自由交流。

（三）空间的层次性与秩序性

琼北传统村落入村道路由三部分组成：入村小道、村落道路、宅院道路。入村小道隐秘，曲折婉转；村落道路清晰简洁，兼顾安全；宅院道路丰富通畅，交流便捷。

以儒豪村为例，入村小道曲折徘徊，道路两侧火山石分隔的田地中多种植果树，间有杂灌木，种类丰富，植被茂密。整个村落"不到村口不见村"，这正反映了迁入民族的"客家"保守防卫思想。入村门后风格完全转变，村落道路主要由一条南北向主路，五条垂直于主路的支路组成，呈梳式布局，中规中矩，清晰简洁。主要支路伸入院巷，由沿巷整体排列的院墙、门楼或山墙与围墙围合而成，狭窄而富有变化；外围支路稍有宽窄变化。沿村巷道的火山岩墙体厚重且高大，每个巷口设置巷门或门楼，门框用大型火山岩砌筑，防护性极强。宅院道路系统却异常丰富。宅院道路由入户巷道作为宅院干道，由巷道再进入每进庭院；每进庭院通过由前后贯通主建筑正堂连通，即每个宅院内部形成两条纵向交通。宅院与宅院之间由巷道分隔，各宅院每进院落都向巷道开侧门。这样整个相邻的多座宅院内部互相连通，四通八达，交流非常方便。

宅院建筑虽然用材简陋，朴实无华，但建筑空间仍表现出传统空间层次和人伦秩序。宅院建筑群以正屋为主，中轴布置，正屋三开间，中间厅堂，两侧居室，厅堂前后开门对正。厅堂面向庭院前后开敞，居室由厅堂开门，相对封闭。辅助建筑"横屋"左右均衡布局，建筑群主次分明。

空间的使用表现出明显的层次性，即呈公共性（大门入屋再经客厅）逐渐过渡到私密性（卧房）的渐进式空间序列。这种主次有别、层次分明、注重整体美的建筑群布局方式，符合中国传统美学观念。

空间防卫性由外向内逐渐减弱，交融性逐渐增强，也表现出明显的层级性。村落外围，防卫严密，交融空间使用频率较小，而越靠近家宅，弱化防卫，交融空间使用频率越大，交流越自由。

琼北聚落空间无论从防卫、交流、使用等方面均遵循"拒外纳内,隐忍闲适"的原则,彰显琼北人的地域生活特征。

四、营建思想的渊源

(一)气候环境造就地域特点明晰

琼北村落建筑群茂林掩映,建筑低矮,墙体厚重,屋顶建构双层瓦顶,正屋通风空间对正,采用冷巷隔离,外石内木等建筑特征都是针对热带和亚热带自然气候环境而智慧地解决人居所面临的通风、降温、防台风、防火等基本环境需求。

就地取材,拙朴技艺,更彰显了琼北村落的地域特征。建筑采用当地灰黑色自然火山石砌筑,造型朴素简单,装饰构件丰富,屋脊、门楼、巷道灰塑色彩沉稳,淡雅古朴,缓冲了刺眼的阳光,多孔的火山石建筑透气又能自然调节气温,环保节能。

村庄规模小巧,布局自然有序,古木绿树环绕。儒雅淳朴,地域特点明晰。

(二)文化交融承袭传统文明

琼北古村由迁入的汉人营建,在漫长建设过程中,从选址、营建到生息繁衍,将汉族传统的家族聚居思想与当地地域环境相结合。在村落选址布局、建筑群布局、道路系统、材料、建造方法等方面既表现了传统的聚居思想,又结合地域生存环境将严谨封闭的聚居方式改造为较为自由松散的聚居方式,表现出智慧的防卫思想,强化了生活环境中的自然要素。

第二节 聚落的营建特点

一、"多源融汇":海南传统聚落的共性

(一)传统聚落空间形态结构的"多源"认同

海南岛的开发历程中明显的特征是人员构成复杂及人群流动性大。来自不同地域的人群在不同的时间逐渐聚集在海南岛,并在相当长的时间内人员在岛内持续流动。这种特征决定了海南岛各民族及不同民系在开始进入海南岛时是具有不同的文化、经济、社会、思想观等,即各种因素构成的"多源渊源"。然而,当这些因素处在一个相对密闭的空间中,具有相同的聚居环境,并组成同一个经济、社会圈层,彼此逐渐认识,相互影响,相互交流,相互交融,"多源融汇",逐渐会产生基本的认同。

这种基本的认同是建构在同一个生存环境中。在这种整体环境下逐渐形成了适应自然环境、因地制宜、承祖尊礼、避世隐忍的聚居思想和以原真、和合、正统、逸静、致用为美的审美观。

黎族分为哈(僷)、杞、润、赛和美孚五个支系,不仅五个支系的服饰不同,且各支系内部,因居住地不同或分为更小分支,亦有一定的差异。但就黎族传统聚落而言,聚落构成的基本型表现为"一"字形船形屋。"一"字形船形屋的绑扎、支撑等建造技术、简单的矩形空间形态、单一的内部结构以及茅草、竹棍、黏土等建造材料无不表达出上述所形成的基本认同。

汉族传统聚落基本构型由一明两暗三开间正屋、侧边横屋、路门及院墙形成基本的院落。这种构型的院落也是上述基本认同的体现。这种基本型与其他地域的基

本型存在明显差异。整体院落形态并没有呈现中原对称规整的布局，而是以不对称均衡处理的方式，将居住、辅助功能明确划分，表达实用为先的原则，它封闭的院落及三开间正屋表达了家族聚居的正统文化传承，旁侧横屋展现了务实、致用的思想和审美。整个架构单元所使用的砖石、木材等材料及简易的穿斗及抬梁结合的建筑结构，也表达了彰显原真、逸静的特点。

黎汉虽是不同民族，处在不同的聚居区域，拥有不同的民族文化，具有不同的聚落基本构型单元。但就聚落空间形态结构所表达的营造思想及审美观的基本内容是相同的。

（二）传统聚落空间形态结构"多源认同"的表达

因为有对传统聚落空间形态结构共同的多源认同，因此，海南岛的传统聚落表现出很多相同的共性。

1. 聚落选址：无论黎汉传统聚落，都遵循基本相同的选址原则，亲近自然，融于自然。黎汉聚落选址基本表现为植物茂密，水源充足的山岭谷地坡脚，或是河网密集，资源丰富的微地土丘，既要通风、近水，又要防风、防潮、防水；聚落选址注重安全需要，远离交通干道等。

2. 黎汉传统聚落都表现出聚落规模较小、分散布局的特点。客观的原因是较少的人口密度；人口来源复杂；生产力落后，生产成果的供给能力有限，不能供养人口规模较大的聚落；交通方式、交通工具及交通系统限制聚落规模大小；出于安全防护的需求，较小的聚落便于隐藏；落后的"刀耕火种"生产方式，民族矛盾以及人口扩张与局部土地供给的矛盾等常常导致村落频繁搬迁；气候燥热，湿润，村落需要通风降温等。这些共同的客观原因使得对传统聚落空间形态结构形成规模较小，分散布局的多源认同。

3. 封闭的聚落环境。对于黎族而言，自从汉族迁入，便从海南岛原先的主宰者一步步退居深山谷地，过着逃避隐居的生活。因此，黎族传统聚落常密林环村，溪水相伴。汉族虽然相对黎族为强势民族，但迁居海南岛的汉族本身是在内陆地区被排挤、被压迫的对象。加之，迁居海南岛的汉族来源复杂，多是不同地域的小家族迁入，并在岛内持续流动。因此，寻求避世、隐忍的心理以及小区域杂居的现实，为了寻求安全，都决定了采用封闭的传统聚落。汉族传统聚落基本都远离交通干道，隐藏于茂密的林地中。

4. 质朴的建筑风格，古拙的建筑工艺。黎汉传统聚落选用木、竹、茅草、泥土、砖等自然材料建造，表现自然材料的本身质地和色彩，基本未做多余的装饰。即使出现装饰，亦表现出手法粗糙、技法古拙。如，黎族茅草船形屋是仅通过绑扎、支撑等简易工艺完成，基本满足居住的建筑；琼北火山石村落，仅通过将火山石敲打成块，自然垒叠的方式建造住屋。墙体参差不齐，处处留缝，技艺简陋可见一斑。即使是最为精细的砖木建筑，也仅以常规砖块砌筑，而未有精细的装饰，即使在内地传统建筑中受到特别重视的檐柱柱墩，也是如此。

海南传统聚落"多源融汇"的特点主要是因三方面原因造成：一是，优越的自然条件，提供良好的聚居环境，使得聚居较易获得自然的庇护及恩赐。而生存于此的人们也安逸于享受自然；二是，无论黎汉人民，生产力都处于较为低下的水平，在依赖自然的情况下，主要关注于满足基本生存、生活的物质条件，还无暇顾及聚落规模的扩张以及聚居环境的文化享受；第三，海南岛黎汉文化本身发育迟缓，且存在多种源流。没有强势文化群体的整合，较难形成系统的地域文化。各种文化在低层次的自然观、物质观层面较易形成共识。因此，海南传统聚落在与自然环境的协调以及所展现的聚落空间形态的原真、和合、逸静、致用之美等方面具有相当高的认同度。

二、"和而不同"：海南传统聚落的个性

（一）汉黎传统聚落之间空间形态的"多元个性"

黎汉聚落在海南岛共同的聚居环境中以及各自文化、经济、社会、思想观念等的影响下，既形成了双方认同的基本思想和审美共同点，也坚持了本民族的特有文化传统。因此，在聚落空间形态上表现出"多元个性"。

黎汉传统聚落空间形态虽然都表达着原真、和合、正统、逸静、致用之美，但黎族的船形屋与汉族的砖瓦建筑形态个性明显不同。这里仅以水为例，分析黎汉民族对聚落空间布局的理解，尤其对自然环境的认识和利用。

无论黎族、汉族的生活都离不开水的存在。水既解决了生活饮用需要，又满足了生产甚至交通的需要。因此，黎汉都选择了与水为邻的聚居环境。但由于所处地域水环境不同，形成了不同的对水环境的理解和运用。

汉族聚居于环岛的滨海平原，河流入海口，水网密集的区域。聚居选择临海、滨江、滨河等区域，这些区域地形平坦，土地面积宽敞。较大的水面限制了聚居过于近水而产生水患，居住与水有段距离，水与聚落的空间格局表现为：水边植林，林边修田，田后建屋。水被作为布局聚落空间的依据，聚落常面水而居，沿水岸线带状布局。这种布局方式中，水被作为调节聚居环境的重要因素。面水布局可最大化拉近水与聚居的关系。水面不仅成为满足聚居生活系统的用水、排水等需求，同时也成为调节聚居地局部小气候的主要手段。沿河带状布局也便于聚落的规模拓展。广阔的滨河腹地利于聚落稳定发展，以及聚落布局的多样化方式。汉族对滨水环境的优势理解常常促使其在无水环境下时，尽可能人工创造滨水环境。如汉族常在可能的条件下，在聚落前人工修建水塘。

黎族聚居于深山谷地。聚居地多为溪水、泉水等，水面较小，水量有限。水成为黎族不可或缺的日常资源。因此，黎区流传"无水不黎"，充分说明了水对黎族的重要性。虽然身居山地，但常临水而居，这种聚居方式明显不同于汉族近水而不临水的方式，黎族临水是指近距离接触。黎族聚落常紧邻山溪或跨山溪而建。如，东方市感城镇陀头村、上下振兴村、江边乡白查村、昌江黎族自治县王下乡洪水村等都是如此。深山谷地中，平地较少。山溪旁相对而言地形较为平坦，但多为小块存在。这种环境下，黎族早期采用干阑式居住方式，建筑架于水上，便于用水及排水。上下不便的交通使得高脚船形屋逐渐改为地上船形屋，但仍居于水旁平地。狭小的地域环境决定了黎族聚落建筑以单体船形屋为主，聚落规模较小，分散布局。

（二）汉黎传统聚落内部空间形态的"多元个性"

海南岛汉黎传统聚落内部由于所处的环境特点以及聚落本身的发展历程不同，也表现出多元化的个性。

在黎族简洁单一的茅草船形屋聚落中也存在多元化的聚居方式。既有东方市江边乡白查村平地组团式聚落形态，全村粮仓集中布局于聚落一角；也有东方市感城镇陀头村山地沿等高线分散布局，各家粮仓单独邻近住屋布局。在哈（侾）、杞、润、赛、美孚不同分支中，既存在高脚、低脚、地面等多种类型船形屋，也存在纵向式金字屋和横向式金字屋的类型。

汉族传统聚落在海南岛占有绝大多数，主要分布在环海平原。由于地形及地质构造的影响，各地汉族传统聚落与建筑空间形态上存在多元化个性。

琼北地区是海南岛汉族聚居最为集中，文化传统最为深厚的地域。传统聚落从选址就注重"风水"，注意选择自然环境优美的地段，空间布局尽量做到"面水背山"。因此，常见的布局为地势前低后高，村前人工水塘，村后茂密树林。村落入口分布村庙或祠堂、戏台、古榕、土地庙、广场等。村落建筑群面水沿坡呈梳式布

局，每列宅院正屋厅堂前后对正。村落空间形态结构清晰、规整、紧凑。

琼东南地区少数民族增多，汉族传统聚落规模相对较小。聚落选址注重自然环境优美，但并不刻意追求传统的"风水布局"，以适应自然环境气候为主要原则。村庙或祠堂、戏台、古榕、土地庙、广场等并不是村落必备要素。家族聚居逐渐淡化，聚落基本构型单元变小，空间形态相对松散。

琼西南昌江、东方、乐东等地区黎族成为主要群体。汉族聚落已基本成为小家庭聚居方式，聚落单元主要成为家庭院落。其拓展方式不再是以列纵向拓展，而是家庭院落横向并联的拓展方式。部分汉族聚落或者黎族汉化的传统聚落表现出明显的分散布局方式，聚落没有组织空间的核心要素和公共要素。显然，汉族传统文化已较少保留于聚落中，更多的是务实、致用的思想和审美原则的体现。

海南岛地形及气候环境的差异决定了传统聚落空间形态个性的差异。琼北火山地区的火山村落不仅火山材质独特，其自然石块累叠的建筑建构方式和缺少横屋的村落建构方式也体现了适应石质材料粗犷、简洁、质朴的特点。琼北及琼东地区砖瓦房砖材砌筑精美，裸露的墙体清晰地表达了砖材清雅、逸静的美观。琼西南炎热气候环境下，砖材表面涂白，檐廊加宽的做法彰显了务实、致用的特点。

即使同一地域，村落有很多相似的特征，但也会因环境特点及聚落人员构成的不同而产生多元化个性。儒豪村与荣堂村是海口市石山镇火山地区的两个古村。

虽然儒豪村与荣堂村在聚落选址上都遵循以火山为背景，临水入村成为基本的模式。也注意讲究"不到村口不见村"，村落入口隐蔽的特点，以及村口前以溪流、广场为基址前景，形成开阔平远的视野，村落公共建筑常分布于此，如戏台、村庙等琼北传统村落形态结构的共性。

但荣堂村随家族繁衍聚落逐步建村的"自发"方式

不同于儒豪村四兄弟同时建村的"自为"方式。荣堂村地处火山脚下，呈缓坡地势，从村落入口"自发"建村，随着人口的增多，居住空间的需求，以"树木生长"的方式，自然拓展形成村落形态。儒豪村地势较为平坦，建村空间较大。四兄弟建村的"自为"方式表现出清晰的行列式规划结构。建村之时，就已经清晰明确了村落将来的空间形态结构。村落拓展是沿着起初规划的格局拓展。

就道路系统而言，琼北羊山地区的传统村落规模较小，布局紧凑，村落道路系统简单，由一条基本的主干道组织交通。一般由村门进入后即为村落主干道，再由主干道分枝次路进入各家各户。但不同的村落形态在组织道路交通中必然存在差异。如荣堂村道路系统整体呈树枝状分布，村落建筑分布相对较自由，院落没有完全按行列布局，规模大小不等，院落间以村落公共的巷道分隔。儒豪村主要建筑群排列整齐，规模基本形同，院落间以进入门楼的私家巷道相互分隔（图6-2-1）。

三、"原真质朴"：海南传统聚落的特性

（一）自然而为，真实淳朴

"原真质朴"首先表现为享受自然、放松生活的聚居方式。无论是海南岛黎族还是迁居进入的汉族，虽然曾经是将自然环境作为庇护的要素，但随着民族关系的改善，这种方式都逐渐转变为一种享受自然、放松生活的聚居生活方式。海南岛闭塞的环境、落后的经济、迟滞的文化都使得这种生活方式没有受到过多外来多元文化的熏染，而是在无拘束的状态下，以关注自然的视角聚居，以自我发展为主，享受自然环境带来的聚居乐趣。这种生活方式是纯粹建构在人与自然环境长期和谐共存基础上的"原真"的生活方式，因此，其聚落空间形态结构所散发出来的是"和合、逸静、致用"之美（图6-2-2）。具体表现为：

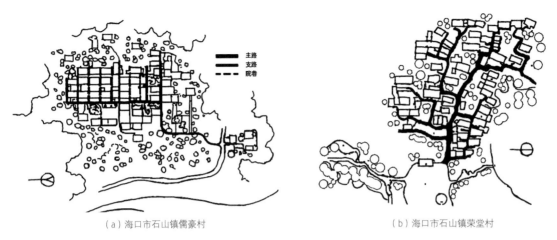

（a）海口市石山镇儒豪村 （b）海口市石山镇荣堂村

图6-2-1 同一地域不同环境下的村落道路系统比较（来源：杨定海 绘）

图6-2-2 掩映在自然环境中的传统村落（来源：杨定海 绘）

1. 聚落与建筑空间形态中对自然环境的珍视。相当多的聚落，其空间形态结构是以自然环境作为组织空间的核心要素。在黎汉传统村落中，无论庭院、祠堂、庙宇等空间中，都会刻意地保留或者栽种绿色植物。因此，海南传统聚落全部掩映于自然环境之中。从某种意义上讲，自然绿色并不属于聚落空间形态的组成部分，而是绿色空间包含聚落形态。

2. 聚落与建筑空间形态对于自然环境的"原真"应对，"质朴"表达。海南岛湿热、雨量充沛、频发台风等气候环境以及粗糙、古拙的建筑建构技艺决定了海南传统聚落不可能将重点放于建筑的审美装饰，而是关注于如何应对自然环境的特点，营造适合人居的居住环境。无论黎族还是汉族传统聚落，在传统聚落选址、空间形态布局、建筑构造等方面突出根据自然环境对建筑进行调适。这种调适表现在，密林环绕聚落用以防风；

村前水塘用以排水、通风、降温；茅草、火山石建屋就地取材，隔热保暖等。而垒叠、砌筑、支撑、绑扎等简单的工艺实现了应对海南岛各种自然环境下的聚居聚落的要求。虽然海南传统聚落空间形态结构整体表现为原始、简陋、粗糙的特点，但正是这种"质朴"的表达方式完整、深刻地诠释了海南传统聚落空间形态结构的"原真"性。

（二）原真累积，珍稀遗存

海南传统聚落与建筑空间形态的"原真质朴"特性不仅表现在其不雕饰的天生丽质，还表现在其绝无仅有。

从海南岛开发历程的特点看，海南岛相对封闭的地理环境使其曾经成为逃灾避难，寻求稳定聚居的目的地。历史上历代的移民、官吏、流放者、经商者陆续迁入海南岛，并带进来各族群原住地的传统习俗和聚居方式。这些传统习俗和聚居方式成为这些人在海南岛建造传统聚落的主要参照依据。因此，大量的相关信息应用并沿袭下来。这与内陆地区传统聚落的营建历程基本相似。但海南岛四周环海，山、海、岛的地理屏障决定了其封闭性、保守性、滞后性的特点，使其具有了不同于其他地域的特点。在内陆地区快速发展，演变迅速，大量原始信息消失的情况下，海南岛则更多地保存了相对原真的历史信息。

在其他地区大量传统聚落消失，而海南岛却仍然保留相当多完整的传统聚落。这些传统聚落既涵盖了黎族延续上千年的原始船形屋，也有占据岛屿约四分之一面积的火山地区独特的火山石村落，更有代表海南岛传统聚居文化的琼北、琼东传统聚落。这些聚落在海南岛的空间布局，本身完整的形态结构，以及聚落空间形态结构中饱含的历史积累的原真信息和珍稀遗存，形成了海南传统聚落演变的清晰线索。

第三节　聚落的营建艺术

一、自然生态观——原真之美

海南传统聚落从一开始就扎根于自然。最先入住海南岛的黎族"……结茅为屋，状如覆盆，上为阆以居人，下畜牛豕。"清代张庆长《黎岐纪闻》中有关黎族住宅的详细记载："居室形似覆舟，编茅为之，或被以葵或藤叶，随所便也。门倚脊而开，穴其旁以为牖。屋内架木为栏，横铺竹木，上居男妇，下畜鸡豚。熟黎屋内通用栏，厨灶寝处并在其上；生黎栏在后，前留宅地，地下挖窟，列三石，置釜，席地炊煮，惟于栏上寝处。"从一开始，黎族住宅的建筑材料茅草、竹木、葵叶、藤叶就全部取自自然界，甚至其煮饭器具也是地下挖窟、置石等纯自然的方式。这种自然原真的生活方式一直延续至今，现在还保存一些完整的黎族村落，其居住生活方式仍以茅草船形屋为主体，不忍抛弃。

黎族的建筑及聚落方式一直延续自然原真之美与其长期的自然生存经验及形成的黎族文化中自然生态观密不可分。早先进入海南岛的黎族，在面对四面环海，中部密布森林的地理环境；潮湿、多雨、炎热的气候环境；烟瘴和毒虫野兽侵袭的生存环境时，智慧地借助自然之力，选择了构居室于木竹之上，形似鸟类一样离地而居的"巢居"方式。"考其所以然，概地多虎狼，不如是，则人畜皆不安，无乃上古巢居之意欤？"有些房屋"任其漏滴"和"日光穿漏"原其所以然，利在通风，不利湮窒。正是对于自然、地理与气候诸因素的认识和理解促成了其独特的居住形式。随着汉族的进入，黎族聚居区域逐渐退进深山谷地。这种环境中，不仅能获得建造住宅的便利材料，还能获得野果野兽的食物补给，得自然之利的黎人处在深山谷地环境中深得自然之妙。这种自然观不仅显现于黎族建筑材料的自然性，而且彰显于聚落的选址、形态布局、建筑结构等各个方面。

对自然万物的整体性、共存性成为黎族人对自然界的基本认识。自然界的空间是包容性的，万物共存是黎族人对空间使用的理解。只要拥有边界，空间内部各要素可以共存，不需要划分明确的区域。这种对自然界以及空间的理解是在生产力低下的条件下的本能认识。这种认识也反映人类对自然界及空间使用的原始方式，是对自然界及空间的原真性反映。黎族人将自然界作为一个整体来看待，聚落的存在不能破坏自然界的整体性。

因此，黎族传统聚落选址于自然山林谷地，以山林、水溪为界，因地制宜。聚落内部一字形船形屋依地形自由疏密分布。低矮茅草船形屋掩映于高大的阔叶林、灌木林、竹林以及椰子、芒果、槟榔、荔枝、菠萝等植物丛中。聚落融于自然，展现了自然生态的原真美。

黎族传统聚落力求建构一个整体性，各要素共存的自然生活系统。黎族村落"镶嵌"于自然界中，以一种谦逊的姿态与其他自然要素和谐相融。其建筑类型以居住船形屋、谷仓、牛栏、猪圈、菜地、隆闺等为主，基本没有与生活无关的建筑类型。聚落内部建筑布局以船形屋为主体，其余建筑围绕船形屋自由分散。整个村落多以分散、自由布局，看似无意识地嵌入自然要素中。聚落交通在地形允许下，以连接便利为原则，自然踩踏成形。各类建筑在聚落中央围合形成广场，成为集体休闲娱乐的空间。聚落建筑四周空地或外围种植蔬菜、圈养牲畜。黎族传统聚落建筑类型、空间布局等各项要素都是围绕其质朴、原真的生活展开。黎人聚落生活如陶渊明所描述的世外桃源："土地平旷，屋舍俨然，有良田美池桑竹之属。阡陌交通，鸡犬相闻。其中往来种作，男女衣着，悉如外人。黄发垂髫，并怡然自乐。"在这种聚落空间中，生活就是全部。所有的行为方式、行为目的都是为了单纯的生活。这种质朴、原真的生活是没有任何掩饰的，是来源于自然，融于自然的原真生活。

黎族人对室内空间的使用与聚落布局相似，从原初空间的状态出发，彰显空间的整体性和元素的共存性，在强调边界存在的基础上保持内部要素的共存。传统聚落船形屋以一个统一的空间容纳整个生活，将居住、煮饭、接待、储物融于一室。

黎族建筑结构更加直接地表达了自然界的原真之美。采用绑扎、木棍自然枝丫支撑等原真的工艺手法，使用茅草、木棍、黏土等建构建筑。由木骨泥墙作为围护墙体，竹条网架作为半筒形屋盖。室外茅草盖顶，泥墙维护；室内竹条、木棍结构裸露。

黎族人将这种自然生态观，以及自然的原真之美从古代一直延续至今。黎族传统聚落建筑始终保持着人类单纯、质朴、真实的生活状态。

汉文化有系统的自然生态观。道家学派的代表人物老子认为，万物源于自然且平等相处。他认为"道"是万物的本原，"道生一，一生二，二生三，三生万物。""人法地，地法天，天法道，道法自然。"道源于自然，因此万物也源于自然。老子把宇宙间的一切都看成是一个自然而然的过程，而人在自然面前应该做的就是"无为"，即尊重自然的自身规律，顺应自然的自在发展。老子之后的圣人庄子主张返璞归真。他认为"朴素而天下莫能与之争美。"朴素就是事物的天然本色、原始状态。儒家思想经过孔孟至宋形成成熟的"天人合一"的观念，认为人是自然的组成部分，人与自然是密不可分的有机整体，肯定了天与人、自然与人类社会具有统一性，并视这种统一性为和谐的最高境界。

自西汉汉族进入海南岛以来，汉族的聚居方式就逐渐成为岛内的主要聚居方式之一，并最终成为主流居住方式。来自中原大陆的汉族的聚居方式受到中国传统文化的熏染，也表达着对自然生态原真之美的认识。

（一）聚落选址自然和谐

海南岛汉族传统聚落选址普遍遵循选择有坡、有林、有田、有水、相对封闭的地理环境，且多布局于土地肥沃、人身安全、生活方便、风光优美之所。从现在所分布的地域、地理环境来看，进入海南岛的汉族选择岛内河流的下游平原作为聚落选址点，主要分布在南渡江、昌化江、万泉河、宁远河、珠碧江中下游流域及其支流流域。对于聚居小环境，则注重避风防水、山环水抱、绿林荫蔽，自然生态环境良好的吉地建村。这种选址原则即是对自然和谐，原真、质朴之美的追求。

（二）聚落建筑因地制宜，因材施建，彰显本色

受海南岛中南部高，四周低的圈层式地貌结构以及北部火山喷发的影响，形成了岛内各地不同的气候环境和地质地貌。地处各地的汉族传统聚落根据各地域的实际情况，因地制宜，因材施建。琼北地域被火山岩覆盖，木材、土壤缺少。与黎族采用茅草、藤条、木棍等自然材料建构建筑相似，传统村落的建造自然选择了火山岩作为材料。火山岩遍布了海南岛北部和西部的海口、琼海、文昌、定安、澄迈、临高、儋州等7个市县以及洋浦开发区的广大地区。这些区域存在相当多的火山村落。数百年来当地人就地取材利用火山石，建成了这些石头村，墙壁、道路、院墙、墓地等都是取材于火山石。这是一个火山石的世界：石门、石屋、石路、石墙、石井、石洞、石磨、石盆、石池、石臼等，触目所及的建筑、生活、劳动用具，都是用火山石为材料制成，火山石已成为一种生命元素，深深地根植在古村的肌体中，烙上了抹不掉的印记。这些村落无论形态还是生活仍然保留着原生态的方式，充满着原真、质朴的美感。

材料原真性的表达最为突出，除了黎族船形屋、琼北火山石头村，其余海南岛的传统村落基本为砖瓦建筑，大部分表现为青砖墙体，未作装饰，直接表达了材料本身的真实美感。另一方面，村落色彩也是如此。无论茅草船形屋、火山石头村还是青砖瓦屋都是以材料本身的色彩为主，未做过多的修饰。因此，海南岛的传统村落总是呈现出黑灰、褐黄自然的本色，与周围环境融为一体。

二、因地和顺观——和合之美

因地和顺即和谐，"天人合一"。和谐之美是所有传统聚落的基本特征。无论聚落的选址、聚落格局，还是聚落形态以及建筑结构，都体现出和合之美。这是中国自然气候环境中孕育的各民族基本品质，也与中国传统文化息息相关。

人类起源之始，自然地理环境对人类的生存活动起着决定性的作用。这种作用直接反映在人类群体的谋生方式中。黎人最早出现在海南岛土地肥沃，雨水充足的地域，丰富的各种植物资源把黎人寻找食物的方式引向植物采摘，狩猎，利用茅草、木材建屋。

黎人选择了与自然环境和谐共处的生存方式，并且一直延续至今。黎族人的因地和顺观是在与自然环境长期的磨合中形成的，虽然未形成系统的思想观念，但自然对生活的深刻影响已使黎人客观上对自然充满感情，并以因地和顺作为基本聚居原则。

黎族传统村落多处于深山谷地，选址遵循借山依水，聚落一般处于山脚下，沿等高线呈带状分布，其前分布梯田、小河。整个聚落掩映于密林之中，有所谓的"山包围村，村包围田，田包围水，有山有水"之说。这种选址与布局方式既满足聚落防台风袭击，山洪冲刷，又能借山林狩猎、采集，水溪取水、捕鱼、浇灌等。聚落成为居住环境生态系统中的一环，和谐自然。

黎人传统聚落不仅体现自然和谐，而且传统聚落内部形态遵循和合之美。整个聚落由高度、长度形态基本相似的船形屋构成，或平地疏密有致的排列，或依山就势，顺坡排列，要么是整齐、平和的建筑轮廓，要么是层层叠叠、韵律十足的建筑轮廓，都勾勒着和谐的聚落形态，彰显着聚落整体的自然和合之美。

与黎人相似，在汉族人骨子里也是充满着和顺观，讲究和合之美。不仅如此，汉族将和顺观念形成完整系统的思想体系，并指导整个生活，聚落空间形态结构亦是如此。

《周易·大传》有言："夫大人者，与天地合其道，与日月合其明，与四时合其序，与鬼神合其吉凶。先天

而天弗违，后天而奉天时。"对做人提出了顺应自然、使其行为合乎自然本性的道德要求。儒家创始人孔子的自然观可以概括为："敬畏天命"。其"天命"就是指自然规律，"知天命"，即是对自然现象的了解、掌握。孔子的生态伦理观不仅仅体现在"知天命"，更重要的是体现在"畏天命"。儒家主张"制天命而用之"，就是要求人们掌握和利用自然规律，按照四时变化和生物生长规律组织生产和生活。孟子明确提出了"取物以时、不违农时"的思想，提出要尊重自然外物的生长规律，爱惜、保护、帮助促进其生长和发展。荀子主张"山林泽梁，以时禁发"，做到"谨其时禁"，就是要根据自然规律，把自然资源的开发利用与保护紧密结合起来。这样才能"不夭其生，不绝其长也"，使百姓"有余食""有余用""有余材"。道家圣人庄子也反对将"天"与"人"割裂开来，认为人的一切皆得之于天地自然。"天地者，万物之父母也，合则成体，散则成始"。"天人合一"充分体现了中国传统思维方式的特点，成为生活的一个基本的信念。

汉族人携带着传统文化进入海南岛聚居生活。其聚落或依山傍水，或临河沿路；宅前屋后，林木成荫；荷塘溪池，家禽成群；小溪曲径，迁陌纵横。处处体现融于环境、归于自然的和合之美。

海南岛汉族传统聚落在借自然之美的基础上，"自为"的创造与自然和谐的聚落环境。海南岛气候湿热，常有台风、暴雨等异常天气。传统聚落有意识地保留聚落周围密林，形成天然屏障，既可阻挡台风，又能形成绿地"冷湖"效应，增强通风，降低聚落温度。聚落形态布局多借自然地势，顺坡拓展成梳式布局，朝向小气候风向，或者有效利用聚落周围自然水体，或在村落低地人工开挖水体，形成"林包围村，村顺着坡，坡脚开塘"的"林地—聚落—水塘（水田）"的布局结构，既解决了防风、通风、降温、排水等问题，还可利用水塘养鱼。传统聚落及其环境形成和谐整体的生态系统（图6-3-1）。

与黎族聚落借用自然，彰显"自然而然"的和合之美不同，汉族传统聚落则明显表达着"自为"的和合之美。这种之美不仅表现在村落选址及营建的基本格局上，还体现在聚落建筑群的空间形态上。汉族传统聚落空间形态表现出明显的聚居核心，这种核心往往不像内陆地区聚落，核心在聚落中心，且表现为具体的物质载

（a）琼海市中南村　　　　　　　　（b）文昌市泰山村　　　　　　　　（c）琼海市盖山园

图6-3-1　海南岛汉族自然和谐的传统聚落（来源：Google Earth截图）

体——祠堂。海南传统聚落核心更多表现为"绿地"核心，村落建筑群呈扇形向"心"布局，而由此形成的"梳式"布局，也多呈现扇形。这种布局方式以"自然"为核心，和合之美自然而成。

三、承祖尊礼观——正统之美

黎族虽然是少数民族，没有文字，亦未形成系统的民族文化，但黎族仍是一个承祖尊礼的民族。黎族信奉万物有灵，表现出典型的自然崇拜及祖先崇拜。天、地、石、山、树以及云、雾、雷、风、雨等天象都是崇拜的对象。这些质朴的自然崇拜对聚居形态的影响逐渐形成民族传统，而被传承下来。如树的崇拜使得大树常出现在聚落入口处。对地及石的崇拜常表现黎族大部分地区都祭拜土地公。在黎族村落入口处是黎族人民经常朝拜的土地庙。对祖宗的崇拜表现为聚落外围的树木保护良好的墓山以及祭奠仪式。如在原来合亩制黎区和白沙南开、昌江王下、东方江边等地，有树木阴密的墓山。即同一个祖宗谱系共有的墓山，平时墓山树木不许砍伐，在埋葬死人的时候，才开路砍树。这些自然崇拜及祖先崇拜的行为方式和文化传统影响着聚落空间形态，并逐渐成为民族普遍遵循的思想准则。

黎族长期生存在自然环境中，逐渐形成民族质朴的传统文化，这些文化在聚落中留下的印记影响着聚落形态的空间布局。长期的聚落营建实践逐渐形成融合自然、展现原真、和合之美的聚落空间形态、聚落建筑结构以及建造技艺，逐渐成为黎民共同认可的"正统传统"而被一直延续至今。因此，在聚落空间形态结构上黎族人民也一直坚持自己民族的传统审美观。

南迁的汉族受自身传统的生活观念、宗法礼制和伦理道德影响深厚，根深蒂固。这种生活观念、宗法礼制和伦理道德在迁入海南岛，结合地域环境后而具有了海南地域特点，影响着聚落的空间形态布局。

汉族是一个古老的农业民族，尚农风俗源远流长。与尚农风俗相关的是崇拜土地神。土地神崇拜的形式是"社祀"，"壮、祭土，而主阴气也……壮，所以神地之道也。"民间对土地神的信仰十分广泛，海南岛传统村落的土地庙非常普遍。海南岛早期"多毒草虫蛇之害，气候恶劣"，迁入汉族由此也形成了多种神灵信仰，村庙成为海南岛传统村落的主要构成要素。海田村位于海口市北部，南傍海甸溪，西望大海，东邻南渡江，因村旁有一片由海水冲积形成的水田而得名。其形成的历史可追溯到宋代，迄今已有900多年。清代以后，地处海口港码头的海田村随着经济的繁荣和外来移民的增多，海田村自然分成一庙、二庙、三庙、四庙、五庙、六庙等6个自然村庄，每个村都在村落中心建有自己的庙宇，祀奉各自信奉的神灵。六座庙宇成为六个村的象征。每村的庙宇门前，都有一个宽阔的广场，广场四周都生长着高大茂盛的古榕或枇杷树，树底下成为本坊村民休闲纳凉、聊天说地的场所。每个庙宇的对面都有一个戏台，遇有重大的祀事活动，都要上演琼剧。全村男女老幼持凳坐在广场上看琼剧，品尝着本土传统文化的精神大餐。现在，风雨摧老了古庙的容颜，但古庙始终是村落的心脏，是村民延续梦想的地方，在历史的传承中，古庙见证着历史风云，记载着岁月沧桑。海南岛的村庙建筑基本布局于村落外围，村口分布最为常见。村落建筑与住居建筑保持一定距离，分布于不同地段。海南岛村民将宗教神明空间与住居生活空间完全分离，表明其对宗教信仰的纯粹性、本真性、神秘性。

此外，宗法礼制和伦理道德是汉族传统聚落组织空间形态的主要原则之一。封建的宗法礼制，在民族心理上造就了两个特点：一是对血缘关系的高度重视，二是对等级差异的强调。

尊祖敬老是汉族血缘关系衍生的千古遗风。汉族祖庙、宗祠遍布各个村落。村落祠堂在村民的生活空间中

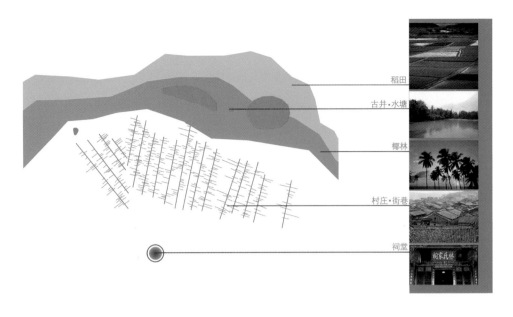

图例
- ◉ 祠堂
- ▨ 古井
- ⫻ 屋巷
- ▨ 水塘
- ▨ 椰林
- ▨ 稻田

图6-3-2 文昌市会文镇十八行村聚落形态结构（来源：《文昌市会文镇十八行古村落保护规划》）

占据重要位置，但与内地以祠堂作为村落中心的布局方式不同，海南岛村落祠堂大多不在村落中心位置，往往单独建在村外不远之处，村落的中心多为公共活动场所。这种方式的布局与村落村庙的布局有相似之处，祠堂与村庙被划分为同一类型空间，更加强调了宗庙空间的神圣性。在以"自然"为核心（部分村落也以祠堂形成聚落重心），各组宅院按照等级关系依次排列。聚落空间形态结构主次分明，秩序井然，整体和谐。如澄迈县东山村以村前水塘为中心，以多列纵向拓展的宅院组成聚落；兴隆万石村以村外祠堂为中心，以扇形分布的多列纵向拓展的宅院组成聚落；文昌市后坡村由前后排列的多列纵向宅院组成聚落，最长的宅院由七进院落组成。文昌市会文镇十八行村顺坡而建，村前坡脚为椰林稻田及蓄水水塘，十八列宅院以坡顶祠堂为核心，依次顺坡呈扇形排列。聚落形态结构呈现"稻田—古井水塘—椰林—村落—祠堂"的秩序结构（图6-3-2）。

海南岛传统村落先祖多是由福建等内陆地区迁入。异地迁入及继承闽地传统，村落布局遵循以血缘为基础聚族而居的空间组织方式。以石山镇儒豪村为例，古村整体布局以祠堂为核心，突显了血缘宗族的传统聚居文化。祠堂位于村落核心区域，门前形成开敞的广场空间，并与村落居住建筑群以主干道分隔设置。村落居住建筑群为三进式宅院，门楼开口面向祠堂，布局紧凑规整；独院式宅院则处于村落周围，门楼开口面向三进式宅院，排列较松散、自由。村落整体布局表现出内部较强的核心凝聚力，外部从属内部的井然秩序。建筑群布局及功能受儒家礼制思想影响，居中为上，重礼制秩序。院落布局呈前后对称的多进式院落，秩序井然。多列同进院落彼此间左右对称，高度相同，体现彼此尊重的传统礼制。

四、避世隐忍观——逸静之美

海南岛古代被认为是不毛之地，瘴疠滋生，气候环境恶劣。"岭南天气卑湿，地气蒸溽，而海南为甚。夏秋之交，物无不腐坏者""人非金石，其何能久?"，属于"十去九不回"的尚未开化的地方。唐代被贬名臣杨炎在诗中写道:"一去一万里,千之千不还;崖州何处在,生度鬼门关。""独上高楼望帝京,鸟飞犹是半年程。"的绝望诗句,都说明当时海南的荒僻遥远。而同是"天涯沦落人"的宋朝名臣胡铨也发出了"崎岖万里天涯路,野草荒烟正断魂"的悲凉感叹。这些记载与描述生动地道出当时海南岛人烟稀少,地势卑湿,交通闭塞,茂草丛林,蚊虫群舞,早晚多雾,近夏瘴热,瘴疠疫疾猖獗,气候环境恶劣的境界。在这种恶劣环境下,为了生存,人们必然有相当坚强的毅力和忍耐能力。

由于地理位置的偏远、瘴气盛行的恶劣环境以及"土民屡反"的性格,使得海南岛长期被排斥于"王化"之外,长期处于"羁縻诸州"的地位,这种情况一直持续到明朝。长期的相对封闭,不被关注和重视的海南岛更强化了其文化中的避世隐忍的因子。内陆地区由于人口众多,土地稀少;常年战乱纷争、局势动荡等原因,人们在寻找一处相对稳定安全的聚居之地。封闭的环境使海南岛成为人们心中避世隐匿的理想之地。

泛海而来的黎族先人先后在岛上定居,成为海南最早的人口群落。此后,历经多次迁移,俚人南渡,高官贬谪,名家落籍,以及后来的元代屯田,苗族上岛,客家入居,不但形成了海南岛汉外黎内的环岛型民族空间分布的大格局,而且也形成了局部区域黎汉及汉族之间杂糅的小格局。有着数千多年移民史的海南岛已是五方杂处的、典型的移民社会。无论是圈层式的人口分布大格局还是黎汉及汉族之间杂糅的小格局,都存在不同民族之间的差异,这种差异注定要形成民族之间的彼此戒备,进而产生出相互隐避、互相隐忍的生活观念。这种情况在来源不同的汉族之间同样存在。

海南岛区位环境、开发历程、人口构成等都促使海南岛文化中散发着避世隐忍的文化因子,进而迸发出聚居审美中的逸静之美。这种文化因子以及逸静的聚居审美在黎汉传统聚落中表现明晰。

在汉族强势的挤压下,弱势黎人被迫忍让后退,聚居地域逐渐退向中南部高山谷地。与世隔绝的环境强化了黎人避世隐忍的性格,而逐渐钟情于优美的山地自然风情。在黎族保留的村落和民居文化中可以体验到"清水出芙蓉,天然去雕饰"的逸静美感。海南岛现保存完好的黎族村落有东方市江边乡的白查村、乐东县的头塘村和五指山市的水满村。

海南岛黎族聚落的逸静之美还表现在其聚居的茅草船形住屋。据清人《岭南丛述》记载:"朱崖人皆巢居……今黎俗住木栏是也",其"居室形似覆舟,编茅为之"。以茅草、木棍、藤条、黏土,通过绑扎、支撑、涂抹等简单工艺建造船形屋在现在黎族聚落仍然存在。黎族船形屋在东方市江边乡白查村、俄查村,昌江黎族自治县王下乡洪水村,东方市感城镇陀头村、上下振兴村等传统黎族聚落中保存完好。船形屋外形像船篷,拱形状,用藤扎架,上盖茅草或葵叶。其造型朴素简易,不雕饰,与周围自然环境融为一体,不分你我。黎族船形屋给人的审美感受来自原始、简洁、朴素诸多因素,环抱在自然中的茅草船形屋以及由此形成船形屋聚落静静矗立,与世隔绝(图6-3-3)。

海南岛长期处于地广人稀,植被茂密的局面,这种环境下聚落之间距离较远,客观上形成了相互封闭的环境。聚落被大自然环境所包围,相互之间来往较少,自然形成避世、逸静的聚居环境。海南传统聚落将闲适、逸静的人居环境美学思想延续至今。在海南岛现存的传统村落中处处散发着这种闲适、逸静的聚居之美。琼北火山石头古村落,给人一种远古原始村落的感触:沿着大小不一的火山岩石堆围起的半人高石墙,走在弯弯绕绕的石头村道,一间间石院、石屋展现在人们眼前。万年火山岩石依然为今天的人们遮风挡雨。整个村子就是一个火山石的世界——小路、墙壁、庭院、戏台、庙堂甚至磨具、石盆、石碗,都是用火山石作原料。石垒的篱笆、石铺的村道、石筑

（a）洪水村　　　　　　　　　　（b）初保村　　　　　　　　　　（c）俄查村

图6-3-3　海南岛黎族聚落的逸静之美〔来源：《质朴的生活智慧——海南岛传统聚落与建筑空间形态》〕

的堂屋……一块块青灰色的火山岩石，上面布满着细微的小孔，无言地向人们诉说着传统古村闲适、逸静的魅力（图6-3-4）。

迁入海南岛的汉人骨子中充满着避世隐忍的观念，因此，聚落选址常常避开交通便利，地形开敞之地。即使无法找到隐蔽基址，也会通过人工措施进行调整，如村落周围密植植被，垒砌围墙等。海南岛汉族传统聚落选址于自然山水环境优美的滨海或滨河平原地带，隐匿在丛林茂密，植被丰富的自然环境中。就小区域而言，由于迁入汉人来源的复杂性，各传统聚落之间尽量保持一定的安全距离，以示隔离。

传统聚落整体格局往往呈现"稻田—椰林—古井—村落"的格局。聚落由砖木结构建筑群构成，建筑外观保持材料本色和质地。质朴的建筑构成梳式排列的行列式聚落形态，掩映在翠绿的林木之中，彰显着逸静之美。

五、淳朴务实观——致用之美

（一）环境使然，历史传承

海南岛四周低平，中间高耸，属热带岛屿季风性气候，潮湿、炎热、多台风。如此环境下，如何解决通风、隔热、遮阳、防台风、排水、防潮等问题成为首要任务。

淳朴务实的生活观决定海南传统聚落自古就形成了

有针对性解决上述问题的经验，务实为先，致用为美。据载："崖州滨海，时有飓风之虞，故公私官室，不为高敞，贫民店舍，织柴为壁，涂之以泥，盖以茅茨，常为飓风所卷。富家一室两房，柱四行，中两行嵌以薄板，余整以瓦，所构材料，选用格木，坚重细腻，最为耐久。其制中为正室，左右为旁室，两相对向，有三合四合之名，不尚楼阁，惟取完固而已。"清乾隆年间的萧应植《琼州府志》记载："琼郡枕山籍海，多海溢飓风之虞，故公私官室，不得为高敞，然规制与内地略同。远僻州县，多用茆茨，即公署间有茅屋。民居近海者，与蜑人杂处，常苦风飘水泊，附黎者与黎人杂居，不免巢居峒处。"《太平寰宇记》卷八十八《剑南道·昌州风俗下》："……无夏风，有僚风。悉住丛箐，悬虚构屋，号'阁阑'。"无论是早期干阑式建筑还是后来的砖瓦建筑，都结合海南岛的特殊气候环境进行了相应的调适。如，降低房屋高度，采用干阑居住，加固建筑结构，使用厚重材料，甚至远离滨海地段等方式，来创造舒适的聚居方式。这些经验传统一直为海南岛后来者学习和借鉴。

（二）智慧调适，科学务实

海南传统聚落及建筑虽然结构简陋、形态粗犷，空间简单，但对于防风、防火、防潮以及通风、降温等各个方面适应环境气候的调适表现出清晰、务实的思想。

图6-3-4　海南岛闲适、逸静的传统聚落（来源：《质朴的生活智慧——海南岛传统聚落与建筑空间形态》）

以上关于防风、防火、防潮的措施和思路在海南传统聚落和建筑中都得到了充分的体现。

1. 通风、降温、防台风的措施

海南岛地处热带季风气候，雨量充沛，气候炎热，居住环境潮湿。海南传统村落针对防潮的主要措施就是保持通风。居住建筑前后对正，厅堂相通；宅院间冷巷相隔，村落周围水塘相伴，保持了风道畅通，维持了自然凉爽的环境。

黎族村落多借地形布局于山谷坡脚，自然达到防止台风的效果。采用以干阑式或船形屋建筑，底层架空，屋盖低矮，屋顶茅草用藤条加固，木骨泥墙留有缝隙等，利于防潮、通风，使用木材、茅草既可隔热，又能保温。

无论汉族还是黎族传统聚落，选址都遵循地势高爽。传统聚落顺坡布局，建在台上，并在村后植林，形成前水后山和面池背林的地形，前低后高，无论防潮、排水、通风、降温都取得较好效果。即使地处沿海平原的汉族传统聚落也尽可能寻求丘地布局，聚落往往处于高于周围稻田的微地丘台。

通过局部环境的有利条件调适来改善聚落居住适宜度也是汉族聚落常常采用的方式。如利用聚落周围洼地形成通风廊道，通畅的风道自然有利于台风通过，巧妙的是村落周围的灌木植被已然成为防止台风的第一道防线。村落低矮的建筑、厚重的用材成为防止台风的关键措施。聚落周围的水塘，尤其是村前低地水塘，甚至是人为建造村前人工水塘。利用水塘的"冷湖"低温效应，达到与聚落建筑群之间通风的目的。如琼海市官塘村利用村前洼地人工建造多个水塘，既可养鱼，又能形成冷湖低地，与村落形成通风条件，还能兼顾村落排水蓄水的功能；琼海市南山村有意识保留村落周围洼地，并改造成人工水塘，也是出于上述目的（图6-3-5）。

海南岛传统村落建筑组群多呈梳式布局。建筑组群纵向递进排列，形成多列笔直通畅的"冷巷"，利于通风，对村落内部通风降温极为有利。如澄迈县老城镇石矍村地势后高前低，村前有一饮马湖，全村各院落沿着小湖依势排列，是典型的"梳式结构"布局模式，村前湖水成为村内居住空间凉风的主要交换源。琼海市盐寮村也是典型的梳式布局，聚落布局面向坡前稻田及水塘。石山镇儒豪村内部建筑群体呈多进式院落梳式布局，外松内紧，七行排列，巷道笔直通畅。因局部地形复杂，海南岛传统村落也出现因地制宜，自然而居的传统村落。如石山镇荣堂村居住建筑组群院落大小不一，随地形自然布局。村落空间沿树枝状道路向纵深发展，自然消失在村后茂林中，复杂的坡地会在海陆风的基础上形成山地风等多风向的气流，建筑组群的树枝状布局形成了多方向的"接纳"空间，也有利于居住建筑群整体环境的通风降温效果（图6-3-6）。

2. 防火思想及技术

海南岛气温较高，村落防火至关重要。

黎族传统村落船形屋主要使用木材、茅草、藤条等极易着火的自然材料建造。针对茅草船形屋容易着火的缺点，采用以下建构方式避免火势：第一，独立建造，分散布局。每栋船形屋独立建造，互不连续，通过空间隔断来组织火势蔓延。第二，木骨泥墙。通过墙体木材涂抹黏土，形成墙体阻燃层。这一系列的措施使得黎族船形屋一直延续至今，仍有部分黎人不忍放弃虽然简陋

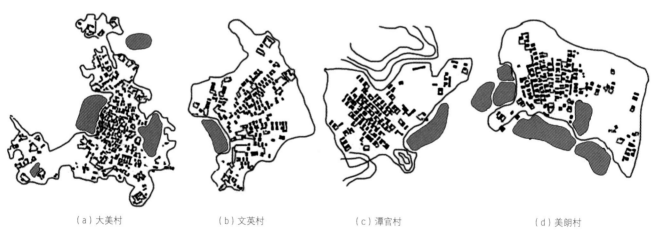

（a）大美村　　　　　（b）文英村　　　　　（c）潭官村　　　　　（d）美朗村

图6-3-5　传统村落利用水塘改善聚居环境（来源：杨定海 绘）

| （a）美亭村 | （b）名山村 | （c）万昌村 | （d）雅颂村 | （e）南轩村 |

图6-3-6　传统村落利用地形改善聚居环境（来源：杨定海　绘）

的船形屋居住方式。

　　汉族传统聚落针对防火也采取了各种措施。首先，结合地形布局水塘。大部分有条件的传统聚落都结合地形在村落周围设置水塘。这些水塘在调节局部小气候的同时也成为村落排水、蓄水的主要场地以及消防的主要用水来源。就聚落建筑群而言，村落防火体系由三部分组成。一是建筑筑造采用"外石（砖）内木"的方式，将木材外露的部分降到最小。建筑低矮，外围主要材料以砖石为主，不设窗或设小窗，窗棂靠内安装，建筑出檐较短。即使设外廊，廊柱也多采用石材或者砖材砌筑。这样极大地降低了火灾发生的可能性。二是建筑群排列成梳式布局，每列宅院间由冷巷间隔，其中一行宅院失火，相对影响周围宅院的可能性降低。同时，冷巷也成为紧急救火时的便捷通道。三是设置储水水缸。村落户户储备多个水缸储水，即可满足平时生活用水，也可作为紧急救火水源。

3. 排水、防潮思想

　　海南岛传统村落多依山面水而建，平地建屋则地基前低后高。村落布局多村后为山，村前为田地或池塘，通过地势巧妙地将多余雨水引入村前田地或池塘，既可田地补水又可储水养鱼，整体布局自然，既解决了村落排水、防潮又利于防火。

传统村落一系列的通风措施，实际上也起到防潮作用。除此之外，如居住建筑内部以石条或者砖材砌做36～50厘米的地基层，木构件置于其上，石条或者砖材细密的孔隙自然达到防潮目的。

4. 对外防卫，对内交融的空间策略

　　海南岛传统村落对外防卫，对内交融的空间处理也显示出淳朴务实的思想和致用之美。以儒豪村为例。儒豪村设置两重门关，外围设置寨门，内又设置村门。沿寨门入村的道路较窄，蜿蜒曲折。到村落的建筑群口设置村门，狭小坚固，门框用加厚的整条火山石修筑，坚固异常。围绕村寨围砌火山石寨墙。村庄核心院落成行聚集排列，三进院落与祠堂建筑处于村落核心区，村落周围建筑面向核心区建筑，成团块聚合护卫状分布。

　　儒豪村道路系统由三部分组成：入村小道、村落道路、宅院道路组成。入村小道曲折徘徊。道路两侧火山石分隔的田地中多种植果树，间有杂灌木，种类丰富，植被茂密。整个村落"不到村口不见村"，这正反映了迁入民族的"客家"保守防卫思想。入村门后风格完全转变。村落道路系统主要由一条南北向主路，五条垂直于主路的支路组成，呈梳式布局，中规中矩，清晰简洁。主要支路伸入院巷，由沿巷整体排列的院墙、门楼或山墙与围墙围合而成，狭窄而富有变化；外围支路稍

有宽窄变化。畅通便捷是村落道路的主要特点。宅院道路系统却异常丰富。宅院道路系统由入户巷道作为宅院干道，由巷道再进入每进庭院；每进庭院通过由前后贯通主建筑正堂连通，即每个宅院内部形成两条纵向交通。宅院与宅院之间由巷道分隔，各宅院每进院落都向巷道开侧门。这样整个相邻的多座宅院内部互相连通，四通八达，交流非常方便。儒豪村道路系统呈现对外隐秘难寻，对内交通灵活机动。进一步反映了明显的"防卫"思想（图6-3-7）。

儒豪村从村落布局就表现出强烈的隐秘防卫思想，在建筑布局上也体现出极强的私密性。核心建筑群宅院入口门楼高大厚重，宅院内部虽属一家所有，但每进庭院高墙围护形成单独空间。院落由入口门楼进入，个别宅院结合门楼建有左右两间门房，每个宅院设一个独立的门楼和独立的入院巷道。巷道位于宅院的南侧，联系三进院落，沿巷道设置三进巷门。层层围护，私密性极高。每进庭院面对巷道设置侧门。庭院的主要建筑为三开间标准建筑，占据院落的主要位置，沿东西向排列分布，将院落分成多进空间。庭院主建筑檐高与巷道火山石围墙等高，院落空间较封闭。紧邻的院落间自然形成巷道分隔的模式，各家人不用走出院门而直接通过巷道间侧门自由往来。

宅院内通过两条纵向系统交流，宅院间可通过巷道侧门进出相互交流，建筑空间表现出内部的空间交融性。

（三）做法朴素，实用为先

黎族人利用木棍、茅草、黏土、藤条，通过绑扎建造空间简单，形态自然的船形屋。汉族琼北地区火山石村落的建筑以天然火山石为材料，块块石材就地而起，不填辅料，从下到上完全干垒而成。建筑、门楼的火山石材经过仔细打磨，外立面平整，但石材形状不规整，因材就形，缝间隙平整密实，无粘剂痕迹。围墙、后院圈舍等火山石材没有打磨，大小不一，互相垒叠，高低错落。屋架采用穿斗式的木梁架，以榫卯相连。所有梁架构件用料均匀，柱子饱满圆浑，梁架显露，显得雅洁庄重。柱础用火山石条，结合厚实的木板构成厅室隔墙，地面无铺装，简洁古朴。屋顶使用"仰合瓦"，瓦片较薄，宽大，在瓦垄对缝的地方覆上合瓦，个别屋顶合瓦两侧抹上灰泥，填补缝隙，屋檐使用半圆形瓦当，屋脊用磨制的火山岩石条压顶，防止台风吹掉瓦片。海南岛大部分聚居建筑采用砖材，以一明两暗三开间建筑为主体。建筑材料及内部结构外露，建筑建造选用砖石、茅草、黏土等自然材料，以实用为目的，并不追求材料的奢华和结构的复杂。

图6-3-7　儒豪村对外防卫，对内交融的空间（来源：《质朴的生活智慧——海南岛传统聚落与建筑空间形态》）

图6-3-7　儒豪村对外防卫，对内交融的空间（来源：《质朴的生活智慧——海南岛传统聚落与建筑空间形态》）（续）

第七章

区域间传统聚落空间比较

第一节 与海南密切相关的地域渊源

海南岛虽孤悬海外，但从未阻断与外界的联系。海南传统聚落空间形态形成的历史则与岛外迁入人群携带的聚居习惯和文化传统息息相关。海南岛聚落空间形态既具有同一中国传统文化的特点，又表现出地域聚落空间形态特色。

一、海南岛方言分布

海南岛方言的繁杂性以及其分布方式与历史上移民的多源性密切相关。海南岛上汉语方言除闽语外，使用较为普遍的是属于粤方言的儋州话、客家话和属于北方方言的军话。儋州话大部分与粤方言相同，或相近，其根源是与广东高州和广西梧州两地移民的大量迁居海南儋州相关。临高话比较接近壮语，临高人源于古百越民族。军话是元明时代来自大陆的士兵和仕宦带来并传下来的语言，属汉语北方方言西南官话系统。客家话分布在儋州市南丰镇、兰洋镇、那大镇，乐东县抱由镇，琼中县松涛镇、中平镇的思河和三亚市的个别村落。海南岛的客家话是从粤东嘉应州迁来的移民讲的方言，口音与梅县一带客家话近似。现在使用海南话的居民除小部分系由黎族汉化而成外，大部分其祖先来自福建的漳、泉、莆田以及广东的潮州。

海南岛各种方言相对集中地分布在一定区域。从莆田、漳州、泉州、潮汕来的人群聚居在岛北及岛东及东南区域，主要使用闽方言；从广西来的人群聚居于岛西及西南地域，由于迁居时间较早，人群来源复杂，既有北方中原人士，也有岭南俚人等，且经过岛内长时间的迁徙过程，因此表现为多方言区；从粤、桂陆地迁徙而来的人群聚居于临高、儋州地域，方言相对独立。岛中部主要为黎族少数民族聚居区域（图7-1-1）。

二、与海南岛密切相关的地域

（一）与闽、粤、桂地区的渊源

闽、粤、桂地区是与海南岛地理距离较近的地区。从历史记载的人口来源以及海南岛语言特点分析，海南岛也与闽、粤、桂地区的渊源深厚。据了解福建是移民海南最多的地域，尤其是闽东及闽南地区。广东地域次之，主要的人群来源于潮州、梅州及雷州半岛区域。海南岛与广东的渊源不仅仅是移民的关系，在地域上，海南岛与雷州半岛隔海相望，且从明朝开始，海南岛隶属广东管辖，直至海南建省。海南岛与广西的渊源较早，自西汉开始就有历史记载汉人从广西迁入海南岛，但人口数量较少，且来源复杂。

（二）海南与岭南地域的关系

岭南，是我国南方五岭（大庾岭、骑田岭、都庞岭、萌诸岭和越城岭）以南地域的概称。相当于今天的广东、海南、广西的大部分地区。海南岛属于岭南地域，与在同一地域的广东、广西等具有岭南地域的共同的基本特点。但地理区位的差异，又决定了即使同处于岭南地域的三个地区，仍然具有各自不同的个性特点。孤悬海外的海南岛其特殊的地理区位、气候特征以及开发历程等自然决定其在岭南地域中具有自身的特殊地位。

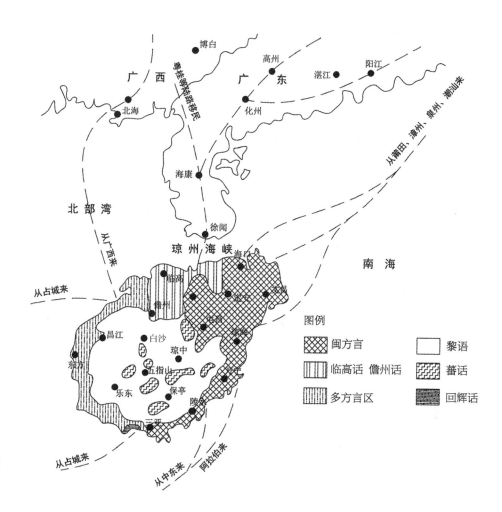

图7-1-1　历代移民路线与方言分布图
（来源：参考《海南古代移民与海南方言》，杨定海 改绘）

第二节　传统聚落空间形态生成环境的比较

　　海南岛的主要迁入人口来源于福建、广东，且濒临海岸的地理区位、自然气候特征与闽、粤相近。因此，海南传统聚落空间形态与闽、粤传统聚落空间形态较为相似。广西虽是海南岛人口的迁入地，但主要在早期迁移，且人口数量较少；长时间的族群交融、文化交流等使这类聚落在漫长的历史演变中变异较大，尤其是受来自闽、粤迁入人群营建聚落的思想和理念的影响，而更多表现出与其相似的特征。传统聚落空间形态的形成和地区自然、经济与文化、社会等诸多方面有关系，并受其制约。

一、自然环境

1. 福建地处我国东南沿海，境内峰岭耸峙，丘陵连绵，河谷、盆地穿插其间，素有"八山一水一分田"之称。在西部和中部形成北东向斜贯全省的闽西大山带和闽中大山带。两大山带之间为互不贯通的河谷、盆地，东部沿海为丘陵、台地和滨海平原。区域大部分属亚热带湿润季风气候，降水量从东南向西北递减。季节分配不均，有较明显雨季和旱季。

2. 广东地貌类型复杂多样，多为山地、丘陵、台地和平原，河流和湖泊等占比较少。地势总体北高南低，北部多为山地和高丘陵，南部则为平原和台地。广东属于东亚季风区，降水充沛，高温、多雨、潮湿，台风的影响较为频繁。

3. 海南岛四周低平，中间高耸，以五指山、鹦哥岭为隆起核心，向外围逐级下降。山地、丘陵、台地、平原构成环形层状地貌，梯级结构明显。岛内没有纵贯南北或西东的大江大河，圈层地形使得气候呈现西干东湿的特点。地处热带北缘，属热带季风气候，雨量充沛，台风频繁。

海南岛与福建、广东的自然环境均临海，且山、丘、河流较多；气候高温多雨，河网纵横、山林茂密，加上台风影响较为频繁。相同的自然环境气候特点使得三个地域在传统聚落空间形态结构在处理物理环境上表现出许多相同的共性。但三个地域的地形地貌、自然资源、气候环境等有所差异，这造成其文化传承和经济、社会发展的差异，进而影响了传统聚落空间形态结构特点的差异。广东、福建依托大陆及沿海的深港使得地域文化传承、人口迁移及经济条件得天独厚，尤其是广东整体地势较为平坦更加有利于文化、经济、社会的发展。福建虽具备良好的区位，但因区内山地较多使发展受限。海南岛四面环海的地理区位极大地限制了对外交流，岛内中部山地的阻隔又限制了内部的交流，因此海南岛在文化、经济、社会方面都表现出极大滞后性。

二、社会变迁

古越族人生活在岭南地区，北方五岭阻隔了南越与中原地区的联系，古南越人形成了自己的原始文化。岭南地区因其地处偏远，加之山林险阻，交通不便，故长期以来经济文化发展缓慢。岭南虽地处偏隅，但始终未隔断与中原地区的联系。早期每逢朝代更替，战乱频繁之时，大量中原人士逐步迁徙岭南，形成"新旧杂居"的格局，这种聚居方式极大促进文化、经济、社会等各方面交流。

"南系"汉人分为五大分支：越海系、湘赣系、广府系（又称南汉系）、闽海系和客家系。民系的区域分布与语言的区域分布基本是对应的。广府系分布在广东大部（除了东部北部）和广西东南部，对应语言为粤语；客家系分布在粤东北、闽西南和赣南，对应语言是客家话；闽海系分布在福建大部（闽西南客家人除外）和广东东部，对应语言是闽语。民系的地域分布也说明了海南岛与闽粤之间的渊源关系（图7-2-1）。

海南人口分布多元且复杂，就民系而言，海南岛既是广府系，又是闽海系。从长期生活的地理区域而言，海南岛属于广府系；从使用的方言习惯及人口来源而言，海南岛主要属于闽海系。这也表明了，海南岛是以闽海系特点为基础，逐渐融合了广府系特征，从而形成海南岛地域特色。

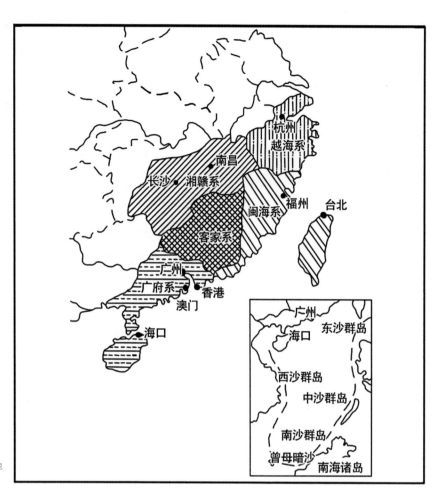

图7-2-1　南方民系的地域分布（改绘自：戴志坚《地域文化与福建传统民居分类法》）

第三节　传统聚落空间形态地域特征共同点

一、共同的背景环境

　　海南岛与福建、广东都处于祖国南方地域，在秦、汉以前都是百越族的居住地，具有基本相同的生活、风俗习惯，习惯傍水而居、善于驾舟行筏、有"断发文身"的习俗。历经多次迁徙，几经周折，历史上南迁的中原人逐渐定居于赣、闽、粤、琼等地，迁居地之间也存在着人员的交流迁徙，使得这三个地域的文化具有相似的因子。经过几次的移民变迁，在百越文化的基础上，大胆地吸收荆楚文化、中原文化，且融会贯通，形成以中原汉族文化为主流，同时兼纳了越、黎、壮、苗等族的多元文化。其传统文化的基本精神是"经世致用"，以务实的姿态主导着审美情趣、生活方式等各个方面。三个地域在人口来源、人员结构、自然环境、文化历史方面有较多的相似点，也决定了其聚落空间形态有较多的共同点。

二、聚落空间形态

传统聚落首先要解决的是居住的舒适性。面对山地多、丘地多、河流多的地形特点和炎热、潮湿、台风等的气候特点，三地传统聚落结合地形、河流、道路自由布局，背山面水，绿林环绕，四周有肥沃良田。聚落空间布局顺应风向地势，前有水塘，后有山林或丘地衬托。聚落空间形态采用纵向沿山势拓展，形成梳式布局。在地形复杂的山区，建筑多就地势作垂直等高线，或平行等高线，呈组团式分散布局。

长期与自然环境的友好共存，促使自然审美成为地域传统文化的重要因子，使"风水观"在聚落空间形态中予以应用，成为传统聚落基本的营建理念。三个地域传统聚落多具有村落核心，以此组织聚落空间形态，并将古树、古井、水塘等自然要素作为公共活动空间巧妙地组织到聚落形态中。

三个地域都曾作为历史上人口迁徙的目的地，迁徙寻求的是安定的聚居生活。出于安全的防御是人们的共同心理。在不同的迁移时间和路线情况下，族群选择各不相同的定居点，形成大聚居，小杂居的聚落空间形态。就单个聚落空间形态而言，聚族而居，隐蔽村落，设置狭窄入村通道，坚固村门、巷门等都增加了安全防御的保障。

第四节　传统聚落空间形态地域特征的差异

一、传统聚落选址

传统聚落的选址同样源于长期生产和生活经验的积淀，都选择背山面水，地形较为平缓作为生活的聚落地。但海南岛在传统聚落选址中还是表现出明显的地域特征。

1. 海南传统聚落选址更注重安全性，尽可能选择隐蔽的环境，远离交通要道。这现象虽在闽、粤地区有所表现，但海南岛尤为突出。大部分黎族聚落因生产力低下依靠山林的资源生活，且山林能保护他们安定的生活而选址深山。聚居于沿海平原地域的汉族聚落虽没有大山依靠，但也尽可能选择林木茂密的独立台地或平地，其目的在于隐藏聚落。这种强调安全的心理主要是海南岛黎族长期遭受汉族侵扰，一步步靠近大山，因此，安全对于黎族来说相当重要。同样，海南岛的汉族多是避灾逃难迁入海南岛，而来源不同的汉族之间也存在着防备，因此，安全稳定成了他们最渴望的聚居环境。另外海南岛多台风和气候湿热的原因使聚落周围保留密林，既可以对台风进行遮挡，又能在村落周围形成"冷湖"，达到通风降温的作用。而对于闽、粤两地，海南岛人口稀少，隐藏于密林、远离交通要道等成为海南传统聚落寻求安全的手段，为聚落寻求隐蔽稳定、舒适安全的环境提供了条件。闽、粤在南方是人口相对稠密的地方，用地紧张，且经济发达、文化深厚。因此，便捷的交流条件成为闽、粤地区重要的需求，闽、粤地区选址强调交通便利，交流方便。

2. 聚落选址的集体无意识"风水观"。闽地作为"风水"起源的地域，聚落选址重视"风水"可想而知。粤地与闽地相接，有相当人员来自闽地，受其影响较大；且粤地一直是经济发达、文化浓厚的地域，而"风水求财"的观念在经济发达、文化浓厚的民间地域深入人心，对经济发展、家族福荫的追求一向与风水密切相关，聚落选址亦强调"风水"。

海南岛大量人口虽由闽、粤、中原地区迁居而来，但多是被当地环境所迫，迁徙他乡的多为贫困人口，其难以掌握当地的"风水理论"，其携的"风水观念"多停留在对聚居自然环境感官的要求上。而被贬入琼的高官达贵多为上层知识分子，追求高雅、淡薄、诗情画意的生活环境，并不刻意于风水的追求。丰富的自然环境条件下，海南人在生产和生活中长期的无意识形成了自然环境优美的聚居环境。这种丰富的自然环境迎合了迁入人群的心理意识。即使没有"风水"程式化的规定，海南人仍然会选择有类似环境的地方为其聚落基址，并且其聚落环境不会距离理想的风水模式太远。

二、传统聚落空间形态的比较

（一）聚落规模的比较

闽、粤地区在相当长的时期内一直保持人口稠密，经济繁荣。稠密的人口以及紧缺的土地自然造就了以大家族聚居形成规模较大的聚落。因用地紧张需合理地安排土地使用，因此造就了闽、粤传统聚落规整、紧凑的聚落空间形态。如建筑群庞大的闽、粤客家聚居建筑"九厅十八井"；规模巨大的"如升楼""承启楼""深远楼"等客家土楼；潮州的富有中原特色的典型客家民居建筑围龙屋等，是最为典型的聚居方式。

与闽、粤两地聚落相比，海南传统聚落规模较小。其主要的原因有五点：

第一，聚落规模的大小与土地面积相协调。在交通工具落后，生产力低下的海南岛，其聚落达到一定规模后，会出现各种收益不经济。因此自然部分人口会选择迁入新址，形成新的聚落。第二，海南岛孤悬海外的地理区位在一定程度上限制着人口的流入。长期人口稀少的现实决定着聚落规模较小。第三，海南岛人口来源复杂，自然形成聚居杂糅的格局。杂糅镶嵌的空间格局以

及族群间的资源争斗也限制着聚落规模的大小。以地缘关系形成的传统聚落，相互间人际关系协调相对困难，也易产生聚落分裂。第四，传统聚居而居的思想相对较弱。因海南岛传统文化复杂多元，呈片段性，很难形成完善的体系。其传统的儒家思想文化的影响力自然会削弱，聚族而居的思想意识并不强烈。因此，在海南岛很少出现凝聚力极强的大家族聚居村落，而是家族繁衍到一定规模，聚落就会分解形成新的聚落。第五，海南岛虽有较多平原，但大多处于河网密集的下流或是微地土丘地貌。在暴雨或台风的自然环境下，开敞的平地既不利于防止水淹，也不利于抵抗台风，因此多选择与密林包围的微地土丘，适合聚居的微地土丘用地规模相对较小，限制了聚落的规模。

（二）聚落空间布局的比较

1. 广东传统聚落空间布局

一是梳式布局。这种布局分布范围最广，较为常见。梳式布局是指整个聚落由一列列房屋组成，像一把梳子排列成行。民宅以巷子为间隔，布置于巷子两侧。巷子为主要的交通通道，大门侧面开向巷道。整齐通畅的巷道发挥着交通、通风和防火的作用。布局整齐的梳式布局聚落村前有水塘及晒禾坪，紧邻晒禾坪前端布置祠堂，后为民居建筑群。如三水地区，这一带的聚落因南海北部的平原、丘陵、河汊交错分布的地形特点多依山而建，呈规整的布局。聚落前为半月形水塘、晒场、祠堂（书院、书室等）、门楼和榕树构成的公共空间，而后是三间两廊的住宅一家接着一家，形成整整齐齐、横平竖直的布局（图7-4-1）。

二是密集式布局，主要分布于粤东地区。先是单独规整式的密集式民居，后随子孙繁衍，在旁侧增建侧屋，形成密集式聚落。其特点是建筑密集，外有高墙，封闭性强，既适应气候环境又符合宗族礼制，如广东揭

（a）佛山市三水区乐平镇大旗头古村　　　　　　　　　　　　　　　　　（b）东莞市南社村

图7-4-1　广东传统聚落空间布局（来源：广东乡村网）

阳樟市和平乡魏村大型住宅（7-4-2a）。

　　三是围团式，多见于兴梅客家地区。以多个围龙屋及其周边附属建筑群以围式组团布局形成聚落，如广东梅县客家围龙屋村落（7-4-2b）。

2. 福建传统聚落空间布局

　　复杂的地形、自然气候环境及多元的文化渊源的背景下，福建传统聚落空间布局也呈现出多元化，多呈现单核心或多核心的团聚状空间布局，具有更多的自由性和开放性，也反映了福建地域传统聚落丰富的聚落布局形态。如福建连城县培田村聚落布局既体现了"耕读传家"的传统理念，又依山面水，注意"风水"建构；兼顾了祠堂作为村落核心，组织村落空间形态的作用。福建武夷山市下梅村沿相互交错的"丁"字形水系展开，形成

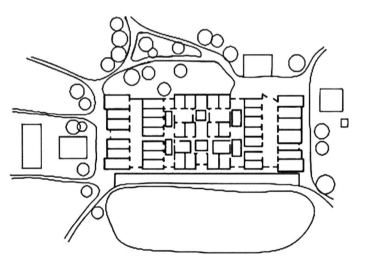

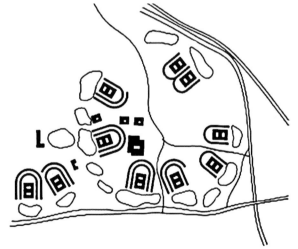

（a）广东揭阳樟市和平乡魏村（密集式）　　　　　　　　　　　　　　　（b）广东梅县客家围龙屋村落（围团式）

图7-4-2　广东传统聚落空间布局（来源：参照《广东民居》，杨定海 改绘）

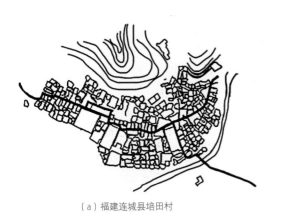

（a）福建连城县培田村　　　　　　　　　　　（b）福建武夷山市下梅村　　　　　　　　　　　（c）福建宁德市霍童村

图7-4-3　福建传统聚落空间布局（来源：杨定海 绘）

街巷交错的网络状水街聚落布局。村内主要的礼制中心（邹氏祠堂）和宗教中心（镇国庙）等均沿溪水两岸布局。民居大都以祠堂为中心，向两岸展开布局，形成多条窄巷或与溪街垂直，或与古街平行，将聚落推向纵深。福建宁德市霍童镇由相互垂直相交或平行的三条主街构成街巷骨架，其他小街巷与之垂直或平行形成错综复杂的街巷空间格局。古老街区有多个祠堂为中心形成多个聚居组团，整个传统街区呈现网络状团聚布局（图7-4-3）。

3. 海南传统聚落空间布局

海南岛沿海平原的传统聚落主要居住着来自闽、粤等地的移民。在海南岛移民营建聚落之始就已经积累了原住地聚落营建的实践经验，携带着原住地的文化传统及生活习俗。迁居海南岛的人口多是因为逃避战乱、自然灾害，或是遭受排挤、贬官等被迫迁徙海南岛，加上海南岛与大陆被琼州海峡相隔的交通障碍，大聚居，小杂居，多元化镶嵌的人口分布格局也决定了聚落规模小，布局的多元化。因此，海南传统聚落的文化传统相对较为薄弱，家族聚居观念较为淡化。这决定了海南传统聚落以小家族聚居为主，淡化了祠堂在聚落空间布局中的组织作用，以主要解决地形、气候的不利影响为主要目的。在长期的应对自然环境的过程中，逐渐形成了浓厚、淳朴的"自然观"，即以自然为中心组织聚落空间形态布局的基本原则。因此，海南传统聚落空间布局表现出以下特点：

第一，以自然要素为中心组织聚落空间形态布局。这在理念上完全改变了各个要素在聚落中的地位关系。海南岛聚落中祠堂、庙宇建筑与普通民居采用相同的形式，无明显差异。在空间上也没有将其作为核心或者中心布局，而是与普通建筑一起布置或单独设立于村外空地，这并没有固定的方式。海南传统聚落反而将农田、水塘、林地等自然要素视为组织空间的核心要素，这种空间组织方式基本可以说明海南岛村落在组织空间中反映出对传统文化的弱化，或者是对传统文化继承的片段化和不成熟化，客观上促成了地域自然文化的生长，进而成为得到大家认可的主流文化。如琼海市加德头村以村前两个水塘为中心，形成弧形分布形态；琼海市长美坡村以村前水田为中心，形成环绕式的形态布局；文昌市溪边村则以坡地中部的密林为中心形成环形布局（图7-4-4）。

第二，海南岛汉族传统聚落空间形态大多数采用梳式布局，但表现出明显的地域个性：随形就势。而海南岛以少数民族为主的区域，聚落空间则反映出自由开放的布局方式。梳式布局能很好地将风引入村落及建筑室内，对于湿热的海南岛尤为适合。梳式布局对于聚落规模而言能大能小，适应性强。对于海南岛人口稀少，小

（a）琼海市加德头村　　　　　　　　　　　　（b）琼海市长美坡村

（c）文昌市溪边村

图7-4-4　以自然要素为中心组织聚落空间形态（来源：Google Earth 截图）

家庭聚居的聚落而言便于实施，且为以后的聚落生长留有空间，这样的聚落布局较为适应海南岛地域的地形气候环境。

第三，海南传统聚落空间形态相对松散。以小家族、分期迁入海南岛的大部分移民，以组团、杂居的方式反映在聚落空间形态中，在海南岛宽松的地理环境中，这种形态布局自然表现出相对的松散性。海南传统聚落规模较小，其建设多为自然而为，民间力量为主，单次建设的规模不会很大，自发建设自然导致村落形态相对松散。海南岛地广人稀的自然环境以及长期缺乏完善行政管辖的状况也决定了聚落营建的随意性，自然也促使形成松散的聚落形态。另一主要的原因在于海南岛历史上长期的自由、宽松的政治环境所导致的自由、随性的生活习惯以及缺乏系统规范的传统文化约束，进而对传统礼制秩序的文化地域性调适，祠堂并不作为组织聚落空间布局的中心。以自然要素为中心的组织方式本身就彰显出相对松散的空间布局（图7-4-5）。

（三）聚落建筑空间形态的比较

从单个院落合院的规模而言，闽南及潮汕地区的连体大厝、土楼、围龙屋等规模在三个地区中相比最大，功能最全。其建筑空间布局一般分为三层，最内部一般为方形主体建筑，有上、中、下三堂沿中心轴线纵深排列的三堂制。这类建筑群的空间形态明晰，其内部是作为公共性宗族礼制空间，是合院的精神核心；第二层为主体的生活空间，主要作为各个家庭居住及日常接待、娱乐等空间；第三层为防御和储存、生产等附属空间。这种空间形态表现为强烈的向心性和聚落生活的群体性。虽然单个家庭拥有自己的独立生活空间，但处在大规模、向心性的家族空间中，很显然单个家庭受整个家族生活节奏的强烈影响（图7-4-6a）。

广府地区的"三间两廊"合院式建筑群是通过单元重复的方式形成合院，每一个单元在空间形态上基本相同，因此形成的合院在空间形态上表现出均质性。与大厝、土楼、围龙屋相比，有两个主要区别：一是此类建筑没有了横屋，横屋所具有的防御功能和储存等附属功能在此类建筑中弱化和消失。二是建筑群的重复式拓展所表现出的均质性，其本质是建筑空间被分解，每一个建筑单元具有相对独立的空间形态，这也意味着公共性的削弱和私密性的增强。总之，广府地区的传统建筑表

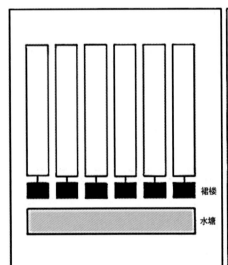 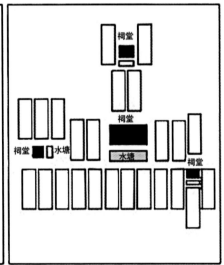 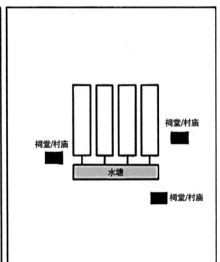

（a）广东传统聚落空间结构　　　　　　（b）福建传统聚落空间结构　　　　　　（c）海南传统聚落空间结构

图7-4-5　传统聚落空间形态比较〔来源：杨定海　绘〕

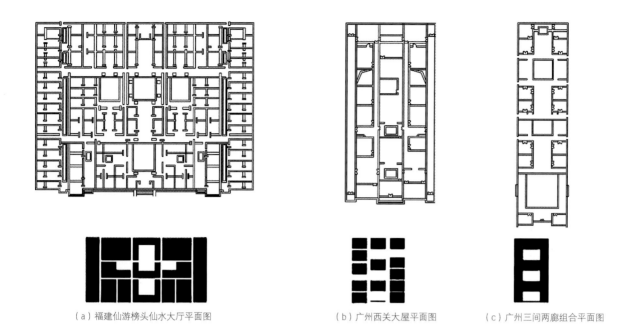

（a）福建仙游榜头仙水大厅平面图　　　　（b）广州西关大屋平面图　　　　（c）广州三间两廊组合平面图

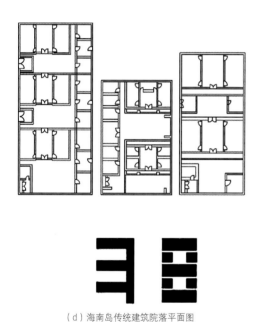

（d）海南岛传统建筑院落平面图　　　　图7-4-6　闽、粤、琼建筑空间形态的比较（来源：杨定海 绘）

现出空间向心性、公共性的淡化，而强调了空间的独立性、私密性、灵活性（图7-4-6b、c）。

海南传统聚落合院式建筑群由主屋和横屋组成的院落构成，主要以解决生活居住功能为主。在借鉴闽、粤合院的特点后，针对滨海平原以及气候湿热的特点，海南岛合院选择了梳式布局的整体空间形态，同时又将闽南合院中的从厝保留，并作了适当调整，因此整体表现为由主屋和横屋组成的院落构成，主屋梳式布局以及其侧边长横屋（从厝）"护卫"。人口稀少以及小家族聚居的现实，对横屋的需求较少。因此，一般仅保留一侧长横屋。在大型合院中偶见两侧长横屋的布局现象。长横屋的作用是利用正房与横屋之间的巷道起到冷巷的效果，对来自东南季风及东南的海陆风很容易被引导进入聚落或房间而达到降温、防潮等良好作用（图7-4-6d）。

大厝、土楼、围龙屋的空间形态通过宗族礼制空间、生活起居空间、辅助防御空间归类集中，由内而外，层层布局，形成了功能明晰的空间形态。各功能区对人的活动有明显的引导性。广府合院则是将根据人的宗族礼制及生活起居的规律，外部空间安排公共性及辅助性功能，如接待厅、厨房、杂物间等；内部安排宗族礼制功能空间及私密性辅助空间，如祖宗堂、书房等，空间从外至内私密性逐渐增加。广府合院表现出空间布局根据人的需求而配置。海南岛传统合院在主体部分采用广府合院的布局方式，主要解决宗族礼制及居住起居功能。在主屋旁侧的长横屋单独集中布置厨房、杂物、书房等辅助性空间。这种布局方式也从侧面表明了海南岛较广府地区地广人稀，空间布局相对宽裕的特点（图7-4-6）。

综上所述，大厝、土楼、围龙屋的空间形态是通过各种类型的功能集中布局引导人的活动，广府合院的空间形态是以人的活动需求来安排功能空间的布局，而海南岛的合院建筑群空间形态则将两者优势结合起来，既兼顾了生活的私密性和灵活性，也满足了辅助性空间集中布局、便捷实用的特点。

第一节　海南传统聚落概况与发展形势

海南因独特的海岛地理环境，保存众多传统精美建筑、风水格局的村落，这些传统古村落，既和中华传统文明一脉相承，又凸显出海南的地域文化特色。但在城镇化历史发展大趋势下，海南的传统村落也面临着既要保护又要发展的双重挑战，在各自寻觅村落的"活化"之路。

一、海南传统聚落目前发展概况

2012年，住房和城乡建设部、文化部、国家文物局、财政部、国土资源部、农业部、国家旅游局等7部局联合开展中国传统古村落调查，每年公布一批中国传统村落名录。截至2019年，海南有64个村落被列入传统村落名录。海南的传统村落数量在全国来说不但偏少，而且在省内分布也极不平衡，64个村落中，海口和澄迈均占了15个，高居榜首，定安11个，文昌7个，琼海5个，乐东4个，临高2个，三亚、陵水、东方、琼中、昌江各1个，从分布情况看，这些传统村落在海南经济相对落后的广大中部民族地区还是一片空白（图8-1-1）。

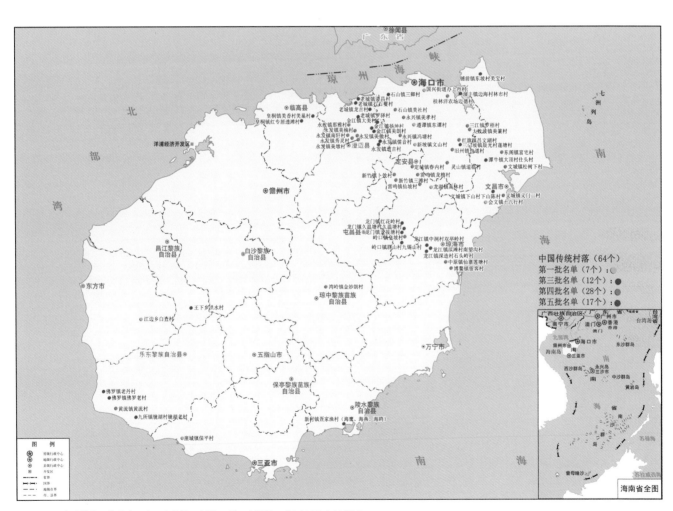

图8-1-1　海南传统聚落分布示意图（来源：唐秀飞 绘，审图号：琼S（2021）044号）

根据全国传统民居类型调查，海南共有十类传统民居类型，澄迈入选的大美村等村庄及海口市的三卿村、东谭村都属于琼北民居中的火山石民居，三亚保平村和乐东老丹村都是琼南民居中崖州合院的代表，东方白查村则是琼中南黎族民居中的船形屋代表，昌江洪水村是金字形屋的代表，文昌的十八行村是琼北民居的多进合院代表。但遗憾的是，这64个村落并不能完全涵盖海南全部传统民居类型，如海南极具特色的琼西南民居中的军屯民居和儋州客家围屋就没有相关村落入选。当然，海南的传统村落数量肯定远远不止64个，仅在文昌、定安、海口等市县就有不少传统民居保存完好的村落，但由于申报资料不完整等多种原因未能入选。

目前海南古村落古建筑保护的正确观念尚未形成，法规政策宣传不够。在政府财政有限的情况下，只能有所取舍，对古村落保护重视不够，这某种程度上也加剧了传统村落的衰败。但更主要的原因还是城镇化的快速发展，在城镇化大趋势下，传统村落面临的一大挑战是村落的活态传承难以延续。很多传统村落仅仅是单纯地保护遗址，被闲置是很普遍的现象，而栖居村落的百姓，以及他们坚守的日常生活、生产方式，家风家训、传统民俗等逐渐消失。如白查村，自2008年开始，白查村村民陆续搬迁到新村居住。原有的村庄船形屋保存虽然完整，但如今再也没有新屋开建，村庄里的年轻人已经无处学习船形屋营造技艺，现在掌握这门技术的大多是老年人。无人居住的船形屋，虽然每年也有翻新维修，但保护维持成本也是逐年增加。当然，也有一些传统村落，正在借助海南美丽乡村建设谋划打造生态精品景点，以此振兴乡村发展。如海口冯塘村，村庄保存有非常完整的火山岩古石屋，当地政府对这些石屋进行摸底登记，通过招商投标引入企业修缮，然后以租赁形式向村民租赁古石屋用来开发乡村民俗文化旅游项目，让古石屋在发展中得到有效保护。海南还将美丽乡村建设和传统村落保护相结合，把历史文化底蕴深厚的传统村落培育成传统文明和现代文明有机结合的特色文化村。如澄迈将"美丽乡村"建设与古村落修复、文物保护结合探索发展，并将火山古村落"打包"申遗，坚持规划先行，探索出一条乡村发展的新路。因此澄迈在海南中国传统村落名录中，64个就占了15个，成了最大的赢家。

二、海南传统聚落保护与发展的概况

2010年海南岛作为国际旅游岛的定位后，从农村和城市协调发展的整体考虑，海南省编制了《海南省社会主义新农村建设总体规划》。这其中就涵盖了大量的传统聚落。在此基础上，配合旅游岛建设，2010年底制定了《海南国际旅游岛风情小镇（村）发展规划》。这两个规划是从城乡战略发展规划的角度为海南岛村落建设拉开新的序曲，紧接着的实施阶段则需要真正的从传统聚落空间形态结构中蕴含的思想和理念中汲取营养，合理科学地传承和丰富传统聚落的地域特色，实现传统聚落与建筑空间形态的保护与更新。

自2016年以来，海南省按照"规划引领、示范带动、全面推进、配套建设、突出特色、持续提升"的总要求，积极推进美丽乡村建设。截至2018年年底，全省共创建668个美丽乡村，其中星级美丽乡村384个，64个村庄列入中国传统村落保护名录。美丽乡村正成为全域旅游的金字招牌和国际旅游岛建设的新亮点。

2019年7月，海南省住房和城乡建设厅、旅文厅、省自然资源和规划厅、省财政厅等四个部门联合印发《关于加强传统村落保护与发展工作的意见》，要求实施"一村一档"，建立传统村落保护档案。制定保护发展规划，划定传统村落核心保护区，建设控制地带和环境协调区的边界。对于传统村落里的村道、民居、牌坊、古塔、古树等重要历史环境要素同样要进行认定并挂牌保护。充分保护传统村落的完整性、真实性和延续性，深度挖掘和传承传统文化，实现传统村落的可持续发展。

为更好地保护传统村落，海南省规划部门编制了《海南省传统村落保护发展规划》，加大投资，完善设施的保护和利用。其中列入国家传统村落名录的64个传统村落已经完成规划编制，并制定了保护和发展实施方案，在规划的指引下，各市县加强对村落的保护，使村落的格局建筑得以保存，传统文化得以延续，村落人居环境得以改善。

当前，海南的大多数传统古村落仅停留在保护阶段，尚未有系统的旅游开发，但传统村落的魅力依旧吸引不少游客前去观赏游玩。在城镇风貌整治方面，海南各级政府做了大量工作，对风貌整治已取得了一些成效，同时也暴露出了一些问题。第一是没有历史传承，为了改造而改造。第二是部分改造的建筑形式对当地居民生活造成了负面影响。

三、海南乡村振兴与生态文明建设的形势

海南传统村落具有多样性，有火山岩地区村落、山区村落、海边渔村、湖边村落、江边村落、沙地村落、水上人家等。在自贸区自贸港建设的背景下，海南传统村落和海南本土文化迎来保护性开发新机遇。加强保护发展海南传统村落具有新时代的重要意义。

海南岛存在大量的传统聚落，虽然具有一定的历史价值，但规模较小，交通偏远，建构质量不高，其中一部分已破败不堪，一部分随着经济开发建设而出现了局部解体或重构等。海南岛在建省后对农村建设采取过多种措施。自2000年起，掀起了建设生态环境、发展生态经济、培育生态文化，引导农民全面建设小康社会的文明生态村创建活动。在10多年的实际建设中，注重

村容村貌整洁优美，主要措施是连接公路与主村道和村内道路硬化、村内主要街道架设有路灯；推广使用沼气、垃圾定点存放、改水改厕、禽畜圈养；农户房前院内种有树木、村内道路两旁植有行道树、村庄周围有绿化林带。显然，文明生态村的建设只是对村落公共生活空间及交通环境的"直—通—快"等现代理念的改善，并没有涉及对传统聚落与建筑空间形态的理解、深入挖掘和积极引导其传承。因此，虽然有很多村落经过建设后变得整洁、干净，但也出现了很多破坏传统聚落与建筑空间形态的案例。村民自发进行的生态文明村建设主要是以改善环境为突破口，甚至借生态文明村建设寻求经济发展空间。如随着村民们经济收入的提高，村民们纷纷撤离传统村落，开始在沿街交通便利的地方修起了新的平房。以荣堂村为例，有800年历史的荣堂村已经变成"空心村"。村里人渐渐搬离了老宅，而在村外靠近交通干道的位置重建新村。所幸荣堂老村由于交通闭塞，目前传统聚落与建筑空间形态还保存较为完好。

但在当前城镇化大趋势下，传统古村落面临的一大挑战是村落的"活化"传承难以延续。很多传统古村落仅仅是单纯的保护遗址，而栖居村落的百姓，以及他们坚守的日常生活、生产方式、家风家训、传统民俗等正在逐渐消失。比如，乡间传统民居破败现象严重，很多传统建筑的修缮、修建工艺也逐渐消失，许多传统古村落在进行新农村建设过程中，对传统古村落的历史文化价值认识不够，大规模地开展拆旧建新，使传统古村落失去了多样性，对传统古村落的风貌破坏严重，使古村落的保护增加了难度。

可借助海南美丽乡村建设谋划打造一批传统古村落成为生态精品景点，促进振兴乡村发展。比如，海口冯塘村，通过一系列保护手段，让古石屋在发展中得到有效保护。

第二节　保护体系构建的原则与方法

海南聚落如何保护并突出自己的特点，即如何更好地保护传统乡土文化？这不仅仅是一个认识的问题，迫在眉睫的是实践性。虽然近些年已有一些单体建筑因受重视，被列入了保护单位，但是对成片规划开发，或者全面的调查，均没有列出可行的计划，也没有专门的机构对此承担责任。

一、整体性保护原则

《威尼斯宪章》指出："历史古迹的概念不仅包括单个建筑物，而且包括能从中找出一种独特的文明、一种有意义的发展或一个历史事件见证的城市或乡村环境""一座文物建筑不可以从它所见证的历史和它所产生的环境中分离出来"。聚落的保护是传统文化的整体保护过程。一方面，它们代表着某个特定历史地区的发展脉络，并具有反映地区历史特色的建筑空间环境，从整体上看有非常完整的历史风貌，是这一特定地区历史的现存见证。整体性保护观的另一方面是遵循宪章将聚落的历史构成要素作为一个完整的体系来保护，聚落不仅包括物质景观，也包括文化、习俗等人文的景观，因此必须坚持整体保护的原则，既要保护聚落中的建筑，又要保护聚落周边的自然环境，保护聚落居民原本的生活状态。只有从聚落原有空间形态入手，保护景观素材、节点元素、空间位置及空间肌理等重要因素，这样才是保护了完整的聚落。

建筑、街巷、院落以及自然环境等构成了海南聚落的空间形态，人的行为、耕种生活、节庆、婚丧、祭祀、交往等是构成聚落生活气息的主要要素，聚落的底蕴归根到底是历史和文化，因此聚落保护规划首先是从保护它的整体环境及构成聚落环境各个要素的外貌特征

入手，进行整体保护，在保持原有风貌的基础上，改善基础设施建设。

二、原真性原则

坚持"原真性"的原则是首要的原则，因为它涉及聚落的历史价值。如果聚落失去其物质与非物质的文化遗产就失去了其真实性，那么就失去了其"作为人类社会发展的见证的历史地位"。"原真性"，不仅涉及聚落中传统建筑等历史性物质遗产，更扩展到自然环境与人工环境、艺术与技术、宗教与传统等。原真性原则是国际公认的文化遗产评价、保护和控制的基本条件，是验证世界文化遗产的一条重要原则，失去了原真性的重要建筑和古镇不能称之为历史文化遗产。

三、持续性原则

传统聚落保护不同于历史文物的保护，它不仅具有历史文化价值，同时也具有实际物质功能，因而要按照聚落的实际情况对其进行合理利用与开发，而不是一味地采用呆滞的保护方式。聚落的保护最终还是要依靠当地人民自己，形成自发的保护与管理体系。大力发展乡镇、村落的经济，改善居住条件，做到聚落的保护与发展共存。聚落保护的最终目的是保护真实历史遗留的物质遗产的同时，提供良好的环境，满足现代生活的需要，使聚落成为一个有生气的机体，不仅居住舒适，而且价值构成、生产方式、组织构成、人际交往、风俗习惯等珍贵的非物质文化资产也被留存下来。这样的保护工作不是短时间能完成的，因此必须坚持持续保护的原则，改善人们的居住环境，使聚落里的人继续代代相传

的生活在这里，才是对聚落的最好的保护。

历史保护是一个长时间的工作，也是一个不断自新的工作。在保护过程中，社会经济条件在不断发展，人的生活意识会不断地发生转变，保护对象本身也在不断变化，这些都会影响着保护工作的开展、力度。保护过程中也随时会出现很多不确定事件影响保护工作的进程。如果保护标准制定得一成不变，保护措施千篇一律，就可能造成对聚落历史的破坏，所以聚落的保护在方式、内容、力度上都应留有一定灵活空间，维持保护工作的一定弹性，使各类合理的新观念能融入保护发展之中，使保护工作处于一个灵活的过程之中，及时跟上社会经济发展的步伐。

四、生态性原则

自然环境是聚落赖以生存的基础，也是构成聚落景观与开发旅游项目的重要资源，认识到保护生态环境的必要性，以可持续性的发展来维护聚落的生态平衡与健康发展。生态性原则要求保护自然环境不受或尽量少受人类的干扰，保护原有场地生态环境，一方面要坚持聚落景观的原始性、自然性，保护山、水等自然景观不被破坏，另一方面要避免旅游对环境造成的污染。生态性原则不仅适用于对环境生态保护，也包括在聚落规划建设中以自然、半自然设施为主，利用当地材料，降低人工景观成分，强调聚落传统文化充分与自然和谐共存的模式。

五、文化保护原则

聚落是记录中国社会的发展历程、社会制度变革、宗教信仰、民俗等方方面面的内容，不同的地域环境孕育出不同的文化习俗。

对于聚落中传统建筑的保护不仅仅是它的外形，更重要的是内在精神实质。聚落的保护绝对不能只注重物质实体的保护，更应该重视文化保护和恢复，恢复聚落的历史文化传统，使聚落成为人文教育的一部分。聚落文化的重建可以使居民感受到心灵满足和文化满足，为居民找到价值回归，使居民的认同感加强，同时传统文化中的精华部分，如尊老爱幼、以道制欲、贵和持中等精神，更应该保留和发扬。

重视文化保护的同时提高居民素质，人人具有维护建筑风貌的优良素质，同时依靠文化的学习增强居民的地域认同感，使文化资源能渗透到朴实生活的方方面面，持久存在于我们的现实生活。

历史的文化积淀是聚落无形的财富，体现在聚落的各方面，像挑水、使用火山石工具等，聚落中有人依然延续着原本的生活方式，成为聚落独特的风景。这些传统生活方式可以根据其特点开发成为游客参与的活动，或成为独特的商品，成为民俗体验的一部分。

对于聚落沿袭千年的耕读文化、宗教习俗或者有价值的传统节日、民间艺术等聚落的发展文脉，要继续更要延续，可以通过历史教育、民俗文化教育等一方面提高居民素质，另一方面让游客亲身感受。

保护了实体空间和建筑只是保护了聚落的肉体，历史文化是精神，保护历史文化其实是保护了聚落的精髓，只有延续了文脉才是完整的。在聚落的规划设计中，对传统文化、旧有生活、民俗特色等内容要全面考虑，通过合理的形式表达，体现聚落生活的常态所展现出的空间气氛。保护不能只停留在保留的阶段，而是要使聚落的文脉得以传承和发扬，艺术、历史价值得到升华。具有人文功能的传统景观，是继承传统文化的载体，合理的开发人文资源，促进旅游的发展，以文物养文物，通过展示获得经济效益。

第三节 保护价值研究

一、历史科研价值

海南传统聚落烙印着其特殊的开发历史和传统文化的深深印记，是反映海南移民文化和地方文化的经典个案和缩影。在这里可以了解黎族延续上千年的聚落空间形态及其充满神秘的船形屋建筑；可以探究汉族艰辛进入海南岛的迁移历史；可以深刻体会汉族在海南岛内寻找聚居地的再迁徙历程；也可以研究闽、粤人群进入海南岛后聚落空间形态的嬗变原因等。海南岛"原真质朴"的传统聚落与建筑空间形态中蕴含着丰富的历史科研信息，具有深刻的历史科研价值。

二、人文艺术价值

传统聚落被誉为"中国第三建筑体系"，是千百年来人和当地自然环境既矛盾斗争又和谐共存发展的结果。海南传统聚落与建筑空间形态是经过黎族、汉族之间的长期的迁居演化，同时也是黎汉人民与环境之间相互协调的结果。每个村落都有自己的个性，而众多的个性又体现了一个地域的共性。这些共性和个性中都表达着地域人群对聚居的理解和深刻感悟。如出于战时迁徙或避世的初衷，先祖们选址往往中意偏僻、险要之所，导致古村近现代交通多欠发达，与外界沟通有限。这显然与现在开放、交融的经济、文化背景下的聚落与建筑空间形态差异很大。这种差异中就暗含着丰富

的人文思想。

最重要的是这些传统聚落与建筑空间形态表达着同一地域的聚落营建思想和理念，展现着同一地域的聚落建构技术和工艺，并与这一地域的生存环境密切相关。

三、经济开发价值

相对于我国其他地区传统聚落而言，海南传统聚落表现出明显的"原真质朴"的特点。对于海南传统聚落与建筑空间形态而言，其"原真质朴"代表了远疆地域的特殊历史科研价值，以及丰富多样的人文艺术价值，但同时又是其经济滞后、文化薄弱背景下的必然特征，是原真的历史科研和人文艺术价值与粗糙古拙的建构技艺和装饰艺术决定下的较低经济价值构成的矛盾体。

散落在海南岛各地的很多传统聚落是地域"基因"多样性的代表。以其蕴含的历史遗存、朴素的乡土文化、优美的田园风光和与现代社会的文化反差也吸引着不同类型的旅游者。部分特点明晰的传统聚落往往成为商业开发的目标。

对于大多数海南传统聚落而言，其建设发展的危机并不是其经济价值导引下的商业开发，而是因为大家对其所表达的"原真质朴"的历史和人文艺术价值的漠视和不理解，同时也是缺乏相应的保护和再生策略的设计，致使大量传统聚落逐渐消失。

第四节　传统聚落的保护再生策略与对策

一、传统聚落保护必要性

传统民居和聚落是中国建筑文化的一个历史遗存，因自然地理文化等因素的差异，而呈现出浓郁的乡土特征。它那种易于被当地居民理解和接受的传统居住形态，是千百年来人们征服自然、改造自然、利用自然所积累的科学技术与艺术的结晶，反映着人类建筑文化的硕果。因而，传统聚落与民居具有很高的文化价值和乡土价值。

然而随着传统聚落所依赖的经济基础、观念形态、社会背景的巨变，传统聚落的衰退和消亡是势在必行的。大量的保护与保存既不符合其发展规律，也不符合中国的国情。对传统聚落的保护和保存应是少量而典型的，那种试图在提高当地居民生活质量，使其过上现代化生活的同时保持村落古老形态只能是一种设想。同时，拿出大量资金对传统聚落进行全面保护也是无法实现的。

对一些确有完整的风貌、代表某一历史时期的典型风貌特征、代表农牧社会传统技艺、艺术的典型性聚落，对具有历史认知、情感寄托、审美欣赏等很高价值的聚落，应采取适当保护和再生，以保存历史文明的遗存，并使人了解、认识、发扬其价值。

对传统聚落的保护应采取：第一，保护、保存其完整的历史现状，适当进行修缮维护及基础设施建设，以满足现代化生活的需求。第二，在不改变其外部形式、风格、整体面貌环境的基础上，可做适当再生改造。第三，从旅游发展的角度，考虑居住建筑形态变更的可能性。

二、传统聚落保护与再生策略

（一）保护与再生策略的设计

传统聚落的保护原则根据其历史价值、文化价值、艺术价值、技术价值而定。保护的标准则按照科学发展观理论，以发展为指导，立足未来，以人本为出发点，一切以满足人民的生活、文化、环境需要为目的。而海岛传统聚落历史价值、文化价值、艺术价值、技术价值有自身的特点，主要表现为：

1. 海南传统聚落空间形态具有原始纯真性和质朴性。海南传统聚落之所以一直在岭南地域中没有自己特殊的地位，一是因为其在岭南传统聚落共性特征掩盖下的个性还未被广泛认可，更主要原因是其粗糙古拙的建构技术和装饰工艺并没有突出的特点，因此也未受到应有的重视。随着历史观、地域文化特色的研究深入，人们逐渐认识到即使粗糙古拙的建构技术和装饰工艺也代表着一个地域，不同时期的传统聚落空间形态结构发展历史和建构水平，这其中的原始纯真特性是时代的"化石"，具有相当大的历史科研价值和民俗保护价值。

2. 海南传统聚落空间形态中蕴含的原真审美和生态营建理念是海南传统聚落的核心价值。在建构技术及装饰工艺粗糙古拙的情况下，将聚落审美转向自然，借用自然，因地制宜，以简洁纯真的建筑空间形态表达对聚居的理解，反而展现了自身的特点。

3. 海南传统聚落空间形态具有自然和谐的原始风貌。拥抱自然，融于自然是海南传统聚落最基本的特点。海南传统聚落失去了周围的自然环境，整个聚落与建筑空间形态也就失去了地域文化的价值。因此，对于海南传统聚落的保护与再生，应关注与其密切相关的自然环境。

海南传统聚落空间形态的"原真质朴"特征决定了其在岭南地域中特殊的地位。这是区别于岭南地域传统聚落空间形态共性的特征，是不能被抹杀和替代的。粗糙古拙的建构技艺和装饰艺术又决定了其聚落空间形态相对于岭南地域传统聚落空间形态而言，整体发展存在明显的滞后性。

"原真质朴"的特征是作为历史科学研究和地域文化展示的主要依据，而粗糙古拙的建构技艺和装饰艺术下的传统聚落空间形态又不适合大范围的保护。因此，海南传统聚落空间形态的可持续发展应该采取灵活的保护和再生策略，既要将有历史原真价值的，不可再生的传统聚落空间形态保存下来，又不能由于保护而阻碍大量传统聚落的时代更新。

因此，针对以上传统聚落保护内容及海南传统聚落空间形态的基本特征，海南传统聚落的保护与再生应体现出自身的特点。

一是对历史原真性重点保护，主要是指对能作为海南岛地域，不同历史时期的聚落空间形态营建思想和理念，建构技术和装饰工艺等的历史"化石"进行重点保护。

二是在注意历史原真性保护的基础上，突出地域特色。针对海南传统聚落整体品质相对较低的现实，大面积保护如此多的传统聚落没有实际意义，滞后的经济状况也不允许这样的做法。因此，在注意保存历史价值较大的传统聚落中的原真性要素的基础上，主要强化了聚落空间形态的地域特色。

三是对于大多数建构技艺和装饰艺术粗糙古拙，不具有相当价值的历史信息的传统聚落，应在注意保持传统聚落空间形态的基本特征，彰显地域特色的基础上以提升聚居人居环境品质为主。

因此，根据以上保护与再生的特点，将海南传统聚落分为三个类型。

第一种类型：一部分传统聚落原真性保留完整，聚落空间形态典型，历史文化内涵丰富，能够完整地反映一些历史时期传统风貌和地方民族特色的传统聚落。

第二种类型：相当一部分传统聚落具有一定的历史原真性，保留一定的传统聚落空间形态，聚落空间形态格局相对完整、建筑风格较为统一，聚落风貌能反映一定的特色。

第三种类型：数量最多的传统聚落。聚落空间形态部分存在，建筑群保持传统的建构方式，聚落传统风貌犹存，且相对统一，但聚落整体特色不典型和明晰。

对于第一种类型传统聚落，着眼于海南传统聚落的历史原真价值，借鉴历史文化遗产保护的原则，"保护优先，整体保护，延续文脉"的模式来保护和传承原有传统聚落。

对于第二类传统聚落，则主要立足传统聚落的典型特色，以展现传统聚落个性特色为出发点，将传统聚落空间及形态结构的营建思想和理念融入人居环境改造中，强化传统聚落的空间形态和建筑结构。坚持保护与开发并重，以人为本，有机更新，新旧融合，实现传统聚落的保护与再生。

第三类传统聚落，则着眼于海南传统聚落的自然环境特色，以改善人居环境为突破口，将传统聚落空间形态的营建思想和理念融入人居环境改造中，侧重开发，采用新技术表达传统聚落的空间形态和建筑结构，引导传统聚落的时代更新。

（二）保护与再生有效的途径

从策略设计上将海南传统聚落划分为三种保护与再生的类型。对应这三种类型传统聚落，概括有以下几种保护与再生的有效途径：

1. 将保存文物特别丰富，且具有重大历史价值或纪念意义的，能较完整地反映一些历史时期传统风貌和地方民族特色的镇和村申请入选历史文化名镇（村）。采用《历史文化名城名镇名村保护条例》实施保护与再生。

2. 针对民族特色村寨设立生态博物馆，以原真、活态的形式保护和保存文化遗产的真实性、完整性和原生性。

生态博物馆是一种以传统聚落为单位，没有围墙的"活体博物馆"。它强调保护和保存文化遗产的真实性、完整性和原生性。我国对生态博物馆的研究始于20世纪80年代中期，90年代中期开始推向实践建设。从20世纪90年代至21世纪初至今，中国先后建立了贵州生态博物馆群、广西"1+10"民族生态博物馆群、内蒙古达茂旗敖伦苏木生态博物馆、云南西双版纳布朗族生态博物馆等。国内学者已对生态博物馆的操作模式、参与机制、旅游开发、保护与开发、生态博物馆理想与现实的对接等问题进行了较为深入的探讨。生态博物馆的核心理念在于原生地保护民族文化并且由文化的主人保护自己，而具体保护方法则千差万别，没有明确的法律保障体系。

3. 根据传统聚落自身的特点，建立特色风情小镇（村）。部分小镇和村庄自然风情优美，聚落民族特色浓郁，具有一定的文化艺术价值，但达不到申请历史文化名镇（村）的标准。缺乏引导的建设已经导致众多传统村落在经济发展中遭受开发性破坏，传统聚落的空间形态结构逐渐被破坏殆尽，民族特色逐渐淡化。针对此类生态自然景观优美、有一定历史和民族文化资源的传统村镇建设特色风情镇村，在强调传统聚落民族、地域空间形态及其文化特色的基础上，适当进行旅游开发。旅游开发对传统聚落特色品质的要求客观上促进了传统聚落空间形态及其蕴含民俗文化得以保护和再生。

海南省针对此类传统村镇制定了《海南国际旅游岛特色风情小镇（村）建设总体规划（2011—2030）》，并制定了海南省特色旅游风情小镇标准。

4. 美丽乡村建设。以改善人居环境为突破口，强调将传统聚落空间形态的营建思想和理念融入人居环境改造中，侧重开发，采用新技术表达传统聚落的空间形态和建筑结构，引导传统聚落的时代更新。

美丽乡村以改善人居环境为突破口，以提高农民素质和生活质量为出发点，以"经济发展、民主健全、精神充实、环境良好"为主要内容，努力实现村庄的全面发展。

近几年，海南大力推进创建美丽乡村，在实践中也取得了一定的成绩，村容村貌整洁优美，生态环境得到改善，乡村文化也得到一定的发展。但出现明显的问题就是建设品位不高，农村住宅单体与整体不协调，村庄与自然环境不协调。其关键原因在于在建设过程中放弃了传统聚落的空间形态结构，简单地引入城市建筑而造成混乱的城市化现象。

美丽乡村创建初衷是改善人居环境，提高村落聚居品质。在村落再生中传承传统村落特色被专家及普通村民一致认可。实践证明，传承传统聚落空间形态和建筑结构的村落因其特色明晰，不仅在聚居生活中得到接受，而且还促进了"经济发展、民主健全、精神充实、环境良好"。

这四种保护与再生的途径中，生态博物馆在海南岛还没有实例，目前的实践主要在贵州、广西、云南、内蒙古进行（已开始向东南沿海推进），主要采用置遗产于原生地进行整体保护和展示的方式，展示对象上选择了在现代文明冲击下的岌岌可危的少数民族文化，一般选择建立的地区都是在社会和经济处于封闭的古老村寨。历史文化名镇（村）、特色风情小镇（村）、美丽乡村三种途径在海南岛都有实践项目，但是在不同时期针对不同发展需求产生的保护与再生方式，在实践中还没有将三种途径整合在一起。也就是说，三种途径在实施中并没有清晰的统一规划、形成完善的体系、明确各自的覆盖目标和建设目的。

针对以上传统村落保护与再生的实践途径，将四种方式结合起来，建立覆盖整个区域的保护与再生体系，为不同类型的传统聚落提供明确的指导目标，以引导传统聚落整体性的保护与再生。

传统聚落"是数百年前在农耕社会所形成和完善的，与当今人的生活产生了错位。对现存传统民居聚落作为一种文化的保存，显然只能是少量的、个别的"。将少量的、个别的、丰富的、且具有重大历史价值或纪念意义的，能较完整地反映一些历史时期传统风貌和地方民族特色的镇和村列为历史文化名镇（村）进行保护，利用法律作为保障。

传统聚落作为一种长期历史积淀的形态，有着相对的惯性，体现着中华民族宝贵的整体思维和综合功利的价值观（生态、形态和情态的有机统一；人、建筑、自然环境的有机统一；材料与技术、功能、审美情趣的有机统一）。传统聚落保护的是少量的物，而传承借鉴的却是民居传统中积极的思想和理念，而非仅限于传统聚落的形式。通过建设特色风情小镇（村）、美丽乡村，在发展更新中寻求保护与传承。

因此，生态博物馆、历史文化名镇（村）、特色风情村镇、美丽乡村是针对不同传统聚落状况，采取侧重点不同的保护与再生方式。历史文化名镇（村）是海南岛地域传统聚落空间形态结构特色的"根"，应该重点保护；特色风情小镇（村）是海南岛地域传统聚落空间形态结构特色的"枝"，强调对传统聚落空间形态结构营建思想和理念的传承，突出特色，在发展中强化保护；美丽乡村是海南岛地域传统聚落空间形态结构特色的"叶"，强调对传统聚落空间形态结构营建思想和理念的挖掘，侧重发展。根基稳定，枝叶才能繁茂。

应以申报历史文化名镇（村）为契机，将代表海南岛不同历史时期和传统文化积淀下的典型、完整的传统聚落申报成功，严格执行《历史文化名城名镇名村保护条例》，切实保护好这些传统聚落。通过历史文化名镇（村）"点"的建设，将海南传统聚落空间形态结构中"原真"的历史信息保存下来。

以特色风情小镇（村）建设为"线"，保护与再生同时兼顾，突出地域特色为主。主要对象为传统聚落空间形态基本存在，建筑结构部分遗存，整体风貌相对完好，特色突出的传统聚落。《海南国际旅游岛特色风情小镇（村）建设总体规划（2011—2030）》对建设风情小镇（村）的定义界定为：具有浓郁民俗风情、地方特色鲜明，人文景观及自然生态环境具有较高的视觉审美价值和旅游价值的建制镇、农场、集镇、村落。风情小镇（村）建设涵盖五大基本内涵：产业是支撑、保护是关键、文化是灵魂、景观是基础、功能是核心。风情小镇（村）建设关键是挖掘传统聚落内涵，突出传统特色，探索一条具有国际旅游岛特色的城镇化发展方式。特色风情小镇（村）建设是将海南传统聚落空间形态结构中最有特色的浓缩信息在新时代的延续和更新。

美丽乡村建设途径是覆盖全岛的"面"上工程，立足生态环境，建设生态经济，营造生态文化。其主要对象为大多数还留存部分传统聚落空间形态。生态环境本身就是海南传统聚落的基本特征及优势，因此立足生态环境本身就是对海南传统聚落基本特征的强化；以生态经济实现传统聚落的再生是海南岛良好自然环境下的最好选择；生态文化应该是包含传统聚落相关文化的"时代"文化。因此，美丽乡村建设将会成为最大面积的覆盖、营造和建构海南岛聚落空间形态结构的"新时代"基本特征。而这种特征是建构在海南传统聚落空间形态结构的基本特征之上的，在新时代通过新技术、融合新思想延续和更新传统聚落。

通过以上途径体系，既将传统聚落空间形态的"历史原真"信息保留下来，又强化了其鲜明的地域特色，同时夯实了其基本特征的覆盖面，形成"点、线、面"融合的综合保护与再生体系。而这些途径成功的关键是建构在对海南传统聚落空间形态及其相关的丰富内涵清晰的认识和忠实执行的基础之上。

针对各种类型的传统聚落，采用不同的保护与再生的途径。

（三）黎族传统聚落空间形态保护与再生的有效途径

黎族先民开发了海南岛，并逐渐形成富有特色的民族聚落和黎族文化，尤其是居住建筑船形屋一直延续至今。但黎族传统聚落原始建构技术下的船形屋已不能适应现代黎族生活的需要而逐渐被淘汰。虽然有一些组织或个人已经采取了改造措施，并取得一些成果。如2008年，中国（香港）探险协会与洪水村村民，签署的共同保护黎族文化（茅草屋）的协议，即协会为每户村民出资8000元资助改造民房；村民要协助协会保存好现在居住的茅草屋，并对部分茅草屋进行改造，外部保持原样，内部进行了现代居住设施的再生改造。这在一定程度上保护了船形屋建筑形式，改善了船形屋的居住条件。但缺乏可持续性的发展策略，仍然阻挡不了部分村民迁出船形屋，在一路之隔重建新居，新居已采用了汉族砖瓦建筑。这势必破坏了洪水村传统聚落与建筑空间形态及整体风貌。中国（香港）探险协会也表示，买下洪水村船形屋，只是想起到中间的作用，引导大家关注、保护船形屋。而对洪水村村民而言，没有可持续发展策略改善船形屋的居住条件，搬出茅草房，住上汉式砖瓦新房自然成为选择。这也从一个侧面反映出对于黎族传统聚落及船形屋的保护与再生应着眼于可持续性的发展，这种发展不能仅限于短时间的简单保护，或者将希望简单的寄托于当地村民。也就是说简单的保持黎民继续在船形屋中生活，依靠他们的自觉显然是不现实的，而且全部传统黎族村落采用这种方式也不具备实际意义。

黎族传统聚落既是黎族历史"化石"——传统聚居船形屋建筑的载体，又是黎族传统聚落营建思想和理念

历史积淀的载体。典型的黎族村寨具有研究黎族聚居及传统文化、生活习俗等的珍贵历史价值。随着黎汉交流，经济的发展，黎族传统村落正经历着快速的发展演变，从黎族聚居区内部向外围呈现明显逐步汉化的趋势，接近汉族聚居区的黎族传统村落大部分已经汉化，船形屋建筑基本消失。针对黎族传统聚落嬗变的状况及现实发展特点，黎族传统聚落的保护与再生分两个部分：一是建立生态博物馆，即选择能代表不同黎族典型特色，并保存相对完整的传统聚落建立生态博物馆。二是引导大部分黎族传统聚落在保持自身特色下的"时代化"再生。

现在国内建立生态博物馆的对象主要选择在现代文明冲击下的岌岌可危的少数民族文化地区，一般选择建立的地区都是在社会和经济处于封闭的古老村寨。黎族传统聚落及船形屋建筑是黎族传统聚居方式及文化的载体。"黎族船形屋营造技艺"已入选第二批国家级非物质文化遗产名录，这也是海南省首个建筑类古遗址成功申报国家级非物质文化遗产。分布在海南岛中部山地的黎族传统聚落，整体交通闭塞，经济落后，聚落民族特色明晰，保存完整，分布集中，便于建立生态博物馆。

生态博物馆在保护和保存文化遗产的真实性、完整性和原生性，置遗产于原生地进行整体保护和展示的方式在实践中有一定的经验积累，也总结出"六枝原则"，包括：①村民是其文化的拥有者，有权认同与解释其文化；②文化的含义与价值必须与人联系起来，并应予以加强；③生态博物馆的核心是公众参与，必须以民主方式管理；④当旅游和文化保护发生冲突时，应优先保护文化，不应出售文物但鼓励以传统工艺制造纪念品出售；⑤长远和历史性规划永远是最重要的，损害长久文化的短期经济行为必须被制止；⑥对文化遗产保护进行整体保护，其中传统工艺技术和物质文化资料是核心；⑦观众有义务以尊重的态度遵守一定的行为准则；⑧生态博物馆没有固定的模式，因文化及社会的不

同条件而千差万别；⑨促进社区经济发展，改善居民生活。

生态博物馆的保护与再生途径是比较适合典型黎族村寨及黎村集聚区。针对黎族传统聚落的地域独立性及文化的特殊地位，选取一定典型代表性的传统聚落建立生态博物馆是可行且有效的途径。

对于大部分黎族传统聚落，实施严格保护没有现实意义，主要引导其在保持自身特色下的"时代化"再生。主要采取两条途径：

第一条途径是结合旅游发展黎族风情村建设。这种途径重点在于通过再生强化黎族村寨的民族风情，可以通过修整甚至按照黎族传统营建思想部分重建特色明晰的传统聚落。选择交通区位较好、生态环境优美、仍保存黎族传统聚落空间形态及部分黎族传统船形屋建筑的聚落。结合自贸岛和全域旅游建设，将其纳入岛内旅游路线中。以黎族聚落为载体，展示黎族船形屋、隆闺、牛栏、猪栏和以基石垫底、悬空地上的谷仓，开展黎族舞蹈、酿酒、织锦、传统服饰服装以及结伴在树荫下扎染织锦、编织竹席、制作陶器木器技艺等活动。

第二条途径为"时代化"再生，是指放弃传统的绑扎、支撑等传统建构技术建构船形屋，而应结合现代生活需要，采用新的建构技术和建筑材料重新营建新的居住建筑，引导传统黎族村落时代再生。这条居住建筑具有船形屋的空间形态和精神特征，并以此建筑为单元，结合传统黎族聚落空间形态结构的特征进行空间布局，营建具有"时代"特征新的黎族聚落。这条途径适合于大部分黎族传统聚落。这条途径是区别于黎族"汉化"的路线。黎族"汉化"的结果是黎族失去了民族自身的传统，这包括其对延续上千年的聚落空间形态结构的理解以及依附于其上的传统文化和习俗。因此，黎族"时代化"再生应立足黎族本身特点，将黎族传统聚落空间形态结构特征与具有黎族"时代"特征的建筑结合，避免了黎族彻底的"汉化"。

（四）汉族传统聚落保护与再生的有效途径

海南岛汉族传统聚落保护与再生主要通过历史文化名镇（村）、特色风情小镇（村）、美丽乡村三条途径完成。虽然三条途径的传统聚落保护与再生在海南岛已经有部分完成案例，但只是"点"式探索方式，并且是建构在不同的目标下：历史文化名镇（村）是为保护传统聚落，特色风情小镇（村）是为旅游发展，美丽乡村是为改善村落环境。在实践中没有形成明确的目标和原则来协调三条途径建立覆盖全岛的保护与再生体系。

将传统聚落的保护与再生作为三条途径的统一目标，形成相互间的交叉点和联系的纽带，建立各有侧重的保护与再生的体系，用统一的目标明确各自的原则，建立覆盖全岛的传统聚落保护与再生指引。每一条途径对应不同特点的传统村落，通过科学、细致的调查分析，科学的评价，合理的分类，建立覆盖全岛的传统聚落发展指引，明确传统村落的发展方向和保护与再生的途径。

三、传统聚落保护与再生对策

（一）空间管治，分级保护

根据聚落的现状、历史、艺术价值、风貌特点，确定不同的保护级别。海南传统聚落的存在不仅仅反映了当地现实的人居环境，还是历史文化的遗留，只有建立在基于保护层面的有机更新才能深化地方历史风情，才能使身在其中的人们感受到传统风貌的特性及美学价值，才能体现出聚落存在的意义。在对传统聚落保护再生时在空间层面上应该因地制宜，划定传统聚落保护范围，采用相对应的保护模式和时序，循序渐进，分期分步骤实施。从保护范围来说，参照《历史文化名城名镇名村保护条例》相关规定，将传统聚落划分为三个层次：核心保护范围、建设控制范围以及环境协调范围。核心保护范围即为绝对保护范围，此范围内必须保持传统聚落的真实及整体完整性和原有的风貌格局，可对局部空间进行改造调整；建设控制范围为核心保护区的周边地块，应采取保护与建设并重，但应严禁一切有损保护环境的破坏活动以及不协调的生产建设及经营活动，着重延续传统聚落的历史风貌特征；环境协调范围以建设发展为主，规划对空间轮廓进行控制，区内建筑整体色彩、形式应与周边聚落风貌相协调，应能够承接新旧建筑过渡的冲突。

从再生时序来说，对传统聚落进行就地改造和环境整治时，近期内应该主要针对和当地居民安全、生产、生活密切相关的项目，如拆除危（破）房、增加公厕等，主要达到加强村庄应变灾害能力、提高村庄环境卫生程度等村民最急需解决的问题；中期则应逐步改善聚落内的交通条件、整理护岸、建设文化体育活动场所、整治民宅，从而改善村民居住条件、出行条件和生活环境，成为公共设施完善、环境优美、适宜居住的现代型聚落。在再生改造的同时，还应该着重乡土特色的保护。

从聚落空间格局与功能来说，海南传统聚落可从公共空间、环境要素、基础设施、民居建筑等几方面进行保护再生。

第一，公共空间的重整，如土地庙、祠堂、广场等。这类公共空间在传统聚落中总是扮演举足轻重的角色，是凝聚聚落集体意识、联络当地居民的感情、进行公共活动的中心。在未来的发展中，应继续保留其作为公共活动中心的功能，同时还应引入新的功能，进行节点意象营造，提高公共空间的使用性，管制公共空间的私人占用，使其在传统聚落的现代化转型中成为更为开放的公共生活空间及活动场所。同时，应根据需要增设公共活动空间，如儿童游戏场、绿地等，改善当地居住环境。

第二，环境要素的保护与再生，如街巷、溪流、绿化等。这些内容往往是聚落与外部自然环境的衔接内容，不仅决定了聚落集聚区域的景观环境与自然条件，也对聚落的基本格局与整体形象产生影响，是聚落生存发展的支撑。因此，对这些环境要素进行保护再生需要结合整体自然环境进行综合性、合理性的考虑，深谙蕴藏其中的地域文脉，寻求最可能的传统与现代相融合的合适方式。

第三，基础设施的完善。现代生活中所需要的基础设施一般有公共服务设施、行政服务设施、公园绿地、交通设施、市政服务设施等。从海南传统聚落的现状分析得知，当前的海南聚落中相关基础设施如道路、排水、电力、电信、消防等不是缺失就是陈旧杂乱。因此，对聚落中基础设施的再生与完善亟待解决，应该根据实际情况合理增设诸如电力电信设施、给水排水与排污设施、垃圾处理设施、交通设施以及消防设施等基础设施，以提高当地居民的居住质量，保障当地居民进行正常的现代生活。

第四，民居建筑的有机再生。通过对聚落中的建筑进行分析研究，着重把握建设年代、屋顶的建筑形式、墙面的砌筑形式、整体的色彩以及门窗细部等内容，对其在保护的基础上进行适当的再生改造。

（二）强化管理机构和资金来源

在保护再生中，应强化管理机构，制定相应的保护法规。通过法规的实施，使保护真正落到实处。同时管理机构应在资金协调、产权协调上发挥应有的作用，充分发挥各方面的积极性，多渠道融资共建，实现保护的良性循环。

1. 健全保护制度，强化保障体系

1）保护体系：明确传统聚落保护范围，建立有效的保护体系在受到城市化建设肆虐之前，海南传统聚落（除了列入相关文物保护单位之外）基本不存在也不需要如此迫切地建立现代城市意义上的完整的文物保护

制度。但在面临传统聚落逐渐消逝被现代建筑取代的严峻局面，制定相关保护条例、保护办法，积极发掘、抢救、保护具有价值的文物资源势在必行。应该加快制定针对海南传统聚落民居的保护与再生、拆迁与安置、相关部门职能职责、容积率与开发权转移交易政策等的具体详细政策和规定。

2）产权制度：明晰产权主体，提倡多元化的产权形式与功能，传统聚落的保护经常涉及产权归属问题。模糊的产权易导致各利益主体之间因利益不均衡而出现冲突矛盾等，从而增加保护工作开展的难度。当地居民由于无法长期稳定地拥有自己的房屋产权，必然只是短期参与保护，而无法长期投入资金对民居建筑进行维护更新。因此，应该明晰产权主体，提倡多元化的产权形式与功能。

2. 理顺管理机制，建立监管制度

1）明确管理主体的责任，提倡多主体参与的合作型途径

传统聚落的保护是一项有意义的文化活动，是政府依据法规进行维护公众利益的行政管理活动。在这项保护进程中，仅靠纯技术上的保护是远远不够的，政府、开发商、当地居民三者之间的相互关系才是保护工作实施中必须明确处理的问题。因此，传统聚落保护工作中科学的管理机制的建立不可或缺。海南传统聚落不仅是保护的问题，还涉及传统聚落的更新与发展，这是一项浩大系统的工程，故应明确保护管理的主管部门以及相关协助管理部门的职责，尽量避免职能交叉重复，保证高效率的行政措施。

2）建立分级管理制度和利益协调机制

在明确了管理主体与相关协管部门的职责的同时，应该着力处理民间相关利益主体的参与管理与利益协调的问题。传统聚落的保护管理涉及民间利益相关主体，不能一味追求政府单方面的集权管理，这样不仅管理成本高、管理效率低，还会造成与当地居民意愿相抵触的矛盾现象，最终导致决策难以执行，保护工作难以施展。因此，应该建立分级管理制度及相关利益协调机制，及时沟通解决政府与当地居民、政府与开发商、当地居民与开发商之间出现的矛盾或信息延误或利益冲突等问题，以免问题发展到不可调解的地步而产生不可挽回的损失。

3）建立合理的监督协调机制

从既往的相关实践经验看，很多传统文化遗产的保护规划经常是"此时一套，彼时一套"，规划赶不上变化。究其原因，是因为缺乏相关合理的监督协调机制或是监督约束力度不够而导致。传统文化遗产的保护涉及各部门、团体及个人的相关利益，每一方都有不同的利益侧重点，监督协调机制的建立应该覆盖多方人员，在提高决策透明度的同时，应该提倡民主监督，充分集结社会多方力量共同监督管理。

3. 开放资金来源，规范投放制度

1）开放多元融资渠道，促使保护资金的多样化

从国外先进的文化遗产保护案例来看，其保护资金的来源是多样化的。欧、日等发达国家实行国家投资带动地方政府资金相配合，并辅以社会团体、慈善机构及个人的多方合作的资金保障制度。同时，资金的筹措方式也是多渠道、多层次的，可通过贷款、公用事业拨款、减免税收、发行奖券等途径。海南传统聚落保护资金的来源渠道，可借鉴国外先进经验，配合当地的具体情况，开放多元融资渠道，促使保护资金的多样化，有效利用企事业、社会或是个人的资金，以弥补政府财政投入的不足，这样才不会因仅仅依赖地方政府投入而致使保护工作的实施受限、保护不力等问题的出现。

2）建立保护资金的管理运作机制

对传统聚落保护资金的筹措之后，应该建立相关管理运作机制，以便保护资金的统一管理和科学投放，同

时应该实现保护资金使用情况透明公开化，实行专款专用，弹性操作，接受社会公众的监督，防止保护资金的使用过程中有不良分子借机谋取个人私利。保护资金投放之后带来的相关增值如环境整治带来的土地和营业效益可再次投入于此后的维护整治工作中。

4. 非正式制度：发挥乡规民约和村民自治的作用

当地村民是聚落首要的环境使用者，是传统聚落中的生活与文化共同体，本身也是地方文化展现的一部分。鼓励当地村民积极参与聚落空间的建设营造，成立自发性的管理组织有利村落的延续与发展。村民自治本质是赋权于民，实现以往的政府外部性管理转向当地居民的内部自主管理。这种自主管理有利于保护工作成本的降低与效率的提高。在海南传统聚落的保护与再生中应该充分重视村民自治，对村民自发的修缮祠堂行为应加以鼓励和引导，大力宣传古建筑修缮的原则和相关知识，形成民间保护团体，督促和监管保护工作的开展。

普及保护知识，提升公众保护自觉性。在公众参与的前提下，首先就需要公众有自觉的文化保护意识，理解并懂得去积极参与。所以，相关保护知识的普及是最直观有效的方法。保护知识的普及有多种形式，比如给当地居民印发关于海南传统聚落保护知识指南、民居建筑的日常护理常识等宣传学习册，同时通过网络媒体等电子数据的方式宣传公益广告，使这些保护知识渗透到当地居民生活的每个角落，让当地居民的日常生活行为受到潜移默化的影响，久而久之，保护知识便会成为当地居民生活的一部分。文化首先被它的拥有者热爱才会传承。提高村民文化自觉是长期和深入的事，但如果只让人们拿着自己的"特色文化"去赚钱是不会产生文化自觉的。在这方面，鼓励和支持志愿者和社会各界投入、参与和帮助传统村落保护，也是推动全民文化自觉的好办法。

在鼓励村民自治的时候适当加以引导，在乡规民约中加入村民建房的造型、色彩、朝向、高度等要求，引导当地整个传统聚落风貌的控制与保护，这将比控规制定的指标和城市设计制定的导则更为有效，同时还能引导当地的社会、经济、环境、文化、生态的全面协调可持续发展。

5. 文化立业，旅游转型

1）建立创意文化地景，带入当地的文化与资源

聚落代表一种地理景观，一种生活方式，一种当地文化。因此，应充分继承和发扬海南传统聚落的文化禀赋，以"体验式"的文化旅游方式引导适应现代生活的新产业，完善文化功能产业功能链，构建具有当地浓郁文化气息的传统村落。对于海南聚落的保护和开发，不应该单纯认为海南传统聚落就是只有十类型的传统建筑，应当深度发掘海南传统聚落的文化内涵，激发当地居民浓厚的乡土记忆和情感。同时，以海洋文化、宗族文化、客家文化、渔耕文化等为重点，建立创意文化地景，让游者以文化体验的方式来了解当地，比如说海南陵水当地怎么出海捕鱼、海南军坡节怎么进行祭祀及庙会活动、哪座民居有什么故事、哪里有什么禁忌等。

2）引导和规范文化旅游产业，化保护与开发的矛盾为动力

海南传统聚落是人工与自然的有机结合体，是物质文化与非物质文化的产物，其中包含了海南当地的渔耕文化、居住文化、饮食文化、宗族文化及其他民俗文化等，是海南文化产业开发中独树一帜的市场潜力资源。以文化价值为主导的旅游产业能带动并刺激相关文化层面产业及外围层产业的发展，为当地的经济发展提供不可小觑的推动力。比如反映海南当地文化精神、历史记忆的书籍、影像出版，或是呈现当地民俗风情的文艺表演等相关文化产业，或是相关文化配套休闲服务。同

时，文化旅游产品的开发与发展也为当地的产业结构调整提供了新方向。所以，应该合理地结合海南当地的历史文化资源，化保护与开发的矛盾为动力，引导并规范当地的文化旅游产业，培育扶持文化产业的发展，使之形成体系完善的文化旅游市场，为当地的社会文化、经济发展等作出贡献。

第五节　传统聚落空间保护与再生内容

一、空间肌理

传统聚落空间肌理的要素包括：一是街巷，传统聚落景观的空间骨骼和线性空间。很大程度上决定了传统聚落肌理的空间结构并形成深刻的空间记忆印象。二是建筑，传统聚落肌理结构中的基本单元，传统聚落中的"底图背景"决定了聚落文化特征，应当具有地域性。

经过对聚落要素的提取和再现，传统聚落空间肌理重塑的关键步骤在于建立比较完整的框架结构。在这其中可以利用点、线、面的形式放在聚落的设计当中。保留完整的传统聚落建筑空间格局和肌理，保护和延续聚落的路网格局，如维持原有巷道空间形态，而村中必要的车行道路则规划在传统村落核心区外围，尽量减少机动车的干扰。

"梳式布局"的街巷组织形式是琼北传统聚落的脉络，设计延续古村原有的街巷肌理，以南北向沿湖的道路作为古村街巷的中心骨架，东西向扇形分布的巷道由南北向中心骨架发散布置，形成聚落内部的"枝状"交通网络，各建筑基本分布于相邻的两条巷道之间，使"枝状"街巷承担起两侧的建筑交通组织功能。

扇形梳式布局的空间肌理多以"多进院落组成的纵向空间"为主，并具有向心性。村落的中心通常由宗祠建筑、广场、水塘和古榕树等要素构成。如澄迈县老城镇石矍村传统村落保护发展规划就保持村落中心原有的这种空间格局，以湖面、广场、宗祠为核心，组织展览功能，形成主要的开阔景观空间。沿等高线呈扇形分布的十八行村建筑群面向林氏祠堂向心布局，更是典型的琼北聚落的经典格局和空间形态（图8-5-1）。在保护传统村落空间肌理的原则下，还可着力引进新的生活形态，吸引展示、文物、艺术工艺品、书店、演艺、休闲饮食等各种文化商业，使建筑空间的历史感和新生活形态的文化品位结合在一起，使文化享受达到了新的境界。

三亚亚龙湾度假别墅区基于海南黎族传统村落格局为原型的地域性聚落实践研究，将海南传统聚落作为整体设计的源泉，以经典黎族传统村落为原型，对建筑空间布局进行重塑。黎族传统民居村落聚集形式是自由散漫的，三亚亚龙湾度假别墅区单栋别墅自由地散落在海南的大山森林自然环境中，别墅采取架空，天然树木植被，顺应山地的走势和保护其中的生态植被（图8-5-2）。

二、节点景观

节点是聚落空间结构的锚固点和特征点，它在聚落形象中的非"匀质"特征使之成为聚落记忆的驻足处。海南传统民居聚落的重要节点空间主要体现在村口、广场（或戏台）、街巷交叉点以及水井等空间处，当然还包括由宗祠、寺庙等组成的公共建筑空间。如澄迈县石矍村，规划沿湖道路设置了南入口空间、公共广场、

图8-5-1　文昌市十八行村扇形梳式布局肌理（来源：《文昌市会文镇十八行古村落保护规划》）

海南黎族原始村落布局　　　　　　　　　　　　　三亚亚龙湾鸟巢度假别墅区布局

图8-5-2　三亚亚龙湾度假别墅区设计演变图（来源：唐秀飞　摄）

中心水塘景观等多个景观点。古朴通透的广场、自然开阔的水面、古老延续的建筑，体现了海南浓郁的传统景观特征。

1. 村口节点空间

村口是聚落的门面，是村民出入聚落的要道，因此它也就成为一个聚落里面最重要的节点空间与景观建构。海南传统聚落处理村口的手法多样，最常见的主要是利用庙宇、古树、村门等要素，结合地形环境进行不同的组合与建构。

海南海口羊山地区村落的特色入口是每个村落都有火山石垒砌的石门，作为一个村庄的标志。抑或者一些村落重建了更为气派的村门，并常在村门两侧用一首藏头联表示村落的名称。如道贡村：道标翘楚辈庚秀，贡炳瓜瓞世永昌。儒堂村：儒合云齐天赐福，堂存恩德保安康。春藏村：春华正茂江山聚秀归仁里，藏集精英圭壁联辉映德门。这些对联充分展示了村落深厚的文化底蕴（图8-5-3）。

这些形式各异的村口节点空间的处理手法，在聚落的布局中起着重要的作用，它既标识了聚落入口的系列空间，界定了聚落内外的空间界限，又增加了村落的隐蔽性和安全感，还大大丰富了聚落景观，同时也给村民

提供休闲、娱乐和交往的空间。如三亚崖城镇保平村，强化南村口景观特征。因地制宜，利用傍水之势采用亲水驳岸的设计处理，且围绕村口老树，辅以地面铺装，构建村头主要开放空间，聚集人气，提升村口的活力（图8-5-4）。

2. 公共空间

广场是海南传统聚落中主要用来进行公共交往活动的场所，但由于受到自给自足的农业经济的影响，传统聚落很少设置供人们进行公共活动的专门广场，其公共活动往往是跟宗祠、戏台等公共建筑结合起来的，以满足祭祀及其他庆典活动的需要。

海南琼北地区传统聚落的广场空间常常设置在开阔性的场地，与传统村落中的入口、古树、牌坊、村门、土地庙、村庙、祠堂、水塘、湖、水井等要素组成空间序列。如海口市秀英区石山镇美社村是以福兴楼以及楼前的公共广场为聚落中心，村民交往的主要活动也都在这里完成（图8-5-5）。

传统乡村聚落中的广场公共空间，承载着乡村居民的生活习惯与公共活动，维系着社区的认同感，展现出村落富有生活气息的一面，传承和再造具有文化内涵和展览功能的节点空间，可以唤醒村民原有的生活记忆，

图8-5-3 火山石村落的村口布局（来源：唐秀飞 摄）

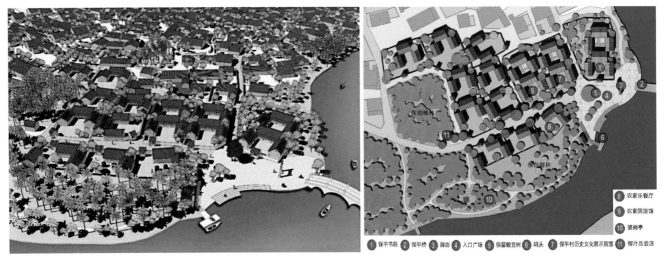

图8-5-4 三亚崖城镇保平村村口广场片区设计（来源：《海南省三亚市保平村历史文化名村保护规划》）

图8-5-5 海口市石山镇美社村公共广场（来源：费立荣 摄）

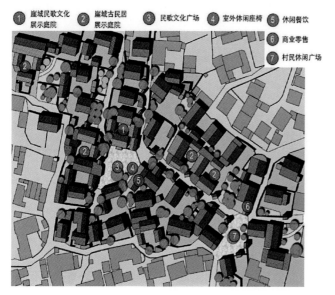

① 崖城民歌文化展示庭院　② 崖城古民居展示庭院　③ 民歌文化广场　④ 室外休闲座椅　⑤ 休闲餐饮　⑥ 商业零售　⑦ 村民休闲广场

图8-5-6　三亚崖城镇保平村中心广场设计（来源：《海南省三亚市保平村历史文化名村保护规划》）

空间形态中各个要素进行符合居民生活的各项治理措施。

1. 铺前古镇改造

铺前古镇至今保留着海南保存最完整、具有南洋建筑风格的百年老街——胜利街。胜利街两侧皆为骑楼式建筑，独具特色，各建筑无一雷同，具有很高的建筑艺术和旅游价值。为了让骑楼老街保留100年前的风格，文昌市铺前镇对老街进行了立面改造和修复（图8-5-7）。

除了骑楼老街的改造外，2017年铺前镇启动新兴街综合改造项目，对新兴街建筑立面进行改造，延续了南洋骑楼文化特色，其中骑楼样式达70多种（图8-5-8）。

2. 琼中县城立面改造

琼中县城街景立面改造围绕"城景合一、产观一体、山水互动、黎苗风情、功能完善、绿色低碳"的生态县城建设理念，让一个曾经斑驳古旧、坑坑洼洼的山区县城，蝶变成一个风情浓郁、平坦畅通的绿色生态山城。改造设计创造性地引入"第五立面"概念，将黎族船形屋从地面搬至临街建筑顶部，并加入墙体彩绘等现代化元素，形成独具特色的"后黎苗"建筑风格，令人耳目一新（图8-5-9）。

街景立面改造以现有建筑主体为基础，按照"美化、提高、一楼一策、每段结合"的原则，根据建筑物的状况不同，分别对沿线楼体进行拆除、清洗、加装、改装、加建、改建、刷涂、贴砖等处理，将建筑旧貌建设成为与旅游特色城市及环境相协调的特色建筑（图8-5-10、图8-5-11）。

建筑立面及形象以黎苗建筑风格为基调，突出民族建筑风格。建筑体型设计上采用现代与民族相结合的风格，动感、简洁（图8-5-12）。立面设计将结构构件、遮阳构件与实体墙面相结合。建筑外墙饰面材料主要为仿砖贴面和外墙涂料相结合；玻璃选用无色透明玻璃，玻璃与外墙形成明暗虚实对比。

再现具有传统魅力的公共空间。如三亚保平村为了营造村中心文化广场氛围，一是严格控制广场周围建筑高度，建议拆除广场西南侧3层与传统风貌不协调的建筑，以郑宅为主体建筑打造广场空间，修缮建筑立面，赋予院落为古民居展示功能。二是改造广场地面，以本地石块为主要铺装，广场中心采用石材铺装，树池铺装点缀其中，丰富铺装形式，崖城民歌展示可在广场里进行。三是广场东侧混凝土平顶建筑与广场周围建筑群风貌极不协调，建议拆除，新建建筑应与周围建筑形式统一，作为配套商业服务功能（图8-5-6）。

三、风貌整治

传统聚落整体空间不仅包括建筑空间形态还包括整体自然环境，它们一起构成了传统聚落的整体风貌。但传统聚落历经沧桑，经过历代人的生活不可能没有留下损伤以及顽疾，不论是自然环境方面还是在传统建筑方面都需要修补与整治使之能够重现往日的风采。风貌整治的策略是指在坚持传承策略的基础之上，对自然环境与建筑

图8-5-7 文昌市铺前古镇建筑
风貌整治（来源：费立荣 摄）

图8-5-8 文昌市铺前古镇建筑
风貌整治（来源：费立荣 摄）

图8-5-9 琼中县城改造后街景照片1（来源：费立荣 摄）

图8-5-10 琼中县城改造后街景照片2
（来源：费立荣 摄）

图8-5-11 琼中县城改造后街景效果图（来源：费立荣 绘）

图8-5-12　琼中县城改造后街景照片3（来源：费立荣 摄）

四、功能置换

　　传统聚落公共空间的建筑使用功能是与传统农耕社会及封建制度相适应的，其中的一些建筑功能随着现代社会制度与现代生活模式的改变而不合时宜，必须经过调整，重置这些空间的建筑使用功能，赋予其新时代的使用意义。功能置换的策略是指通过对现在已无使用或很少使用的空间进行功能改造重置。一是对已无原有使用功能的建筑空间进行功能上的置换。例如：将价值较高的标志物建筑如衙门、镖局等改造成历史文化博物馆、民宿展览馆等；将传统手工作坊改造成传统工艺陈列馆等。二是对仅有很少原有使用功能的建筑空间进行功能上的叠加。例如：为戏台增加放映多媒体功能等。三是增加原来没有、现在需要的建筑空间，例如公厕、浴室等。

　　海口连理枝民宿，利用村民已建多年老房子装修翻新或自家宅基地建设。通过对其整体改造，青砖外墙，花枝小院，既有渔家风情又兼具琼北民居格调，很好地融合到村落中（图8-5-13）。客栈由开发公司统一经营管理，工作人员即为原住居民，他们需要对客房进行打扫和清洁服务，海口用此类方式盘活了民宅的使用价值，提高了就业率，同时也发挥了原住居民最大的积极性，提高其服务意识。

　　连理枝渔家乐民宿旨在打造"吃在渔家，住在渔村，体验渔乐"的特色民宿，民宿传承海南传统民居建筑风格，采用船木的装饰材料，内置红木家具，让游客可以面朝大海、亲近红树林（图8-5-14）。

五、产业植入

　　纵观乡村振兴中的举措，不再只是改造、整治、统一、规划、指令、教化，越来越多地重视扶持、保护、发展、美容、介入、引导，充分考虑当地的文化和经济诉求，以产业振兴、植入新业态的方式，改变空间的同时，涉及经营和产业。如海口市永兴镇冯塘村，其乡村振兴示范区以产业为核心推进冯塘村乡村振兴，将冯塘古村打造成"吃住行游购娱学研"于一体的冯塘景区（图8-5-15）。冯塘村乡村振兴示范区建设通过生态修复，完善湿地景观配套，建设独具风格特色的绿水青山，形成服务配套齐全、一二三产联动发展的品质景区，打造成新网红旅游目的地。同时，对整村进行保护性改造开发，将30多间闲置古屋进行修缮，完善基础

图8-5-13 海口连理枝民宿1（来源：费立荣 摄）

图8-5-14 海口连理枝民宿2（来源：费立荣 摄）

图8-5-15 海口市永兴镇冯塘村（来源：费立荣 摄）

设施配套。鼓励企业植入民宿和庭院经济等业态，开发古村独特经济利用价值。发展特色产业，继续发挥冯塘绿园品牌优势，将冯塘绿园升级打造成一个集休闲观光、采摘体验、度假、美食、养生健身、拓展体验、居住为一体的综合型旅游休闲农业观光共享农庄；开发古村精品民宿及庭院经济，由企业统一经营管理，村民入股合作，经营精品民宿，植入慢生活吧、老房子咖啡、火山八音琼剧馆、本土特色美食等产业，打造一塘两路八巷三十六宅旅游业态。

海口永兴镇火山村，地处海南海口火山口国家地质公园境内。属于琼北新生代断陷盆地中，羊山腹地，海拔30～220米。当地村民利用得天独厚的条件种植荔枝，2014年创立火山村荔枝品牌。永兴土壤多属火山喷出岩风化而成的石砾黑壤土，有机质丰富，富含矿物质中的"硒"元素。灌溉荔枝的水源是火山岩深层的天然矿泉水，肥料则是高山中黑羊的粪便，这造就了火山荔枝个大的特点，打造火山荔枝王（图8-5-16）。火

山村结合并借鉴日本"大村梦幻农场坚持办新鲜组（农产品直卖所）与农户合作"案例，将实现以荔枝为代表的火山物产的种植、加工、体验消费一条龙作业，形成一二三产融合发展，即"1×2×3=6"的"6次产业"格局。还可利用"6次产业"的产业逻辑做出火山村农业的价值。用火山村粗犷豪迈的精神与消费者的乡愁对接，与消费者正在寻找的"诗与远方"链接起来。把土里土气变成扬眉土气，把乡村变成令人尊重和向往的地方，营造出火山村荔枝主题共享农庄。

图8-5-16 海口市永兴镇火山荔枝王（来源：费立荣 摄）

第六节 传统聚落空间保护再生案例

一、历史街区的保护实践

（一）海口骑楼历史文化街区

海口骑楼老街位于海甸溪南岸，长堤路以南，龙华路以东，和平路以西，解放西路、文明路以北，地处海口旧城区中心地带，主要由中山路、解放东路、得胜沙路中段、博爱路以及新华北路等十余条老街构成（图8-6-1）。

最早的骑楼建于1849年，是在海口所城内的四牌楼街。而海口骑楼街区的真正兴起，始于1910年前后，其标志是振东街的出现。此后由此向其他的街区拓展，并形成了现有的骑楼建筑历史文化街区格局（图8-6-2）。几座或十余栋骑楼参差错落毗连在一起，店屋前连廊连柱的长廊连接起整个街区，既可为往来的行人撑起一片遮挡烈日暴雨的天地，营造出相对凉爽的环境，又可成为商家谋业招徕顾客的开放交流场所。

海口旧城中心街道宜人的空间尺度，融合了民族传统和西方古典柱式的南洋风建筑以及沿街延绵遮阴避雨的骑楼，赋予城市形象以鲜明特色和巨大魅力。作为传统的商业服务和文化娱乐中心，迄今还是海口市最富有吸引力的地区。

积极保护和发展海口的历史街区是站在时代高度，引领未来城市发展的战略性步骤，对于海口历史文化街区和遗产的保护和发展将有别于以往城市发展的新的选择。

1. 街巷空间形态

街道自古以来就是城市中主要的空间形式，一个城市的街区空间环境既反映出该城市的肌理与格局，又反映了城市的文化特征。

海口老城区内的骑楼街巷的形态主要受到当地经济、地形地貌、江河水系、自然日照、风向、建筑功能的综合影响。街巷呈现出适应性强，形态自由多变的特

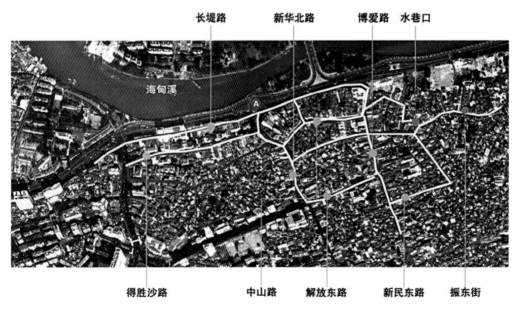

图8-6-1 海口骑楼街道分布概况（来源：陈潇《海口骑楼建筑研究》）

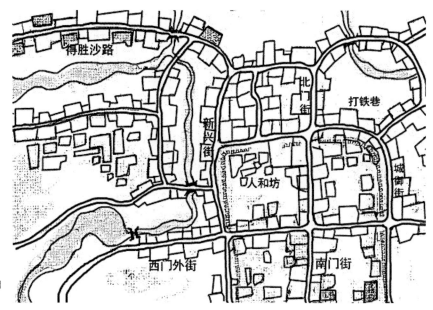

图8-6-2 民国时期海口老街平面图
（来源：陈潇《海口骑楼建筑研究》）

点，多数骑楼街道是沿水系布置，由平行的横街和垂直港口的纵街组成，这与南方沿海城市商港兴市的观念有关。通常临水的骑楼建筑群分布密度大，便于商家水上交通运输，完成商品集散和人工搬运。

1）横向弧线型

海口骑楼老街内的街道多采用弧线型的曲面，并不是僵硬的直线线条，海南民间有"以其弯曲汇聚财气，阻挡财富的流失"之说。整体布局既考虑了街道的整体和谐性，又适应了个体经营的需求。弧线型街道打破了传统直线型街道单调沉闷的视觉环境，使骑楼街道的整体景观环境富于变化。如海口骑楼街内的长堤路、得胜沙路就是沿海甸溪横向水平展开，横向街道对沟通东西

向骑楼街区起到了重要的作用，有利于骑楼建筑的采光（图8-6-3）。

2）纵向扩展型

纵向扩展的街道呈南北走向，主干道与小巷相互交叉形成"十"字形、"丁"字形、"之"字形、"Y"字形等街道形态（表8-6-1）。

（1）"十"字形多出现于主干道与支路相交处，交叉型街道具有划分街区、增强交通导向性的功能，顺应不同地形的需要，同时还可以预防火灾，便于疏散人流。如老街内的博爱路与东西市场交汇处，解放路与新华路交汇处，新明路与博爱南路交汇处，大兴街与博爱北路交汇处。

图8-6-3 海口骑楼老街内的弧线型街道——得胜沙路路段（来源：陈潇《海口骑楼建筑研究》）

平面形态	街景照片	基本信息
		形态："十"字形 地点：博爱路与东西门市场交汇处（明清时期此处为海口所城东西轴线与南北轴线的交汇处）
		形态："十"字形 地点：解放路与新华路交汇处（原为繁华的中心集市，商贸活动频繁）
		形态："十"字形 地点：大兴街与博爱路交汇处（此处为海口所城北门口，清末时期为海运贸易的聚集点，许多商家在此做生意）
		形态："丁"字形 地点：胜沙路、长堤路与新华北路交汇处（此处为海口所城南门位置，是连接海口与琼山的重要节点）
		形态："之"字形 地点：长堤路、中山路、博爱路交汇处（清末海口所城东门外的海运码头，是海上贸易的关口）
		形态："Y"字形 地点：中山路、水巷口交汇处（清末海运码头，是对外贸易的重要港口）

（图片来源：参考《海口骑楼街维修文本》自绘）

（2）"丁"字形道路具有很强的导向作用，街道的围合感强，如得胜沙路、长堤路与新华北路交汇处，中山路与博爱路交汇处，这些街道交汇处易形成视觉中心。

（3）"之"字形道路可打破建筑外部空间的单调重复，使街景在人的视线中产生丰富的变化；街区内主干道与支路的相交处形成多个节点，使街区的序列产生丰富的变化。如长堤路、中山路、博爱路交汇处。

（4）"Y"字形为最常见的三岔路口，这种道路形态可为人们提供明确的道路方向，如中山路、水巷口交汇处。

街道与建筑之间有着密不可分的关系。直线型街道两侧的建筑排布通常是规整的，但当地形发生变化时，街道的走向就会出现曲线、折线甚至是不规则，此时建筑的排布就显得灵活和自由，建筑内外空间都跟随地形变化而做出调整，因而街巷与建筑之间是一种相互影响、相互制约的关系。城市街道不仅具有交通的功能，而且两旁的建筑共同组织形成了重要的城市景观空间。海口骑楼街区的发展一直伴随着街道空间和街道生活，由骑楼建筑和街道构成的城市公共空间，对当地居民有着特别的意义。骑楼街道空间上的层次感、凹凸感可以形成生动而富有变化的视觉效果。它不仅为游客提供观光步行、集会交流场所，也是当地居民生意买卖、休闲放松的要道，骑楼与骑楼街的存在增强了人们的地域认同感，同时还营造了富有历史气息、人文关怀的公共空间。

2. 保护的目标

1）积极保护，维持历史原真性、生活延续性、风貌完整性、维护永续性——挽救城市历史遗产，去芜存菁，发扬优秀传统历史文化。以保护历史传统风貌为前提，注重维持历史真实风貌的协调性以及居民生活的延续性。

2）振兴旧城，创造活力——通过渐进式城市更新来提升旧城活力。注重城市基础设施的改善，创造经济发展必要条件；延续并发展传统生活方式，提高生活水平；引导城市产业升级，坚持可持续发展。严格控制风貌街区周边新建建筑的体量与形式，与各风貌街道统一协调。

3）以人为本，建设宜居城区——适当疏散旧城人口，营造适宜居住环境。依托历史街区风貌和文脉，发展城市旅游产业，使本地居民和外来游客间形成良好互动关系；使民生设施和旅游产业和谐共存；改善历史文化遗产和传统风貌的生存环境，促进传统和现代城区的共同发展。

4）发扬特色，打造旅游文化新地区——结合城市发展和功能置换，形成具有骑楼文化特色的历史风貌旅游地区，做好与之相配套的环境和设施建设，带动零售业、服务业的发展，使之成为城市来访者的必到之处。

3. 历史街区更新原则

1）持续性更新的原则

持续性更新的基本前提是确定一个保护的基底，在此基础上可采用三种方法。一是插入式方法，拆除原有建筑，在原有基底上按一定要求插入新建建筑。二是填充式方法，在拆除原有建筑后形成的一片空地上建造新建筑。三是更换式方法，拆除原有建筑后，按照原有格局和肌理新建以替换原有建筑。

2）"空间—功能—社会经济"三维互动的思路

为了有效应对历史城区保护与更新中的诸多问题与挑战，把积极保护、有机更新的原则落到实处，一个融合了经济、社会、文化以及物质层面动态综合发展的"空间—功能—社会经济"三维互动研究方法应运而生。

空间——深入调查和全面掌握现存历史文化信息，在尽可能保留现存历史信息的同时，加强历史研究特别是历史比较研究，力求从地区历史演变中寻找空间设计的历史要素。比如保护设计构思中街区绿化、公共场所空间等都是建立在可靠的历史基础之上的。在一些改动较大的地块，历史风貌早已面目全非，所以从空间角度看整个基地具有很强的非匀质性。基于这种情况，针对不同保护状况的地块采取不同的保护更新策略实属必然，这种对基地保护状况的全面调查分析则为空间方案的构思提供了现实依据。

功能——为了充分挖掘骑楼建筑历史地区的资源潜力，必须为其注入新的功能，而这一切都必须建立在对其进行准确功能定位的基础之上。

社会经济——历史保护的历史与现实复杂性要求必须统筹协调和综合考量各方面社会经济矛盾，而不能仅仅停留在空间或功能的图纸表达。

4. 保护与再生途径

以现存数条民国历史风貌的骑楼街区为核心，保存延续以商业、居住为主要功能，发展为具有丰富民俗生活和旅游价值的历史街区。历史街区融入城镇生活中，同时记载了过去、现在和将来城市发展的各种信息，是生生不息、具有活力的街区。

历史街区的保护与更新是一个长期的过程，需要制订循序渐进的发展策略。可以从改善基础设施条件着手，逐步降低人口密度，改善环境质量，引导业态水平渐进提升，形成良性的可持续发展。

5. 保护与更新策略

1）城市肌理延续

城市肌理是城市在漫长的发展过程中逐渐形成的城市形态和城市空间风貌的特有的体现，丰富的城市肌理是城市历史和文化传统、地方特色的生动反映。

海口骑楼老街的城市肌理富有变化，具有独特的形态特征；作为对于城市老区的更新，不仅仅是保留和保护建筑特色，更重要的是要反映和保护城市的空间格局和空间整体特色。

街道是城市肌理的骨架，而建筑组合的形态则是形成城市肌理最为重要的内容，发展过程中尽可能完整地保留原有的城市街道所形成的骨架特色，使得新形成的街坊的形态和尺度与原有的相吻合，同时，在建筑组合的平面布局中，维持其原有的形态特征。

2）复兴老街商业业态

骑楼是海口早期"前店后铺"的商业建筑模式，反映了建筑对特定的气候条件、文化特征和经济因素的适应。改造前的骑楼老街，商业业态水平普遍不高，大多为经营服饰、五金、家电、杂货小商品等的个体商铺，兼具零售和批发，环境也不理想。但是老街商业业态的形成是市场自发调节的结果：种类齐全、价格低廉的各种商品，具有传统特色的商业经营（饮食、土特产等），形成强烈的生活气氛，构成了老街的独特吸引力。而且，虽然商铺租金不高，但仍然是老街居民的主要收入来源。

与海口骑楼老街修缮保护工作同期开展的，不仅有文化发掘与利用，还包括业态调整。2013年初，海口骑楼老街首期完成水巷口及中山路修缮工作后，积极组织进行各类文化活动，进行业态调整。街区大力培育与发掘以南洋风情、海南本土文化为主题的各类文化产业企业进驻，并推动文化事业向文化产业转化，商业文化融合发展。通过文化融于商业、商业反哺文化，形成项目独特的核心竞争力。2014年初，作为核心示范街的海口骑楼老街水巷口及中山路首期业态调整工作完成，原有的五金机电类业态被新兴的文化旅游产业类业态所取代，同时也带动了周边街道业态的升级转型，出现了"椰语堂""自在咖啡""力神咖啡""哆咪会馆"等一大批备受关注的本土优秀业态。随着3A级景区的挂牌，海口骑楼老街迎来业态复兴的黄金期。

3）建筑保护与更新

基地的建筑按保护与更新类别确定为六类：修缮、维修、改善、拆除重建、立面整饰、规划新建（图8-6-4）。

修缮：对文物古迹的保护方式，主要是针对天后宫、海关大楼和钟楼的日常保养活动。

维修：对历史建筑所进行的不改变外观特征的加固和保护性复原活动。主要是针对几处重要的且为非居住功能的保留历史建筑所采取的保护措施。

改善：对历史建筑所进行的不改变外观特征，调整、完善内部布局及设施的建设活动。主要针对大部分保留历史建筑所采取的保护措施。

图8-6-4　海口骑楼历史文化街区改造后效果（来源：费立荣 摄）

拆除重建：主要是针对一般历史建筑所采取的整治措施，指拆除后在原址按照街区风貌要求的建筑高度、建筑位置、建筑风格予以重建，并保留有特色的建筑立面、建筑构件和其他风貌要素。

立面整饰：主要针对可以通过整治的措施使其与历史风貌相协调的其他建筑所采取的措施，包括通过改变建筑色彩和屋顶形式、立面装饰，甚至减层、局部拆除等整治措施达到与历史风貌相协调。

规划新建：规划新建的建筑应当在使用性质、高度、体量、立面、材料、色彩等方面与保留历史建筑相和谐，不得改变建筑周围原有的空间景观特征，不得影响保留历史建筑的正常使用。

4）植入主题文化旅游

海口老街是著名的历史商业区，在保留部分原有业态的基础上，努力促使街区向一个"开放式的，具有海口文化、地域风貌，集旅游观光、特色购物和展示城市历史三位于一体的南洋风情街区"转型，成为海口新的城市经济增长点和城市旅游的旅游吸引点。

街区将大力培育与发掘以南洋风情、海南本土文化为主题的各类文化产业企业进驻，发掘旅游吸引物与旅游热点，并推动文化事业向文化产业转化。海口骑楼老街及时培育及积极引入各类旅游文化产业：以海南炭化

世家主题店、画廊、老船长船木艺术公司为代表的艺术类文化产业企业进入老街；以林记马来西亚南洋文化餐厅、自在咖啡、蓝庭休闲咖啡、椰语堂为代表的一大批休闲类文化餐饮类企业进驻老街；以老书屋吧、哆咪人创意文化产业公司、毛海军书画互动吧、海南非遗拉乌红糖、海南力神咖啡文化推广机构、海口友文创意商业咨询有限公司（以色列企业）为代表的一大批新文化产业企业进驻老街，为老街提升文化内涵，成功向文化产业园区发展打下了坚实的基础。同时，也极大地带动了老街其他文化类企业、文化商业的成长，使得街区呈现欣欣向荣的景象，吸引了大批国内外市民与游客消费、特色购物及观赏。

2015年，中山路、旅游集散广场、水巷口街、博爱北路整体景观的形成，并注入海南特色文化这一主线，通过特色餐饮、本土小吃和主题文化酒店行业，着重打造"舌尖上的骑楼老街"和"旅行驿站"的旅游集散广场投入使用，海口骑楼街区初步实现"文艺复兴"的梦想，加快推动文化事业向文化产业转化，实现商业、旅游、文化的不断融合发展。

5）重要节点的场景再现

随着海口城市更新步伐的加快，旧城风貌已渐渐不适应现代城市活动和现代生活方式。在改造海口骑楼老

街时，适当恢复当年的重要景观节点并进行升级和再现，是对历史最大的尊重。除了对老建筑的修复改造，在老街区的入口处、靠近长堤路城市的界面上修建了一种新骑楼，这就是现在的旅游集散广场。如今旅游集散广场深受广大民众的喜爱。每到夜幕降临，人来人往，电动车川流不息，各类休闲活动争相竞彩，水巷口以全新的面貌重现着当年的繁华。

修缮后的海口骑楼老街不是"焕然一新"，而是"历久弥新"，非常具有历史沉淀的质感。在延续历史建筑寿命和使用功能的前提下，展现出海口骑楼丰富的、活态的历史和文化，实现了骑楼建筑这一历史文化载体的复兴。

（二）海口府城老街

1. 概况

府城历史街区位于海口市中心组团的东南侧，在府城的街巷空间中，大部分街巷继承了原古城的街区格局及空间尺度，只能够承载步行以及非机动车（电动摩托车）的行为，街巷空间尺度以步行（慢行）交通为主，空间尺度合理、宜人。

1）街巷肌理

府城历史上形成了"七井八巷十三街"，这里的"井"是指纵横交错，组成井字形的交通网络，也是古时买卖所称的"市井"，造就道路畅通、市井繁荣的城镇格局（图8-6-5）。

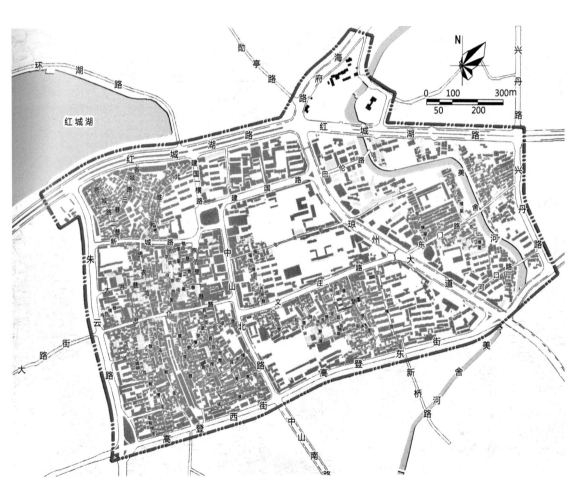

图8-6-5 海口府城街巷肌理（来源：《海口府城传统建筑历史文化街区保护规划》）

第一井是南门街（亦称鼓楼街）、尚书街（纵）和文庄路、靖南街（横）组成的第一板块，是繁杂的居民区。

第二井是尚书街、打铁巷（纵）和道前街、靖南街（横）形成的第二板块。

第三井是打铁巷、仁和巷为纵，文庄路、靖南街为横，构成的第三井板块。

第四井是中山路中段、县后街为纵，中介路、少史巷为横，拼成第四井板块。

第五井是中山路中段、县后街（纵）和少史巷、县前街（横）组成的第五板块。

第六井是县后街、草雅巷（纵）和中介路、小雅巷（横）组成的第六板块。

第七井是草雅巷、马鞍街为纵，中介路、塘坅巷西路和培龙市场南门（今扩展为高登西街）为横，构成第七板块。

"八巷"分别为：达士巷、草雅巷、少史巷、关帝巷、仁和巷、打铁巷、旦巷、双龙巷。

"十三街"分别是：北胜街、绣衣坊、马鞍街、镇台前街（今中介路）、县后街、县前街、关帝街、丁字街（今中山路中段）、府前街（今文庄路）、尚书直街、靖南街、南门街、东门街。

2）历史环境要素

府城历史街区内历史环境要素包括：古树、古井、古城墙、牌坊、古桥、其他历史环境要素（以古庙宇为主）等。

府城街区内古树共6处，分别为琼台书院内的鸡蛋花树、关帝巷内的古树、中介路古城春商城旁的榕树、大井横巷旁的两处古树（高山榕）、红城湖路古庙旁的古树。

府城历史街区内现存6处古井，包括：高登街旁的三合井、达士巷旁的钟芳井、关帝巷内的福地井，以及大井巷的古井、城墙街旁的古井、万寿亭街与中山北路交界的古井。

府城历史街区内现存两处古城墙遗址，分别为原古城墙西城墙片段，位于现中介路与草雅巷交界处；以及古城东城墙片段，位于东门路与东门三横里交界处。

府城历史街区内现存4处牌坊，即琼台福地牌坊、宗伯里牌坊、绣衣坊牌坊两处（绣衣坊南北入口各一处）。

府城历史街区内现存4处古桥，位于美舍河，分别为水街桥、青云桥、美舍河河口闸、河口桥。

其他历史环境要素有"九一八"纪念碑、中山亭、马皇康皇庙、三圣宫、万缘佛堂、火雷庙、城隍庙、祯敬堂等共14处。

3）文物古迹

府城作为一座历史悠久的文化古城，其拥有丰富而各具特色的历史文物古迹，根据调查，府城历史街区内共有22处文保单位。

（1）五公祠1处国家级文保单位。

（2）琼山城墙、府城鼓楼、琼台书院奎星楼、琼山学宫大成殿、吴典故居、黄忠义公祠、郑存礼故居、宋徽宗"神霄玉清万寿宫诏"碑、毋忘"九一八"国耻纪念碑9处省级文物保护单位。

（3）琼台福地遗址、达士巷古道、邢式祖祠、王国宪故居、定福灶君庙、三合井、钟芳井、三清观大型石雕像、林文英烈士殉难处纪念碑及林文英烈士纪念亭、中山亭、海瑞故居12处市级文物保护单位。

此外，还有绣衣坊、三圣宫等若干处历史建筑。

2. 发展目标

街区保护发展应在严格保护文物古迹和传统街巷格局特色的基础上，完善步行系统的建设，形成府城商业文化中心，将府城历史街区打造成富有历史文化特色的、人居环境良好的生活、休闲、购物街区。

1）保留府城传统建筑街巷格局，历史文物古迹原址原样保护，充分挖掘府城街区历史文化价值，保留及恢复传统风貌较好的传统街区，重新激发街区商业活动，同时保留街区传统民俗风情和生活方式。

2）改善或增加物质空间载体（博物馆、茶馆、老字号、广场、戏台等），通过恢复节庆习俗、民间艺术活动、现场手工作坊、传统生活场景等活动形式，演绎和展现府城（琼北）传统民俗风情和传统文化魅力。

3）通过改善交通，适当疏散街区人口，营造宜居环境，依托历史街区风貌和文脉（七井八巷十三街——千年古城格局、古城墙文脉），发展府城旅游服务业，使本地居民和外来游客形成良好的互动关系，促进传统和现代街区的共同发展。

3. 保护与发展策略

1）文物古迹的保护，历史遗存及历史片段的再利用

府城历史街区拥有众多诸如琼台书院、鼓楼、琼台福地、古城墙遗址等点状文物古迹，这些文物古迹的存在是形成府城历史文化街区特色的重要历史文化构件，同时也是府城历史街区文化经济竞争力的重要体现。

通过历史遗存及历史片段的再利用，营造风情浓郁、建筑尺度宜人、地方特色突出的最精彩历史文化街区。

2）传统街巷的保护

府城历史街区内的北胜街、绣衣坊街、忠介路、鼓楼街、马鞍街、达士巷等传统街巷是见证街区历史文化氛围的走廊，是街区历史文化肌理的标志，也是街区的重要骨架。保护好这些具有历史文化积淀的古街巷对于形成历史文化街区的特色形象和对外认同性具有重要意义。

3）府城街区文道建设

通过打通古城墙遗址片段、旧址所形成的环状线性空间，建设联系各个文物古迹和文化遗存片段的文道，并通过与各传统街巷空间有机交织，拓展了文道历史文化的深度和广度，为府城街区的历史文化复兴创造展示的空间。府城文道建设宜采用历史符号化的标志性设施，传达府城历史及特色。

4）形成传统特色商业步行街

强调和重视府城商业"十字街"格局，结合府城"七井八巷十八街"传统街巷格局的保护恢复，连片打造传统特色商业步行街。具体为忠介路、西城墙街、北胜街、绣衣坊街等（图8-6-6）。

府城历史街区作为府城地区的商业中心，其商业氛围浓厚，沿路商家林立，而且在诸如忠介路、宗伯里横路、县后街及其延长段等街道呈现了商业步行街的初级形态，但同时也存在着商住混杂、机动车特别是电动车横行的现象。因此结合府城历史街区的特色，对商业步行街提出两条控制要求：①商业步行街的商业业态应以特色小吃、特色服饰、特色旅游商品、古玩等为主；②商业步行街的主要出入口设置公共停车场及入口小广场，严禁机动车进入商业步行街。

5）商业娱乐、文化创意中心的建设

作为历年来府城地区的中心，在历史文化街区的中心结合现状用地特点，形成府城商业、文化中心，商业

图8-6-6 海口府城街巷效果图（来源：《海口府城传统建筑历史文化街区保护规划》）

文化中心以大型的百货、商场、超市、文化宫、电影院、图书馆等项目为主，形成辐射府城地区的商业文化中心，并作为海口主城区的副中心。

根据现状，通过用地功能置换、迁出和提升等，中山北路至南、北城墙街一带形成府城商业、文化展示和创意中心。

商业娱乐中心沿中山北路布置，以大型的百货、商场、超市、文化宫、电影院等项目为主，形成辐射府城地区的商业娱乐中心。

可将琼台师范学院、海南省新康监狱迁出，结合南、北城墙街文道，分别打造传统文化中心和创意工坊。可依托琼台书院，通过改造利用琼台师范学院现有的建筑等设施，打造高端传统文化体验中心；海南省新康监狱迁出后，可通过改造利用其原有建构筑物等设施，通过政策扶持引入文化创意企业和技术人才，打造府城历史文化街区的创意工坊。

6）提升府城商业业态

通过历史传统、文化创意、旅游、商业等业态的提升打造，激活府城活力。重视与强调物质文化遗产与非物质文化遗产建设并重，注重突出府城地域文化的整体性和居民生活的延续性。

7）非物质文化遗产保护和展示

预留非物质文化遗产传承空间，古老巷子注入时尚味道。在城市广场、公共绿地、小游园、院落、城墙、水系周边预留非物质文化遗产传承空间，安排非物质文化遗产的表演、活动、展示等。

将西城墙街作为非物质文化遗产展示街，将向人们展出海南特色小吃和海南特色工艺品。

依据府城历年元宵换花节情况，将纵向由绣衣坊至马鞍街和横向忠介路形成的"十字"街区，作为府城换花节彩灯路线。

结合公共绿地及广场作为非物质文化遗产展示地，以方便在节庆时期为人们展示海南八音、琼剧、海南歌仔戏等富有特色的传统戏剧、传统音乐。

保留、保护府城原有老字号商业并将其融入古城文化中。

二、历史文化名镇的保护实践

（一）中和镇国家历史文化名镇

中和镇是儋州古城所在地，为唐、宋、元、明、清及民国历代儋州（军、县）治所的所在地，是海南保存面积最完整的古城址（图8-6-7）。中和古镇是国家历史文化名镇，宋代大文豪苏东坡先生贬谪海南后居中和

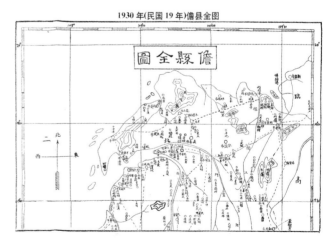

图8-6-7　儋州中和古镇图（来源：《儋州市中和国家历史文化名镇保护规划》）

三年，促进了琼岛的文化和社会发展。东坡遗风至今犹存，中和地区调声、楹联、诗词创作等特色文化活动极为活跃。中和镇境内的古迹有儋州故城、东坡书院、丽泽书院、山春小许村千年古树、许氏宗祠遗址等。

1. 历史聚落格局与文化特色

中和镇位于儋州市北部，其作为州或县的官署所在地，已有1300多年的悠久历史。宋代大文豪苏东坡曾谪居此地，开始了中原文化在海南的传播。

中和历史街区主要道路，南北向有解放路、复兴街、西门街；东西向主要有朝阳街、东风街、北门街；道路按路面铺装分为青石板路和沙土路，多数道路较窄，不足3米，路网比较规整，道路宽度和建筑高度比基本为1:1~1:2，比例尺度较显局促（图8-6-8）。

2. 传统建筑与历史遗迹

1）传统民居

传统民居主要以一层坡屋顶为主，大多为一主两厢的三合院格局。主屋内左右两侧各设两厢房，并于主屋

图8-6-8 儋州中和古镇平面图
（来源：《儋州市中和国家历史文化名镇保护规划》）

256

上方设有神龛。中和传统民居主屋前方多有一照壁。

在中和，不论是普通民居还是富商豪宅，几乎千篇一律在大门口放置有石狗，在主屋顶上放置陶罐，罐口正对大门。最初是为镇宅之用，后逐渐演变为一种传统的建筑装饰。

2）南洋风格骑楼建筑

复兴街历史街区是中和镇一条古老的、具有南洋建筑风格的历史街区。始建于民国12年（1923年），民国17年（1928年）建成。老街的街道路面均用青石铺砌。长约250米，宽7.5米左右。街道两旁的骑楼目前大部分仍保留原来的风格，整体风貌保存较好，其楼面上的灰泥浮雕图案及镂空纹样均清晰可见，只是年代已久，日晒风吹雨淋而变得陈旧老化。骑楼建筑风格沿袭了清代民间建筑风格，适当做了些创新，具有民国时期的特点。

3）文物古迹

中和镇有30多处文物古迹，由于历经沧桑，大部分受到严重损坏，现保存的文物古迹有古城垣、庙宇、庵堂、古街巷、古塔、历史纪念建筑和古建筑等13处。其中，省级文物保护单位2处，市级文物保护单位9处。

目前尚保存较完好的有东坡书院、儋州古城、宁济庙、桃榔庵、东坡井、关岳庙、魁星塔、复兴街、天堂春色等文物古迹。

除以上文物古迹外，还有孔庙、芳香亭、天后宫、接管亭、州署、太子庙、常平仓等30多处古迹，多数已破坏或改建。

3. 保护与再生途径

在全面保护街区风貌的前提下，通过各种可行的技术手段展示和"解读"文物古迹及街区风貌，提高本地居民和外地游客对街区历史、各类古迹（含古井、古树名木等）和文化、建筑艺术的认知程度，增强名城保护知识，弘扬传统文化，促进旅游发展。

西片保护原有路网构架，体现古街巷风格，东片在现有道路的基础上进行贯通。新区向南开辟，降低历史街区人口密度。

对现有的旧民居逐步更换，保持原有低层坡屋顶、白墙特色建筑外形传统形式，内部设施现代化。对于文物古迹的保护，采用整治绿地、配置传统植物的方法，体现传统的绿色文化。

4. 保护与再生策略

1）复兴街的整治与保护

根据保护规划的设计指导思想，在不改变建筑造型、立面、材料、色彩等的前提下，按南洋风格建筑形式，对每幢建筑物的细部进行分析。

街道红线8米。沿街建筑限制在两层以下，骑楼形式。楼层窗户一律为木制或仿木制形式，不允许做大面积玻璃幕墙或大块面装饰。色彩以灰白色饰面为主，不允许有浓重或鲜艳的色彩。沿街不允许各类广告、招牌和装饰构件等出挑（图8-6-9）。

为确保复兴街传统骑楼商业街的风貌，建议依照传统骑楼立面分为五个保护层次：

（1）绝对保护。针对文物保护单位和立面有特色、建筑质量较好的老店、名店，只能维修加固、清洗粉刷；不得改变外观。

（2）立面改善。针对风貌较好，质量一般或较差的建筑，对沿街立面在不改变外观的前提下，进行立面修整、修复；可允许更新旧屋及房屋内部改造，但建筑面积及体量不得增加。

（3）近期保留。建筑质量较好，但风貌较差，无地方特色，且位于非重点地段，对周边环境、风貌影响较小，近期暂时保留，局部整饬；远期允许拆除重建。

（4）立面整治。针对风貌较差的建筑，对其外立面进行改造，考虑文脉的连续，新建筑立面依据规划提供的符号系统表设计，建筑形式要与传统风貌协调。

图8-6-9　儋州中和古镇设计效果图（来源：《儋州市中和国家历史文化名镇保护规划》）

（5）更新建筑。将质量差、新建无特色的建筑拆除，按风貌保护要求重建，建筑层高限制在两层以下。

2）旅游植入

（1）旅游开发的框架主题

主题一："历史古镇"。保护历史遗迹、各级已公布和待定的文物保护单位和有特色的历史街区，再现古城风貌。

主题二："东坡遗风"。围绕苏东坡在中和的活动场所进行保护，再现东坡在古镇文化传播和生活的足迹。

主题三：传统习俗、民间文化、风土特产等。

（2）旅游规划

中和古镇的旅游资源可归纳为点、线、面相结合的空间结构。点指镇内的各个景点；线指三条街巷和一条滨江绿带；面指镇内的三个特色景区。

旅游线路分为车行和步行两条游览线路。车行游览路线主要是观赏古镇的外围风貌；步行游览路线主要是让游人进入镇区，参观各个景点以及参与镇内的各个活动。两条游览路线将景点、街巷和景区串联成一个整体。

对于停车场，在三个景区各设一处，方便游客停车就近步行参观各个景点。

①三大景区：

A. 东坡书院景区：为本镇的标志性景区。

B. 东坡故居景区：主要由东坡井、孔庙、桃榔庵和莲花塘组成，再现东坡谪居儋州时的生活场景。

C. 儋州古城景区：主要由武定门、镇海门、宁济庙、关岳庙、魁星塔、古井以及新修的角楼组成，领略古城风貌。

②三大街巷：

A. 滨江路：以东坡鸡、东坡鸭、东坡肘子等小吃为主，形成一个具有特色的东坡渔村。

B. 复兴街：以手工艺品和风味小吃为主，展现古镇传统的民风民俗。

C. 西门街、北门街：结合古城墙、护城河，以

欣赏有特色的地方民居为主，体现传统民居中的民俗生活风味。

③滨江绿带：

行走于北门江滨江绿带，游览天堂春色和接官亭，饱览滔滔江水、绿树葱茏。

3）街巷格局的保护与延续

为了维护街区空间格局的完整性，保护历史遗存的真实性，街坊级道路骨架的确定以保护传统风貌为前提。街巷原则上维持现有走向及宽度，个别或局部不具备历史价值、影响整体风貌的建筑在翻建或改造时可适当后退加宽，以满足最基本的生活要求和消防及管线布置要求。街坊级主、次干道建筑红线宽度分别按5~7米、3~5米进行控制，禁止随意改动传统街巷的原有路名。对于青石板路面严格保护，禁止挖取以及堆放物料，倾倒污水和污物垃圾等影响道路风貌的行为。

街巷保护整治模式分为修缮街巷、改善街巷、辟新街巷、拓宽街巷和保留街巷五种类型。

（1）修缮街巷：指对有破损的青石板路面用相近材料进行修补，尽量维持原貌，主要包括解放路。

（2）改善街巷：对于现状青石板路面需要清洗，清除路面污泥，道路两侧的排水明沟改为排水暗管或暗沟，主要包括朝阳街、中南街、北门街和西门古道。

（3）辟新街巷：指为了街区内道路网的完整性，而新辟的道路。

（4）拓宽街巷：指为了生活和消防要求，需要拓宽的道路，主要有复兴南街。

（5）保留街巷：指现状道路状况较好需要保留原貌的道路，主要有复兴街。

（二）昌江昌化古镇特色风情小镇（镇区风貌整治）

昌化镇位于海南省昌江黎族自治县的西南部，昌化江入海口的北岸，为滨海沙地平原地带，地势东高

西低，属典型的热带季风气候区，年平均气温25摄氏度，全年无冬，光照充足，年平均降水量为900~1200毫米，属严重干旱地区。

1. 历史聚落格局与文化特色

昌化镇镇区距古昌化城仅3公里，自然受古昌化城丰富的人文历史、聚落空间形态、建筑结构、建构技术及装饰工艺等影响。

昌化城是古昌江县治，受儒学"礼"与"贵和尚中"思想的中华传统文化的熏染，其县治的规模、方位布局与分区规划到礼制建筑的形制、建筑的群体布局、传统民居的空间序列等方面，都受到"礼"之规制。距古昌化城仅2公里的昌田村、昌化村、昌农村（现在的镇区）也受到侵染，但仍然保持传统的聚落肌理，秩序井然，主次分明。

昌化镇的街巷格局规整清晰，镇区传统部分以一条主要纵巷从中部垂直贯穿十条横巷构成。十条横巷作为进入院落的支巷，密集便捷；一条纵巷作为南北主要的交通通道，笔直宽敞。纵向单一交通使得横巷交通巷道的长度受到极大限制。"甲"字形街巷格局特点明晰。纵巷的北端为昌化镇小学和中学，南端为渔港码头，紧邻主街码头为三圣庙。以学校、村庙等公共建筑为轴线，组织整个聚落空间形态结构。十条侧巷为渔村居民建筑，每户渔民为一个合院建筑群，由临街的三开间两层建筑及与此垂直的辅助用房构成。合院大门面向街道。两条支巷间距刚好由两家渔户相背构成。与岭南沿江、滨海地域传统聚落采用纵向"梳式布局"的方式截然不同，昌化镇采用横向连续排布的合院建筑形成街巷空间，客观上仍是"鱼骨布局"（图8-6-10）。

昌化江下游多产石材，故传统建筑多采用石材建构。近十几年的新建建筑也多以石材为主。建筑结构与传统模式相同。镇区建筑在近代明显受东南亚文化的影响，建筑窗体多采用中西结合的方式，以西式拱形窗框体结合中式直棂窗扇（图8-6-11）。

昌化镇在近年的发展中，在镇区入口及周边、滨海区段出现杂乱的违建建筑，这些建筑的空间形态已严重破坏了镇区原有的传统聚落空间形态结构。

整体而言，昌化镇整个镇区聚落虽然缺乏原真性历史建筑，但聚落空间形态格局完整，尤其是主次分明的"申"字形街巷及街巷两端节点学校及村庙的布局完整地反映了传统儒家文化在海南地域的传承，也明确反映了海洋渔民地域文化的特征。镇区街巷建筑风貌统一，地域特色明晰。

昌化镇镇区以三开间两层传统建筑为主，传统建筑沿街面横向排列拓展，街巷较窄，虽为临街建筑，但没有形成岭南特色的骑楼。昌化镇镇区聚落及建筑布局和生长方式具备典型的琼西南聚落及建筑布局特征。因此，按照琼西南典型聚落及建筑的保护与再生指引指导其保护与再生。

2. 保护与再生途径

昌化镇的传统聚落空间形态及地域化的建筑风格是镇区延续上千年的历史文脉和地域文化的载体，应该得到保护和彰显。缺乏历史文物和高品质历史建筑的镇区同样难以在现阶段申请入选历史文化名镇。但特色明晰的镇区显然不能丢弃已延续上千年的聚落空间形态结构。因此，建设特色风情小镇是比较适合昌化镇的保护与再生途径。

3. 保护与再生策略

昌化镇镇区保护和再生的策略是整体规划，重点保护，完善再生，分步实施。整体制定整个镇区传统聚落空间形态和建筑地域特色的保护与再生规划。在此基础上，选择镇区入口、新建杂乱区段、滨海地段为首先实施再生地块。由此带动整个镇区的再生。

1）镇区整体传统聚落空间形态结构的保护与再生

从整个镇区传统聚落空间形态的保护与再生着手，

图8-6-10 昌化镇镇区街巷格局图（下图来源：费立荣 绘）

图8-6-11 昌化镇镇区建筑现状（来源：杨定海 摄）

对整个镇区定位并制定保护与再生目标（图8-6-12）。

对于昌化镇镇区保存最完整的十二条支巷空间形态进行完整保护。并对其居住建筑进行保护性再生，即在不破坏街巷空间格局的前提下，以原来建筑结构为基础，部分维修或重修。原则是尊重原来建筑地域特色的基础上，采用与原来相似的材料、工艺以及细部结构进行街巷立面整修。

对于镇区传统聚落空间形态的明晰和强化。原来镇区的主街道是聚落空间形态的核心轴线。因此，在保留原来主街道空间的基础上，强化街巷传统文化元素。如从北到南，架构由学校到村庙的街巷轴线中增设牌坊、钟楼等传统城镇公共文化元素。同时对控制轴线的学校和村庙两端元素进行整合和扩建。

结合原来学校用地，在轴线北端将学官作为轴线上的重要元素，通过学官的架构，整合原来分散杂乱布局的中学和小学，既可为学校空间增添文化氛围和教育空间，又能强化镇区传统文化特色，同时也强化了轴线的控制作用。将轴线南端原有单体的三圣庙扩建，形成完整院落式庙宇，并将其作为面向大海的轴线的结束元

素，既强调了镇区海洋文化的特色，又强化了聚落空间形态的完整性（图8-6-13）。

2）片区传统空间形态改造与再生

通过整体传统聚落空间形态和建筑地域特色的保护与强化，奠定了镇区片区改造与再生的基础。针对镇区外侧新建建筑的风格弱化以及功能的混乱，结合整体功能定位中旅游综合服务功能的提升，对片区进行改造和再生。片区的改造和再生要延续传统聚落空间形态，同时应整合和强化新功能的介入。

昌化镇镇区临江外侧划分两个主要片区。一是沿江的街区改造与再生，二是镇区入口绿地水塘片区。

沿江的街区是镇区空间形态最为活跃的区域，如果不能很好地引导，将会对镇区原有传统空间形态造成很大破坏。而且，这一片区改造与再生既涉及街巷空间形态，又涉及建筑结构以公共空间为节点。因此，这一片区需解决三个问题：

（1）街巷空间的改造与再生。为强化镇区特色，以镇区主街道与12条支巷构成的核心空间形态为依托，外围的空间形态拓展应延续这一结构。

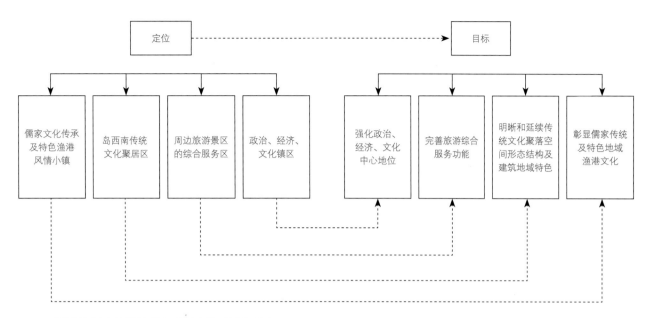

图8-6-12 昌化镇镇区定位及保护与再生目标（来源：杨定海 绘）

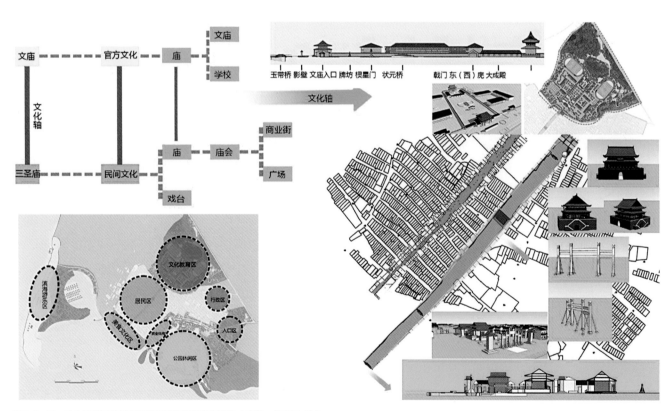

图8-6-13 昌化镇镇区传统空间形态结构的明晰和强化（来源：杨定海 绘）

（2）建筑改造与再生。参考现有传统的建筑结构及院落空间，建构新的街巷院落及建筑，尤其是街巷立面应与原有街巷风格保持统一。

（3）功能的整合与再生。新建构的街巷空间不再作为居住功能，而是将原来镇区的公共管理以商业功能进行整合，纳入到这一片区。同时引入特色风情商品、民俗表演以及娱乐等新功能，丰富片区综合服务能力。这一片区呈折线形，一部分在原居住区的前方，面江；另一部分在原居住区的东侧，临水塘。因此对两个小片区做改造再生细化。临水街区以延续传统街巷空间形态为主要架构空间的手段，将水与街结合，丰富街巷空间特点（图8-6-14）。

面江街区以村庙为依托，形成开放特色风情休闲广场空间。以寺庙祈福、民俗表演、公共娱乐、特色餐饮为主要功能（图8-6-15）。

镇区入口水塘片区主要作为旅游服务接待、交通转接以及结合水面设置小型家庭式风情酒店。将其细化为以下分区：①入口休闲区，旅游风情小镇入口区域，游客可在此咨询、换乘电瓶车或选择步行进入镇区，也是小镇原有居民通往外部的交通站。②小型家庭风情酒店区，主要针对中高端游客，建筑单体极具当地特色。③高级会所，主要针对高端商务人群，提供休闲场所。④养生休闲区，设置休闲会所及自然式的SPA养生馆，形成养生康疗、体验农家生活的区域。⑤野趣体验区，以公园周边原有的自然植被为主并加以美化，让游客真正感受大自然，融入大自然。⑥娱乐休闲区，面对普通游客及当地的居民，为他们提供一个休闲放松的场所（图8-6-16）。

昌化古镇镇区改造与再生是属于特色风情街区的改造再生项目。这个项目中强调了传统聚落空间形态对镇区改造与再生的控制力。通过对原有聚落空间形态的强化，彰显了镇区历史文脉和地域特色风情。在此基础上整合与建构新的空间形态、功能等，达到可持续发展的目的。这类项目中要兼顾对传统文化地域特色的保护与新空间的建构和功能的引入，突出特色风情的地域特点。

（三）崖城历史文化名镇

崖城镇是海南省著名的历史文化古镇，拥有两千年建置史，曾为八朝州郡治所。崖城自然、文化资源丰富，镇域内拥有南山、大小洞天两处国家级风景名胜区，崖城学宫、崖州故城、官沟及广济桥、迎旺塔、天涯海角石刻、小洞天石刻6处省级文物保护单位，盛德堂、何秉礼故居等15处市级文物保护单位。2007年5月31日，崖城镇被住房和城乡建设部、国家文物局授予第三批"中国历史文化名镇"称号。崖城镇成为海南省首批唯一的中国历史文化名镇，率先填补了海南省此项空白。

1. 崖城古镇概况

崖城古镇位于三亚市西部，宁远河下游开阔地带，北、西临乐东县，南面濒临南中国海，东临天涯镇（图8-6-17）。由于古崖州是海南开发最早的地区之一，历史悠久，人杰地灵，人才辈出，现存有大量的历史文物古迹，包括：五贤祠、迎旺塔、文明门、盛德堂、御书亭、崖州孔庙、水南名村、崖州湾鉴真东渡遗迹、大旦港、还金窑、广济桥、广度寺等。崖城古镇是海南为数不多的集中有大量的历史文化古迹的集镇。

2. 历史文化名镇城镇特色提炼

崖城古镇历史悠久、文物古迹丰富、风貌保存完整，其特色可概括为八大特色：

1）琼崖边邑古风悠长

崖城位于南海之滨，境内拥有大弄遗址、二弄遗址等7处新石器时代人类活动遗址，是继落笔洞后三亚境内重要的古人类活动见证，将崖城境内人类活动历史定

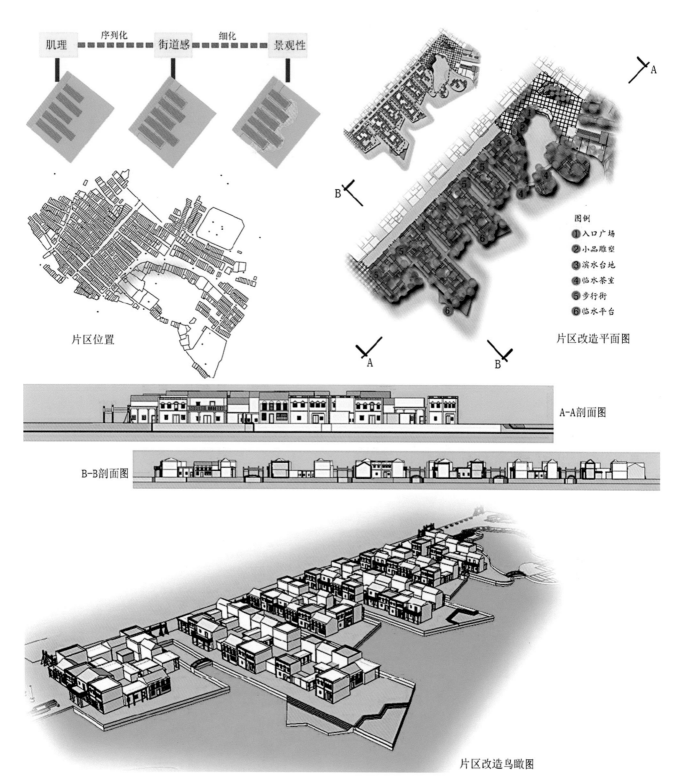

図例
① 入口广场
② 小品雕塑
③ 滨水台地
④ 临水茶室
⑤ 步行街
⑥ 临水平台

片区位置

片区改造平面图

A-A剖面图

B-B剖面图

片区改造鸟瞰图

图8-6-14 临水街区改造与再生（来源：杨定海 绘）

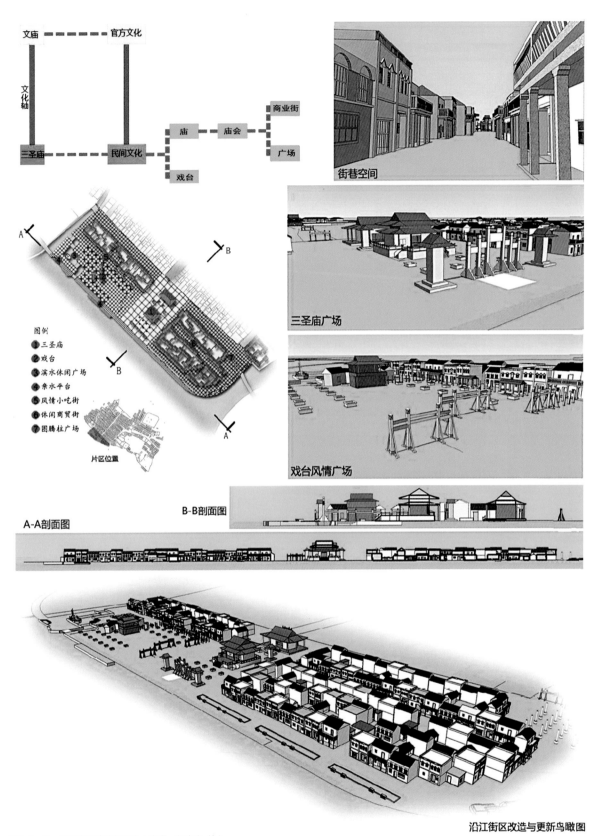

文庙 ----- 官方文化

文化轴

三圣庙 ----- 民间文化 ---- 庙 ---- 庙会 ---- 商业街 / 广场

戏台

街巷空间

三圣庙广场

戏台风情广场

图例
① 三圣庙
② 戏台
③ 滨水休闲广场
④ 泉水平台
⑤ 风情小吃街
⑥ 休闲商贸街
⑦ 图腾柱广场

片区位置

B-B剖面图

A-A剖面图

沿江街区改造与更新鸟瞰图

图8-6-15　沿江街区改造与再生（来源：杨定海　绘）

266

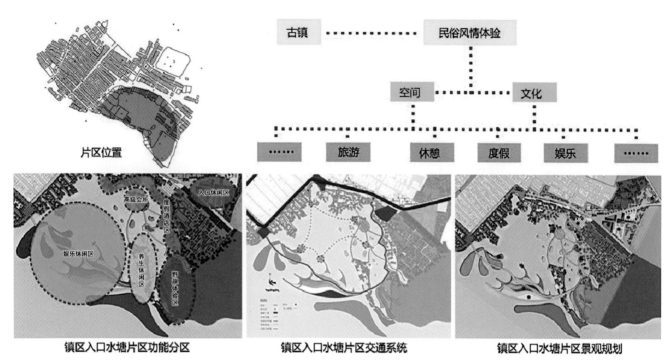

图8-6-16　镇区入口绿地水塘片区改造与再生（来源：杨定海 绘）

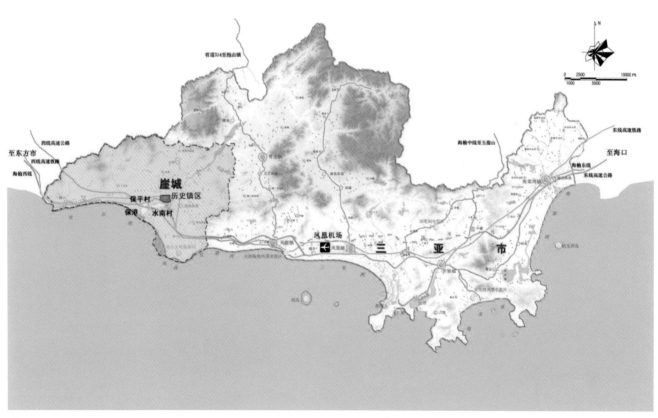

图8-6-17　崖城历史文化名镇区位图（来源：《海南省三亚市崖城镇历史文化名镇保护规划》北京清华城市规划设计研究院）

格在近1万年前。自汉武帝设珠崖郡始，历朝多次在此设州、县等行政首府，是琼南政治、经济、文化中心；保平等地的炮台遗址更彰显了崖城作为南国要疆、边陲重镇的重要地位；清代时，崖城已被作为政府开发南海诸岛的重要基地，林缵统等人多次从此出发，至南海诸岛宣示主权。

崖城是我国中央政府对南海行使主权的重要历史见证。崖州古城始建于宋，选址背山面水，负阴抱阳，位置居中，十分符合中国古代理想城市选址的原则（图8-6-18、图8-6-19）。崖州古城建设经历了宋前的水南古城、宋庆元四年宁远河北的土城及南宋末年两拓城址，最终形成了现存的这座周长约1770米，面积约20公顷，拥有三座城门、月城和护城河，形制完整的城池。古城内"三通、四漏、七转、八角"，百步模数尺度在古城中多次出现，是海南地区古城建设的典范，对研究我国海南地区城市建设规制具有重要价值。

2）名仕贬谪天涯道远

由于崖州地处天涯，自唐代至元代，一直作为封建王朝贬谪、流放"罪臣"之地，贬谪至此的朝廷官员有30余人，如唐代宰相李德裕、宋代宰相卢多逊等，因贬谪官员官阶之高、人数之众而闻名（图8-6-20、图8-6-21）。贬谪官员到崖州后多人被崖州美丽的风光和淳朴的民风所打动，言传身教，传播中原文化，加上崖州毛奎、范云梯等名宦，钟芳、林缵统、何秉礼等明贤的悉心治理，逐渐形成了极具琼南地方特色的"天涯文化"。

"天涯文化"是几千年来崖州的先民们在这个被称为"天涯海角"的地方繁衍生息、传承不息的精神，是几千年来在这个海岛南部特定的地理环境下形成的独特文明。厚重丰富的边地文化、历代朝廷贬官、文人墨客留下的典故和诗文，使其成为中国边陲文化的杰出代表，是三亚独具魅力的文化遗产。

古代崖州一直被认为是边陲蛮荒之地，从汉代到明

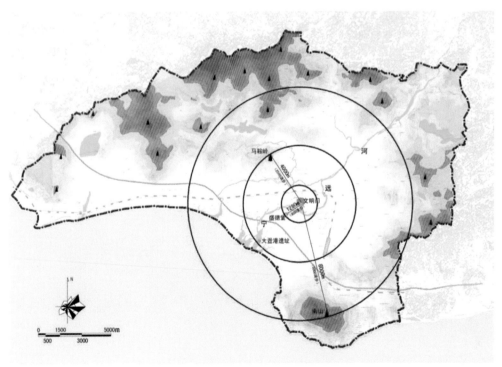

图8-6-18　崖州古城选址分析图（来源：《海南省三亚市崖城镇历史文化名镇保护规划》北京清华城市规划设计研究院）

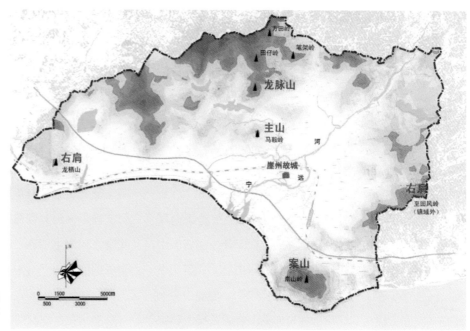

图8-6-19 传统山水格局示意图（来源:《海南省三亚市崖城镇历史文化名镇保护规划》北京清华城市规划设计研究院）

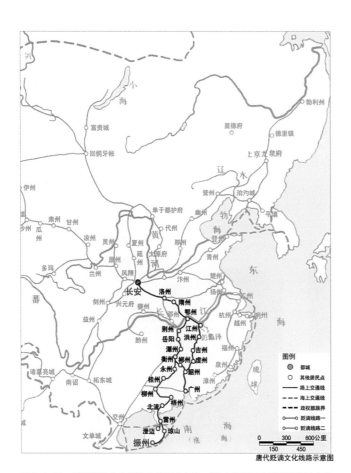

图8-6-20 唐代贬谪文化线路示意图（来源:《海南省三亚市崖城镇历史文化名镇保护规划》北京清华城市规划设计研究院）

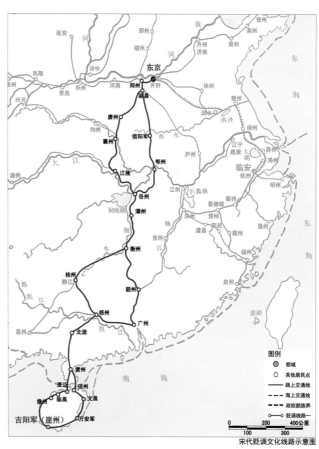

图8-6-21 宋代贬谪文化线路示意图（来源:《海南省三亚市崖城镇历史文化名镇保护规划》北京清华城市规划设计研究院）

朝，被流放到崖州的贤相名臣学士众多，大多是中原杰出人物。在流放崖州期间，他们积极传播中原文化和先进的生产技术，为推动当地的经济文化发展作出了重要贡献。这些对研究封建王朝官宦贬谪体制、崖州流放文化具有重要价值。

3）儒道佛学文化深厚

崖州孔庙是我国最南的孔庙（图8-6-22），其位于古城中心，与南城门——文明门处在同一轴线上，直指南山，尊经阁于同治十一年（1872年）曾置于南城楼上，儒学在城市中如此高的礼遇除曲阜外中国古城中仅此一例。除学官外，崖城还建有若干书院（如鳌山书院、保平书院等）、私学（如三姓义学等），形成中央—地方—民间三级极为完整的教育体系。在此基础上，崖城形成了尊礼重教的优良传统，还金寮等礼教典范至今仍广为流传。

崖城还拥有南宋时由毛奎开辟的小洞天（图8-6-23），这是中原地区道家在海南岛发展的重要见证，至今仍为三亚重要道家文化景区。崖城佛教发展的历史则可上溯至唐朝。著名高僧鉴真第五次东渡漂至崖州，在大疍港上岸后晾晒经书，留下晒经坡遗址。鉴真此后在崖州传

道一年之多，修缮、重建并住持大云寺，崖州成为琼岛佛教中心。此外，城西迎旺塔旁还曾有清代所建佛寺广度寺。现代新建的南山寺则是当代中国及东南亚地区最大的佛教文化寺院。

4）海上丝路商贸名港

宁远河入海口的大疍港为古代中国最南端的天然良港，它为古代海上丝绸之路重要港口之一，在我国古代海上交通史上具有重要地位。曾在大疍港出土的大量陶瓷文物彰显出其昔日商贸的辉煌。大疍港遗址对于研究我国古代海上贸易、海南地区商品经济发展历史等具有重要价值。

3. 历史文化名镇价值评估

1）历史价值

崖城镇历史悠久，人文璀璨。崖城镇是海南岛内最早有人类聚居并开发的地区之一。新石器时代，人类的一支重要系脉已经在崖城境内从事生产经济活动。崖城镇是古代中国最边远州、郡、军、县的治所，在历史上一直是海南岛南部的政治、经济、文化、教育中心和军事重镇。

图8-6-22　崖州孔庙（来源：费立荣 摄）

图8-6-23　小洞天（来源：费立荣 摄）

几千年来，在这块美丽富饶的土地上，留下了众多的名人足迹和丰富的历史文化遗产。这其中涵盖了多方面的历史文化资源，古城墙及文明门、崖城学宫、传统骑楼街、传统民居聚落、古墓葬和古遗址、革命纪念碑园等，儒学、佛教、道教、天涯文化和边地文化底蕴深厚，流传影响至今。

2）艺术价值

崖城的文化遗产十分丰富，极具特色。在物质文化方面，有传统建筑、古迹遗存等，在非物质文化方面，有歌舞、民俗节庆等，这些文化遗产都具有独特的艺术价值，反映了海南地区的文化艺术特点，成为研究海南文化的重要方面。

崖城镇的历史传统建筑群是海南岛内数量较多，规模较大，保存较完整，艺术价值较高的历史文化遗产。镇域范围内传统建筑艺术价值突出，历史发展至今，保留下了古城墙、寺庙宗祠、名人故居、传统民居、骑楼街、古街古桥等建筑艺术作品，均有较高的艺术价值，很多都被纳入文物保护单位，成为海南文化不可分割的组成部分。

崖城的民族民间文化艺术绚丽多姿，几百年传唱不衰的汉族"崖州民歌"和起源于崖城郎典村的黎族"打柴舞"，被列入首批国家非物质文化遗产名录。汉族民间传承的迈歌、军歌、纺织技术、竹编、藤编、金银首饰工艺、铁具打铸技艺、剪纸、木刻、石雕、布艺等，都是崖城镇传统文化艺术的奇葩。

3）科学价值

崖城镇域内拥有卡巴岭遗址、大弄遗址、二弄遗址、沟口遗址、大茅遗址、高村遗址、河头遗址七处新石器时代人类活动遗址，大量古人类遗址为古人类学研究提供了极其丰富的实物资料。

崖城镇的传统建筑特色突出，这些建筑最早始建于北宋，大部分建于清代，少量建于明代和民国时期。这些传统建筑的尺度、构造、材料、色彩、施工工艺等具有明显的海岛地区风格，反映了当地的地域特征，具有很高的科学价值。

此外，崖城是我国棉纺织业的发祥地之一。早在公元前3世纪，崖城就种植棉花，使用先进的机具和技术纺纱织布；崖城的棉纺织品成为汉代以来历代封建朝廷诏令进贡的珍品。崖城的植棉技术、棉纺织工具和技术传入中原地区后，推动了我国纺织业和社会经济的发展，同时也对我国古代棉纺技术的研究具有重要的科学价值。

4）文化内涵

崖城村历史悠久，从古至今文化教育昌盛，人才辈出。自宋至清，崖城有儒学、学宫、书院、社学、义学、学堂等各类学校。镇域内传承着较为浓郁的佛学文化、道家文化、儒学文化、山水文化，是三亚地区文化的重要发源地，具有极为深刻的文化内涵。

天涯文化是几千年来崖城的先民们在这个被称为"天涯海角"的地方繁衍生息、传承不息的精神，是几千年来在这个海岛南部特定的地理环境下形成的独特文明。厚重丰富的边地文化、历代朝廷贬官、文人墨客留下的典故和诗文，让"天涯文化"成为三亚对中国文化的独特贡献和独具魅力的文化遗产。

宗教文化在古崖城也十分兴盛。佛教在唐代传入崖城，大云寺等各类佛堂遍布州城内外；道教在宋代传入，崖城的宫观寺庙等道教建筑和官民的道教活动，形成了浓厚的道教文化气象；儒家文化在宋代随着儒学、学宫（孔庙）的修建而兴旺繁荣；宋元年间从占城漂泊入崖的回族人民也带来伊斯兰文化。这些宗教文化，在今天得到传承和弘扬。

4. 总体层面保护措施

1）整体生态格局的保护

保护崖城历史文化名镇所依托的生态格局，包括以南山为重点、北部五指山余脉为主体的崖州古城周边山体山脉，以宁远河为主体的河流系统，大疍港和崖州湾，以及坡田园地。

2）明确城镇建设用地发展方向，调整用地布局结构

（1）城镇建设用地向南发展，严格控制崖州古城、保港地区城镇建设用地边界和保平村、水南村历史村落的村庄建设用地边界。

（2）宁远河南部崖城新镇区承接崖州古城内大型公共设施和部分居住功能的疏解，将历史镇区职能调整为以居住、旅游、文化、特色商业服务功能为主，具有三亚传统文化特色与城镇风貌的文化旅游休闲区、地方文化展示区、传统社群宜居区。

（3）城镇产业用地向南部新镇区、创意新城、港门中心渔港等区片相对集中布局，搬迁污染工业。

3）区域性基础设施建设

（1）区域性基础设施建设严禁穿越历史镇区和保护范围。

（2）形成联系崖州古城、水南村、保平村、保港地区和新镇区的公交和旅游交通系统，并与三亚市区、大小洞天和南山风景名胜区实现联动。

（3）在历史镇区、保护范围内建立公交主导、步行和非机动车为辅的交通系统。

4）景观风貌协调控制

（1）加强对宁远河两岸环境与风貌的保护。严禁在崖城铁路桥上游宁远河两岸进行大规模建设，严格控制该范围内历史村落的规模与建设；对崖城铁路桥下游宁远河两岸应进行城市设计研究，构筑整体滨水景观体系。

（2）严格保护南山与崖州古城，以及南山与五指山余脉之双峰岭、笔架岭、马鞍山等山体之间的互视视线走廊，该视线走廊范围内建筑高度应严格控制。

（3）沿宁远河南岸新镇区建设应与历史镇区风貌相协调。

5. 历史镇区文化遗产保护问题

1）城墙破坏严重

崖州城墙是界定崖州古城边界与古城意向的重要元素。从1920年拆除东、西门开始，城墙陆续被拆毁，城砖散落民间。城墙原址上兴建了不少住宅，现仅存南门（由于修复不当已被拆除）、南城墙约170余米，古城轮廓已难以辨识，中国最南古城的可识别性被严重损害，目前已被修复。

2）历史水系萎缩

古护城河曾是崖州古城重要水系，对界定古城边界、展现古城风貌有着重要作用。现护城河仅存西北角200余米坑塘遗址，南部儒学塘已基本被填。

3）特色街道衰败

东门骑楼街、打铁街等曾是古镇极具特色的历史街道，建筑特色突出，商业、手工业繁盛，但现状建筑破损严重，东门街大型会馆不少沦为危房，打铁街仅存一户铁匠铺，物质、非物质文化遗产损坏严重。同时，由于路面垫高，历史街道现路面标高严重高于建筑室内标高，导致雨季倒灌现象十分严重（图8-6-24）。

4）重要视线通廊受阻

孔庙—少司徒牌坊—文明门—南山曾是古城重要视线通廊，是古城轴线定位的重要山水依据，对古城文化景观构建有着决定性意义，但现有四方百货等新建建筑对南山视廊遮挡严重，南门城楼上"鳌山白云"的文化景致难以再现（图8-6-25）。

5）传统风貌日益消失

与传统风貌不协调的建筑在古镇区达到相当高的比例，古镇区传统风貌日益消失，亟待抢救。

6. 历史镇区的保护措施

根据崖城历史镇区的保护结构，结合古城历史与现状研究，充分研究崖城古城的历史文化特色，针对崖城

图8-6-24 屋内低于路面标高约1米（来源：费立荣 摄）

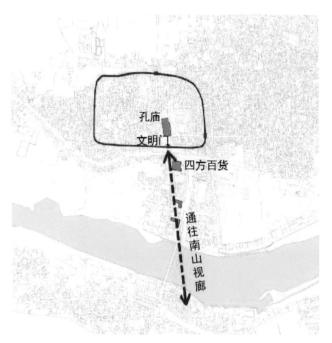

图8-6-25 视线通廊分析（来源：费立荣 绘）

历史镇区的4个方面提出保护内容与措施。这4个方面为城垣轮廓保护、景观视廊与文化景致保护、历史街巷保护、建筑高度控制。

1）城垣轮廓保护

崖州古城于宋庆元四年（1198年）始砌砖城，加筑女墙。元代元统元年（1333年）创建谯楼。明代添筑瓮城，开浚护城河、设立吊桥。经元、明、清历代

多次修建，构成我国最南的古城池。崖州城墙民国9年（1920年）前原貌依旧，自此以后至城墙于"文革"期间逐渐被毁。1992年至1994年，三亚市政府在原保存的文明门城楼的基础上，修复了南城门的两层歇山顶城楼以及140米长的城墙。

城墙是崖城古城形制的重要佐证，现状虽破坏严重，但为了体现崖城古城的完整性，必须针对不同区段提出相关保护措施（图8-6-26）。

（1）在崖州古城的保护范围内按照文物保护规划的要求进行严格保护，加强对城墙遗址的考古勘探，清理古城城墙基址，搬迁拆除侵占城墙基址的建构筑物。严格控制建控地带内的一切建设活动，整治和改善环境。

（2）严格保护并标识现存城墙遗址，在充分考证、尊重历史真实性的前提下可对文明门、城墙及护城河进行适度的保护性修复。修复中应严格保护原有夯土墙址遗存，并尽可能对外展示；修复所用工艺应借鉴原有传统工艺特征，并尽可能使用散落于民间的原有砖石等构件。

（3）结合镇区开放空间与绿地系统规划，以城墙公园、林荫步道、公共广场等形式在原城墙线位保留开放空间，保证崖州古城轮廓的清晰可辨（图8-6-27）。

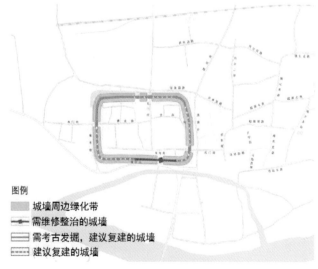

图例

▨ 城墙周边绿化带
▬ 需维修整治的城墙
▭ 需考古发掘，建议复建的城墙
⊡ 建议复建的城墙

图8-6-26 崖州古城城墙修复（来源：费立荣 绘）

图8-6-27 崖城古城设计效果（来源：费立荣 绘）

（4）各类遗址附近的相关标识和说明，应结合古城绿化、古城雕塑、古城设计统一布置，使其在美化环境的同时起到展示和教育公众的目的（图8-6-28）。

2）景观视廊与文化景致保护

古城范围内存在大量景观视廊，这些视廊的底景是崖城文化景致的重要类型。景观视廊包括历史镇区内主要景观点与景观点之间、传统街巷与主要景观之间、传统街巷与周边山体之间等。必须通过格局保护与建设高度控制来保护这些景观视廊的观景效果。

（1）保护山—河—城的景观视廊，尤其保护南山—宁远河—文明门—孔庙—北部山体的景观通透性，控制其中间区域的建筑高度，同时，注意不形成巴洛克式大型开放空间轴线，但应严格保障文明门与南山、文明门与北部山体的互视关系（图8-6-29）。

（2）保护沿文明门眺望迎旺塔的景观视廊的通透性，控制其周边建筑高度。

（3）择机对影响空间视廊通视的建构筑物予以降层或拆除。

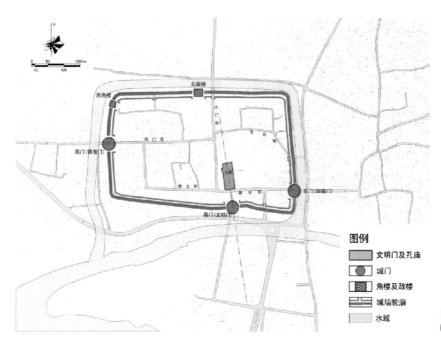

图例

◼ 文明门及孔庙
● 城门
▨ 角楼及敌楼
▤ 城墙轮廓
▢ 水域

图8-6-28 崖州古城城郭轮廓保护图
（来源：费立荣 绘）

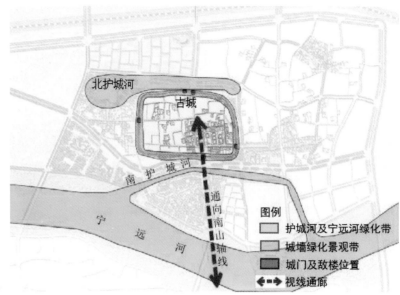

图8-6-29 景观视廊设计（来源：费立荣 绘）

3）历史街巷保护

崖城历史镇区内的街巷格局记录了古城的发展变迁，尺度宜人的特色街巷是构成历史镇区传统特色的重要部分，其中的民国骑楼街更是古城传统文化的重要组成部分。保护特色街巷是历史文化名镇保护规划的关键措施之一（图8-6-30）。

（1）梳理古城特色街巷，确定牌坊街、轿夫街、北门街、遵道街、仓后街、东门街、臭油街、打铁街、西门街9条街巷为历史镇区的特色街巷。

（2）保护崖州古城内"三通、四漏、七转、八角"的历史街巷格局。

（3）确定四条重点保护的街巷，东门骑楼街、打铁街、牌坊街、轿夫街，对街巷立面及铺装、断面尺度等进行严格保护与保护性修缮，注重街巷特色非物质文化遗产的保护与展示。

（4）确定其他5条保护与整治的街巷，臭油街、仓后街、北门街、遵道街、西门街，对沿街建筑风貌进行整治，维持街巷断面尺度，逐步进行街巷铺装改造等整治改造工作。

（5）历史街巷要沿用原有名称。

4）建筑高度控制

按照"整体控制、重点保护"的原则对历史镇区内的建筑高度进行分区控制。重点控制影响城市历史与自然风貌地区的建筑高度，以保护历史镇区的整体风貌特色。整个历史镇区的建筑高度控制规划应按照以下层次进行（图8-6-31）。

文物保护单位的保护范围与建控地带内，建筑高度按照文物保护规划进行严格控制。

核心保护范围和风貌保护区内建构筑物应控制在2层以下，檐口高度不超过7米；建设控制地带内建构筑物应控制在3层以下，檐口高度不超过10米。

7. 历史街区规划设计

文明门前以骑楼风格新建步行商业街（图8-6-32），沿南城墙恢复复式河槽护城河，两侧辅以混合式建筑风格酒吧功能（图8-6-33），并提供两处下沉滨水广场，为酒吧街增添户外文化观演功能。宁远河规划特色小规模酒店，于洲头形成文化广场，成为宁远河至古城区标志性景观（图8-6-34）。

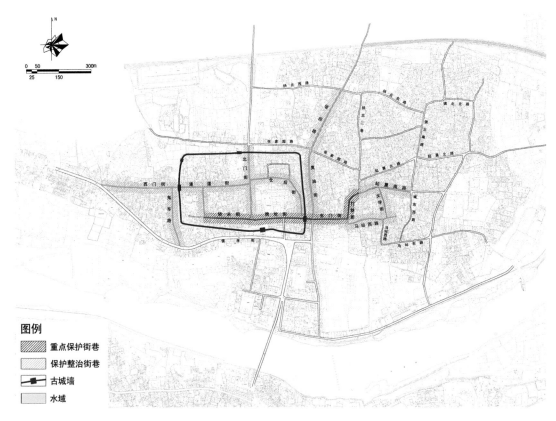

图例

▨ 重点保护街巷

☐ 保护整治街巷

▬ 古城墙

☐ 水域

图8-6-30 历史镇区历史街巷保护规划图（来源：费立荣 绘）

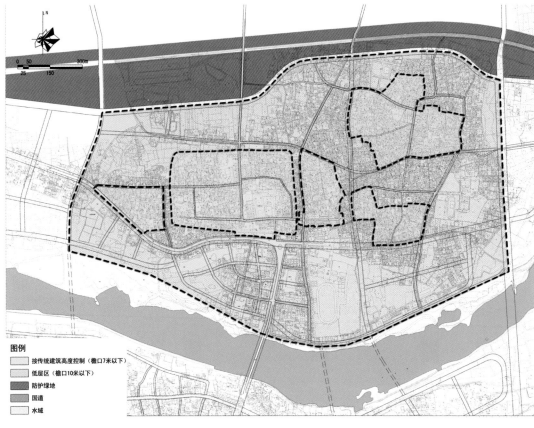

图例

☐ 按传统建筑高度控制（檐口7米以下）

☐ 低层区（檐口10米以下）

▓ 防护绿地

▓ 国道

☐ 水域

图8-6-31 历史镇区建筑高度控制规划图（来源：费立荣 绘）

图8-6-32 文明门前传统骑楼商业街（来源：费立荣 绘）

图8-6-33 护城河遗址酒吧街（来源：费立荣 绘）

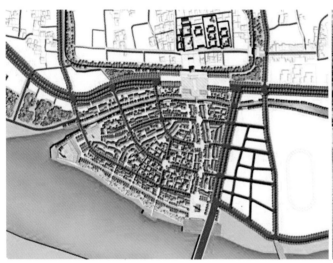

图8-6-34 文化广场（来源：费立荣 绘）

三、历史文化名村的保护实践

（一）文昌十八行历史文化名村

1. 村落空间形态及建筑结构

十八行村位于文昌市会文镇西部，其保存了相对完整的、真实的传统历史建筑（群落）和村落格局历史遗存，同时附带了大量的历史文化信息，见证了明清时期该地区的生活方式和文化特色，有较高的历史价值、艺术价值和科学价值。具体表现在下面几个方面：

1）建筑及建筑群落结构具备典型的地方特征。十八行村，因有十八行多进式宅院，村子因此得名。所有宅院都是多进式院落，宅院短的有两进，最长七进，各家各户的院落层层递进，前低后高，沿等高线呈扇形排列，达到集中防盗的功能，又能团结向心、和平共处（图8-6-35）。这种数进院落组合成行的建筑群落，其具备典型的地方特征，承载着一定的等级观念和尊卑秩序；同时，这类院落又透露出浓厚的平等思想，具备独立、通融、和睦、共存的文化观念。

图例：

■ 乡村公路

∟ 村庄环路

▦ 巷道

图8-6-35　十八行村交通布局
（来源：《文昌市会文镇十八行
古村落保护规划》）

2）建筑街巷空间类型较多，遗存丰富。十八行村现存的建筑遗产丰富，共有明、清、民国时期的各类传统历史建筑28700平方米。村内现存的历史建筑及街巷空间类型丰富完整。十八条街巷是村落选址后逐步建设完成，基本呈东西方向，以多进院落南北分布。街巷通直，局部空间由于建筑的错落分布而形成丰富空间类型。另外村落还有雕花石缸、石槽等文物古迹和古井、池塘等古迹风貌。

3）村落格局独特，环境优美宜人。十八行村由村外的林氏祠堂控制形成，沿等高线呈扇形分布的十八行村建筑群面向林氏祠堂向心布局。林氏家族每分出一个支系就新建一列，十八行街巷是林氏家族历史发展的真实见证，也是传统家族聚居文化在海南延续、传承及结合地域特色发展的典型代表。十八行村四周绿树蔽荫，村前有两个池塘，农田围绕，田园风光优美。由祠堂至村田形成"祠堂—建筑街巷—古井—椰林—村田"的形态格局。整个古村落淳朴平和，恬淡宁静，有幽静、古朴、自然、原始之美。

4）保留传统建筑工艺品。上马石、抱鼓石和石制水缸等明清时期的石器，雕工精细，很有研究价值。历史建筑中"万"字的隔罩、门窗，屋檐下各种花鸟虫鱼壁画，大门前简单又古朴的石柱础，屋内古旧老式的精致木雕家具，明清时代流传至今的桌椅，都记载着传统的建筑装饰工艺，是研究海南文昌地区生活风俗的重要物件。

2. 保护与再生途径

十八行村整体地保留了明清时代和民国初年建筑群体和村落环境，保留了多处历史文化史迹相关的建筑。村落历史风貌保存完整性在文昌市域表现突出，同时也是名人文化、历史文化遗产地、历史与自然环境结合的代表地，蕴涵了丰富的传统文化遗产，具有重要的历史文化价值。鉴于其珍贵的价值，以申请中国历史文化名村的途径实现保护与再生，并于第五批正式入选。

对于历史文化名村国家有明确的设置目的和保护再生要求。《历史文化名城名镇名村保护条例》要求对于历史文化名村的保护应当遵循科学规划、严格保护的原则，保持和延续其传统格局和历史风貌，维护历史文化遗产的真实性和完整性，继承和弘扬中华民族优秀传统文化，正确处理经济社会发展和历史文化遗产保护的关系。因此，对于十八行村保护和再生的指导思想为：最大限度地保护十八行村村落文化遗产，保护历史建筑、街巷、格局等基本要素。贯彻"保护为主、抢救第一、合理利用、加强管理"的文物保护方针，坚持文化遗产保护的"原真性、整体性、可读性、可持续性"原则。

3. 保护与再生策略

为完整地保护十八行村历史文化的载体、保护载体所处的环境和村落周围的自然环境，实行科学、合理、适度的保护，根据国务院颁布的《历史文化名城名镇名村保护条例》与《历史文化名城保护规划规范》，将十八行划分为核心保护区和建设控制地带，涉及规划区整体层次、地段（或地块）层次、建筑（或要素）层次等组成的三层保护体系，对历史格局风貌、历史建筑及街巷、重点历史建筑及遗迹进行全面保护。

保护模式规划本着保护传统空间格局，充分考虑现状和可操作性的原则，依照《历史文化名城保护规划规范》对古村落所有建（构）筑物、历史环境要素、承载环境等按照维修、改善、整修、整治四种模式逐一提出具体的保护与再生措施。

针对村落整体形态格局，提出保护村落田、井、塘、村、巷、祠堂以及建筑和环境的关系，通过保护变化丰富的空间、幽静的巷道、融洽的交往空间，保护整个村落明清以来的历史格局，保护乡村宁静而和谐的氛围。

对于村落中的构成要素的保护措施采取其建筑样式、结构、材料、施工工艺或者工程技术按照"修旧如旧"的原则，以反映特定时代特征当地历史文化和地域特色的民俗传统。

十八行村地处文昌，是琼北地区典型的传统聚落。其现有的十八"路"建筑院落由主屋与横屋结合的院落进行列向拓展形成。十八行村有两种类型的基本院落：一是主屋与两侧短横屋结合形成院落，其中一侧横屋作为路门，另一侧横屋作为杂物房或者厨房。另一种类型是主屋与单侧长横屋结合，这种类型只有两"路"。这两种类型的院落是十八行村的发展历史的见证。十八行村是单姓家族逐渐繁衍而成，起初作为大家族聚居，采用主屋与单侧长横屋结合的居住院落，而后随着子孙繁衍以及大家族解体为小家庭聚居方式，开始出现主屋与两侧短横屋结合方式。每增加一个家庭，就纵向增加一个院落。

十八行村作为历史文化名村就必须保护村落历史的原真性，而原真性不仅体现在现有的一些历史遗物，更重要的是院落生长的脉络以及由此积淀所形成的村落整体格局。因此，在保护村落生长的脉络以及由此积淀所形成的村落整体格局的基础上可就村落环境进行一定的提升。

在保护文化遗产"原真性、整体性"的基础上，结合旅游进行适度的更新。包括两个层面内容，一是对村落周围环境整治，主要是涉及开放旅游的范围内包括村落民居建筑聚集区、村前古井、古塘区域、古村林等区域以及周围热带丛林区域以及农田区域。二是结合古建筑，展示传统聚落营建思想和理念、传统聚居文化、地域风俗习惯等相关文化（图8-6-36）。

（二）定安高林历史文化名村

定安高林村位于定安县东部，在龙湖镇东北方向12公里处，地处定安县、文昌市、海口市交界线边缘。离村东侧状元湖约1公里距离。

高林村是海南清代唯一探花张岳崧的故里。村子前

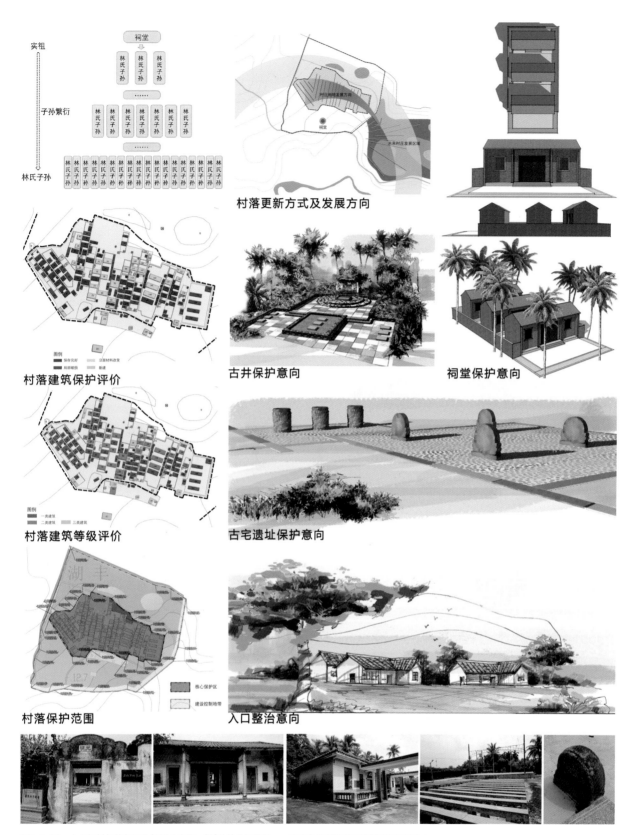

实祖

祠堂

林氏子孙　林氏子孙　林氏子孙

子孙繁衍

林氏子孙　林氏子孙　林氏子孙　林氏子孙　林氏子孙

林氏子孙

林氏子孙　林氏子孙　林氏子孙　林氏子孙　林氏子孙　林氏子孙　林氏子孙　林氏子孙　林氏子孙　林氏子孙　林氏子孙　林氏子孙

村落更新方式及发展方向

村落建筑保护评价

古井保护意向

祠堂保护意向

村落建筑等级评价

古宅遗址保护意向

村落保护范围

入口整治意向

图8-6-36　十八行村保护与再生规划（来源：《质朴的生活智慧——海南岛传统聚落与建筑空间形态》）

有水田，后靠青山，静谧宜人。高林村拥有"一方水土三代功名"的美誉（其次子张钟彦登进士、四子张钟秀中举人、其孙张熊祥亦中举人），堪称"海南第一家"。它不仅保存有丰富的文物古迹，还保存丰富的非物质遗产。该村民居90%为清代建筑，尤以省级文物保护单位张岳崧故居、张氏宗祠为代表，同时还有日月井、古官道、驼峰木雕、匾额、张岳崧手书之阴刻葵木楹联等，汇聚了清代的建筑艺术精华，具有较高的历史、文化、艺术和科学价值，是海南清代民居魂宝。同时，还被评为"中国历史文化名村"（图8-6-37）。

（a）定安高林村鸟瞰1

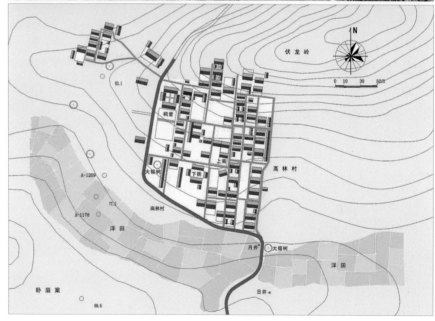

（b）定安高林村空间布局（来源：《定安县龙湖镇高林村文明生态村历史文化名村保护与环境整治规划》）

图8-6-37　中国历史文化名村——定安高林村

（c）定安高林村鸟瞰2

图8-6-37　中国历史文化名村——定安高林村（续）

1. 村落空间形态及建筑结构

高林村坐北朝南，背山面水，整个村子坐落在一片坡地上，高程从北向南逐渐降低，村中青石板的小路基本顺着等高线铺设成方格网形，纵横交错。村中绿树成荫，外围果树成林，几座山丘此起彼伏。村子完整地保存了清代传统建筑风格，其房屋坐北朝南，依山傍水，整齐划一，巷道七纵三横，规划脉络清晰，是古代海南少有的有建设规划的村庄（图8-6-38）。

高林村周围有八座山岭，将其环抱在中间（图8-6-39）。其中以村落北靠的山岭最高，名叫伏龙岭，是从琼山天太岭一直延伸入定安境内的山岭，活像龙头，高林村就建在龙头的南面向阳坡，坐北向南；村落前东南角，有文笔岭，形状酷似倒置的毛笔；正前方有一小山梁，称为"卧眉案"，案上有笔架，架下坡舌尖如玉笔，案上坡地土壤分三色，左边黑如墨（意为墨汁），中间土白如纸（意为绢纸），右边土红如印（意为官印泥），如龙殿办公桌一样；村落东西两侧，也有山岭护卫着村落，形成较为封闭的空间格局。

村内以清代传统建筑风格为主，石头垒起几十间村屋，坐北朝南，因地形坡度显得错落有致，质朴沧桑，古风浓郁。虽没有江南水乡的秀气，没有徽派民居的雅致，也不比丽江古民宅有文化韵味，但有自己的独特之处（图8-6-40）。

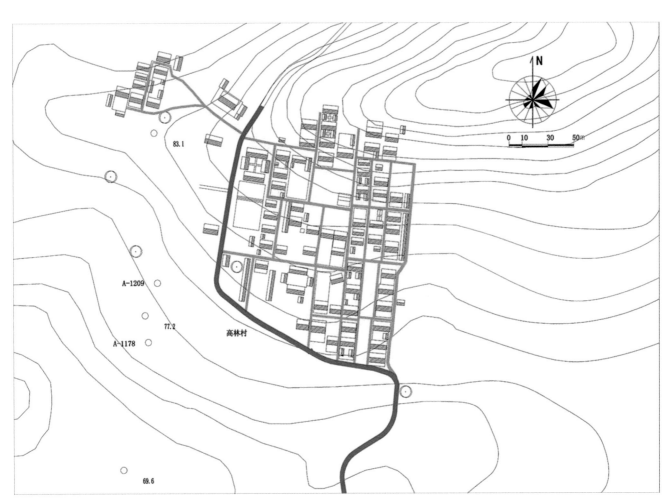

图8-6-38　定安高林村交通布局（来源：《定安县龙湖镇高林村文明生态村历史文化名村保护与环境整治规划》）

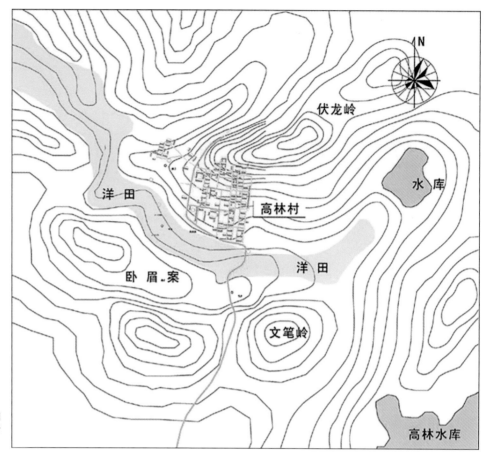

图8-6-39 定安高林村区域环境分析图
（来源：《定安县龙湖镇高林村文明生态村
历史文化名村保护与环境整治规划》）

图8-6-40 定安高林村建筑风貌与环境（来源：郑小雪 摄）

2. 保护与再生途径

将周围的山、田等作为村落选址的重要保护要素。重点保护高林村南侧的农田，农田不仅是村落的重要选址要素，也是村落重要的景观要素，应加强土壤及周边植被等自然要素的保护，禁止随意改变田洋形态及植被，充分维护高林村与田洋之间的传统格局。

加强对高林村村址的保护，确保在原村址上进行保护和发展，并严格保护村庄内与村落格局形成和演变联系紧密的古榕树、百合树等古树，确保原村址尽可能完整保存。

3. 保护与再生策略

1）村落空间形态

对现有村庄进行整体保护，整治村内的环境，新建村民日常休闲与交流场所，改善村庄内部的道路。在此基础上开展一些村容、村貌参观游览活动。

村落内不得改变村落原有格局，在原有肌理的基础上，还原突出传统建筑群落空间格局，反映村落集中分布、聚族而居的特点。

（1）以传统风貌民居集群为传统格局基底。

（2）以传统步行村巷为骨架。

（3）以古树及祠堂、故居等公共活动空间为重要节点。

在由传统风貌民居建筑集群组成的肌理面中，通过传统村巷骨架联系传统建筑集群，并串联规划设置的游客接待中心、广场、戏台等公共开放空间，结合这些开放空间和村落内空闲置地布置乡土绿化，美化古村的空间环境，在保护前提下引入开发利用，从而激活传统村落活力，延续传统村落文化（图8-6-41）。

2）村落建筑结构再生

（1）张氏宗祠

省级文物保护单位，为张岳崧晚年亲自筹建之张氏合族祖祠，原为三进，现只剩后两进，前一进已经倒塌，只余基础，主要功能有四个：供奉张氏祖先及张岳崧；陈列张岳崧书画、墓碑等历史文物；村民节庆聚会、议事场所；游客的主要观光点。将张氏宗祠作为一个重要的旅游景点，深挖该村张岳崧等历史文化名人的优势，将张氏事迹、书法文学等作品及相关的文物陈列于内，并在宗祠广场两侧树立张氏"书法碑林"。在广场南面新建戏台一座，加强宗祠的南北轴线，建立建筑的空间序列，戏台底层架空，既不遮挡宗祠广场的视线，又为村民的文化休闲提供场所，还可以将张岳崧典故创作成文艺节目，在戏台上表演。主要以观光为主，结合西侧的游客接待区，适当的开展一些营利活动，以用于文物的日常管理和维护。

（2）张岳崧故居（下衙）

省级文物保护单位，为张岳崧中"探花"后回乡新建的晚年居所，四合院式建筑，坐北朝南，原为三进，现只剩后两进，前一进已经倒塌。目前为张岳崧第七代后人张党权一家居住，游客参观多有不便，而且对住户影响较大。建议张党权一家另建新居安置，本着"修旧如旧"的原则将下衙恢复成历史规模，主要陈列张岳崧日常生活中的家居用品，通过漫画、诗书等方式讲述一些生活趣事和人生经历，作为一个重要的旅游观光点向游客开放。

（3）张岳崧故居（上衙）

省级文物保护单位，为张岳崧中"探花"前的居所，现主要靠张党权义务维护和管理。可适当恢复古宅原有的一些风貌，包括恢复张岳崧手书门联、挂牌保护宅内的古树名木、整治内部的环境等。作为一个重要的旅游观光点向游客开放。

3）村落旅游植入

（1）百果园

现状主要为林地，包括荔枝林、椰树林、竹林等。这在该区域可种植热带水果、热带瓜菜等，形成一个充满农家情趣的百果园，在特色农业的基础上发展旅游业，强调游人的参与性和劳动的趣味性，主要开展活动

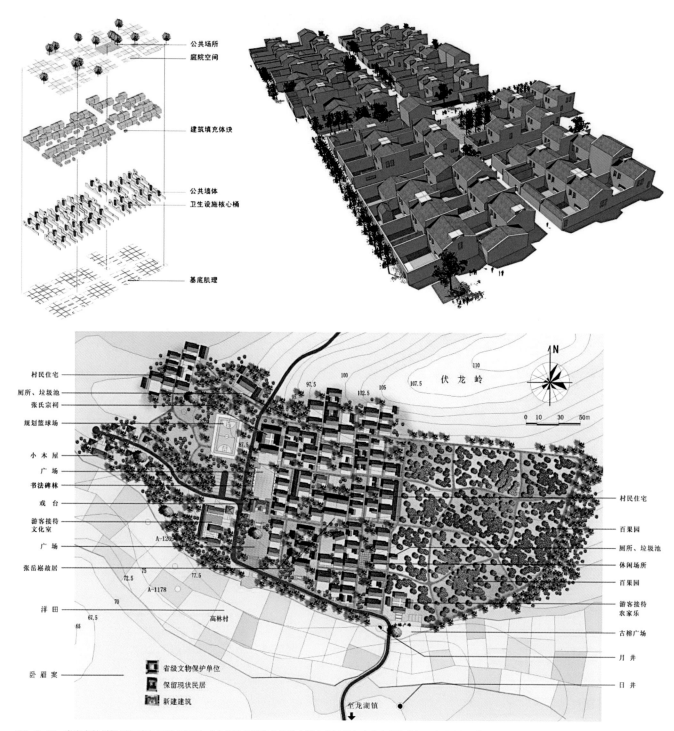

图8-6-41　定安高林村规划设计布局图（来源：《定安县龙湖镇高林村文明生态村历史文化名村保护与环境整治规划》）

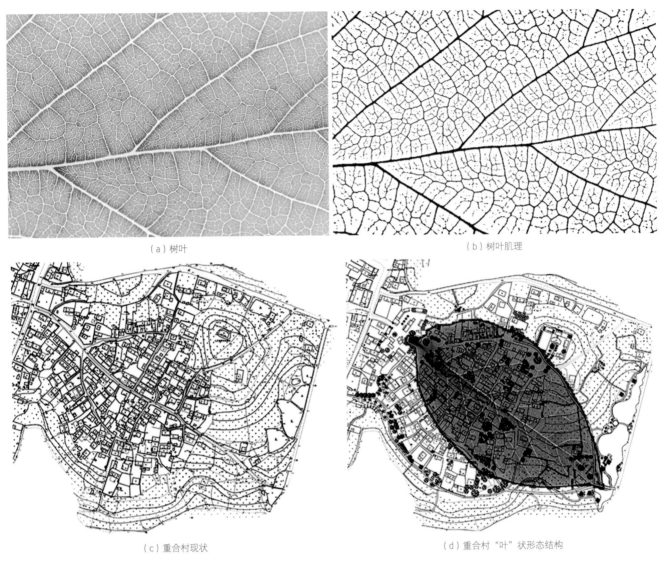

（a）树叶

（b）树叶肌理

（c）重合村现状

（d）重合村"叶"状形态结构

图8-6-42　重合村空间形态解析（来源：杨定海 绘）

包括：一是开展传统农耕文明体验活动，热带水果、瓜菜采摘等；二是农家餐饮；三是农用工具展示，热带水果、瓜菜展示等。

（2）旅游接待区

①游客接待中心

将游客接待中心与高林村的文化娱乐、体育等公共设施结合安排，包括停车、旅游纪念品出售、游客服务、卫生站、戏台、球场、娱乐室等。

②小木屋

满足部分游客休息停留的要求，可开发少量有乡野情趣的小木屋。

四、重拾美丽乡村

（一）昌江重合村

重合村位于昌江黎族自治县东南部，距县城16公里，属于七叉镇一个传统黎族村落，坐落于霸王岭下。

1. 村落空间形态与建筑结构

重合村是被逐步"汉化"的黎族村落，全村已经没有黎族典型的船形屋居住建筑，而采用汉族三开间建筑。虽然在居住建筑上，重合村选用了汉族的传统建筑样式，但在居住建筑组合关系上，仍延续黎族建筑传统的自由、松散布局方式，建筑间基本未形成明确的院落关系。

黎族钟情自然，看似随机、自由松散的各家建筑组合关系在形成村落整体形态时造就了"叶"形肌理。三条分枝状主路形成村落主体形态，网状支路构成自由交织的随机交通路线。黎族村落没有村庙、祠堂，没有组织村落形态的中心，开敞的入口空间形成村落集聚活动的场所（图8-6-42）。重合村紧邻居住建筑的外围多为黎族村民开辟的菜地，村落东南侧为水塘以及保留的灌木林带，再向外围布局水田。

2. 保护与再生途径

重合村是被逐步"汉化"的黎族村落，失去船形屋的黎村往往就失去了最具特色的民族文化符号，同时也经历着对汉族文化的选择吸收。然而，本民族思想文化的深深烙印不是瞬间能够消逝，必定仍然影响着其方方面面。在聚落空间形态方面，重合村仍无法彻底的"汉"化。

真正的"汉"化黎族，实现民族同一化并不符合现代可持续发展观，文化的多元性才是世界发展的主流，引导黎族传统聚落在保持自身特色下的"时代化"再生是对一个民族最好的支持。对于重合村，既无历史建筑，也没有鲜明的聚落形态和建筑特色，显然走美丽乡村的保护与再生途径是最佳的选择，在提升村落整体环境品质的基础上，为将来特色风情村的打造留有余地。

3. 保护与再生策略

1）村落空间形态及功能整合

（1）村落空间形态

重合村中黎族特色的船形屋居住建筑已然消失，但村落整体形态仍然表现有黎族文化色彩。在尊重现有村落空间形态的基础上，进一步梳理道路体系和自然生态关系。重合村现状支路系统是村民随机踩踏形成，错综复杂，密度较大。以原有的主路为基础，结合各个家庭的宅基地权属线，建构合理密度及相互联通的支路系统。这种道路系统保留了黎族村寨自由松散的空间形态，但合理地组织了交通路线，为节约土地和村落功能转换奠定了基础。

（2）村落功能整合

对于紧邻镇区及霸王岭国家森林公园的黎族村落，黎族村落的基础及良好区位，具备发展特色村落旅游及服务的基础。

重合村以农业生产作为全村主导产业。在此基础上，赋予重合村旅游及服务产业功能，将重合村打造成紧邻霸王岭的黎族生态旅游服务村。村落入口空间可形成黎族风情活动，兼具部分商业功能；主要村落居住片区中部分村民家庭可经营黎族手工艺品加工和体验；村落外围部分居民家庭可经营农家乐；村落外围修建生态公园。

2）村落建筑结构再生

重合村现有的建筑风格杂乱，既有汉族砖瓦住屋，又有黎族竹木结构辅助用房。针对美丽乡村的发展方向及发展旅游服务功能的需求，应逐步协调统一村落建筑风格。作为黎族村落，应继承和彰显黎族传统建筑空间的特点，表现为室外空间的灵活丰富。对于村落建筑再生：一是整治村落主体建筑，针对每个家庭制定改造再生方案，主要是统一建构材料和建筑风格。二是突出建筑室外活动空间，采用黎族建构方式和建构工艺，设计多种适合室外休憩的空间供家庭选择实施，成为改善家庭生活及彰显村落特色的方式。

3）村落生态环境优化

结合重合村道路系统整治，梳理村落空余的空地转化为绿地，同时保留和优化村外菜地、灌木林地，营建黎族风格的游憩休闲设施，配合美丽乡村建设优化生态环境。

重合村的改造与再生属于美丽乡村类型。这类保护与再生的村落主要在保持村落自然环境基本特征的基础上，以提升村落可持续发展能力为出发点。村落改造与再生涉及保护的内容相对较少，因此，相对于历史文化名镇（村）以及特色风情小镇（村）的改造再生力度要大。但也应注意有意识地给将来村落特色风情的打造留有余地。

重合村还涉及黎族传统村落的改造与再生。黎族传统村落在早先的再生方式以"汉化"为主，这种方式显然是抹杀了黎族特色，应该说不是理想的方式。本书中采取引导大部分黎族传统聚落在保持自身特色下的"时代化"再生。这种"时代化"再生是结合现代生活需要，重新设计新的居住建筑，这种居住建筑具有船形屋的空间形态和精神特征。并以此建筑为单元，结合传统黎族聚落空间形态结构的特征进行空间布局，营建具有"时代"特征的新的黎族聚落（图8-6-43）。

（二）海口荣堂村

荣堂古村落位于海口市石山镇辖区之内，有800年的历史，村中有钟、王、唐等姓氏家族居住。数百年来当地人就地取材利用火山石，建成了这座石头古村。

1. 村落空间形态及建筑结构（图8-6-44）

1）村落空间形态

荣堂村属于环海平原地带，偎依在火山口向四周由高到低的坡地附近，是一个有山、有水、有田、有土、有良好自然景观的佳处。

荣堂村选址遵循"三靠一爽"，即村址靠近耕地，靠近河川或溪流，靠近山岭及森林；地势要高爽，地形要有一定坡度，但不占用耕地。入村小路沿小河蜿蜒进村，村落周围植被茂密，种类丰富，古树较多。荣堂村选址的思想暗合了中国择居的传统文化：人类聚落的营造，首先考虑的是贴近自然，融于自然，与自然同生息。

荣堂村道路顺应地形地势，弯曲辗转，总体呈树枝状分布。整个村落只有一个入口，从村口广场进入，正对村落门楼是整个村落的主道路，曲折有序延伸向村中。沿主路两侧分出4条小路，小路入口设置门楼。顺着小路进入又分出多条每家入户小路。越深入村庄，分枝级别越多，道路越窄，道路越复杂。最终所有道路都消失在各家各户中。

荣堂村的建筑排布顺应道路走向自然分布，或以山墙靠路，或背对道路，没有一家住宅建筑直接朝路开门，都是经过门楼进入院子。由于每家建筑的数量和规模有差异，建筑布局或疏或密，随道路曲折分布，而且以建筑的不同部位随机靠路。

2）村落建筑结构

荣堂村家家户户都建有自己的院落，只是规模大小不同，但院落组成基本一致。院落由入口门楼进入，结合门楼多建有单间门房（用作牲畜房，多养牛），正对门楼或正对堂屋住宅的墙脚有用火山石围砌的小种植池，富有家庭种花草，普通家庭多种蔬菜瓜果，并搭建瓜架，形成庭院园林。院落的主要建筑为住宅，占据院落的主要位置，将院落分成前院与后院空间。住宅一栋或多栋，多栋一般前后成排布置，形成多进院落。住宅的侧边一般分布有单间或两间厨房建筑，后院分布有牲畜圈，由火山石砌成，特别是都围成多层，在其中形成多个主要养猪、羊等圈养空间。

荣堂村民居主要以独院式院落为主，大部分为三合

保护与更新规划结构

保护与更新规划功能分区

保护与更新规划交通巷道

保护与更新规划总平面

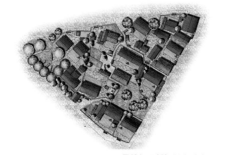

保护与更新规划典型地段平面

主干道东立面改造

主干道西立面改造

街巷建筑立面更新

民居建筑更新及周边环境整治

入口广场及周边环境整治

图8-6-43 重合村保护与再生（来源：杨定海 绘）

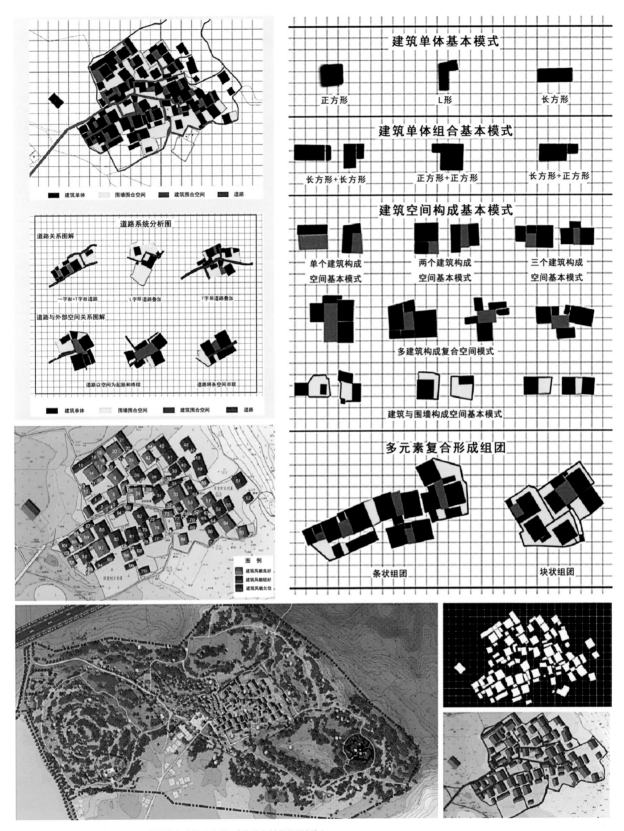

图8-6-44　荣堂村村落空间形态结构特色分析（来源:《荣堂古村保护规划》）

院、二合院，个别单合院；也有部分民居沿纵轴布置房屋，以两排正房组织院落，向纵深发展的平面布置形式，形成二进式院落。

荣堂村建筑都为单层，没有多层，包括祠堂，荣堂村居民贫富反映在院落规模及建筑数量上，富则三合院，二进深；贫则院落面积小，单栋建筑。几乎每栋屋子都一般大小，而且结构也基本相同。墙体全部以不规则且形态各异的火山石为材料建成，从外面看，石头墙的缝间隙虽无粘剂痕迹，但却平整密缝，从屋里朝外看，凹凸不平的墙壁却危如累卵，所有房间没有窗户，室外的光线穿过石缝直射进来采光。村落建筑墙面火山岩大小不一，但表面基本平整，与街道墙面的自然凹凸肌理形成对比，活泼自然。

荣堂古村落今虽已衰败，几乎没有任何保护措施，但仍有37栋建筑质量相当完好，只要将庭院环境稍做整治，即可使用。

2. 保护与再生途径

荣堂古村历史悠久，村落风貌基本完整。具有以下特点：

1）火山石地域建筑材料特色最为突出。整个村落石房、石墙、石街、石碾、石灶、石臼、道路、院墙、墓棺等都是使用火山石材料建造，风貌统一，地域特色浓郁。

2）村落选址及空间形态结构清晰，能代表琼北火山地区聚落的典型特征。

3）村落虽历史悠久，但建筑粗糙古拙，相对于同地域个别村落而言，建构工艺及技术相对滞后。尤其是大部分建筑内部木结构已经破败，只有火山岩墙体保留较好。

荣堂村具有一定的历史原真性，聚落空间形态格局相对完整、建筑风格较为统一，聚落风貌能反映一定的地域特色。但村落缺乏历史文物及重大历史价值或纪念

意义。针对荣堂村特点，申报历史文化名村显然条件不够，但其浓郁的地域特色使其具有鲜明的个性。结合荣堂村紧邻雷琼世界地质公园的良好区位，建设特色风情村是适合荣堂村的保护与再生途径。即立足传统聚落的典型特色，以展示历史原真性，挖掘丰富的历史文化内涵，彰显浓郁的地域特色风情。

3. 保护与再生策略

荣堂村以火山石为材料，建筑相对低矮，无檐廊，多由主屋与单侧横屋组成基本院落，在此基础上纵向拓展形成宅院，是琼北火山地区典型村落的代表。荣堂村达不到历史文化名村的申请条件，因此，选择建设特色风情村。

建设特色风情村途径的核心是彰显村落特色。荣堂村的特色表现为：①村落统一的火山石材料；②因地选址；③完整的安全防护系统；④建筑院落遵循传统，传承合院及多进布局方式；⑤建构技术古拙、质朴；⑥村落环境自然和谐。

因此，对荣堂村的保护就涉及建筑材料的统一；村落基址的完整；村落安全防护设施的完整；村落院落布局的整理和完善；部分建构技术的延续以及整体村落环境的梳理（图8-6-45）。具体包含以下内容：

1）保留和完善传统村落的空间形态结构。这包含两层含义：一是村落周围自然环境，包括自然植被、水体、山体，特别是影响村落空间形态的视觉通廊。二是村落内部空间形态结构，包含村落公共空间及其元素。

2）以村落原有的道路系统为基础，整合和重构部分村落"树枝形"道路脉络。

3）以保存的村门、火山石村落围墙、巷门、巷道、宅门、村落树枝状道路系统等为基础，进一步完善村落安全防护系统。

4）院落结构整合和重构部分院落空间。通过维

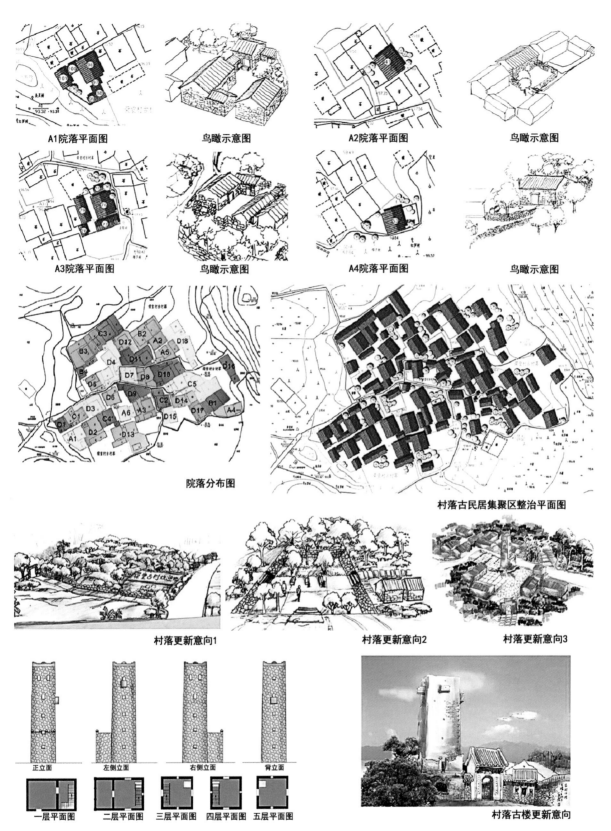

A1院落平面图　　　　鸟瞰示意图　　　　A2院落平面图　　　　鸟瞰示意图

A3院落平面图　　　　鸟瞰示意图　　　　A4院落平面图　　　　鸟瞰示意图

院落分布图　　　　　　　　　　　　村落古民居集聚区整治平面图

村落更新意向1　　　　　　村落更新意向2　　　　　　村落更新意向3

正立面　　　左侧立面　　　右侧立面　　　背立面

一层平面图　　二层平面图　　三层平面图　　四层平面图　　五层平面图

村落古楼更新意向

图8-6-45　荣堂村村落空间形态再生设计（来源：《荣堂古村保护规划》）

修、改善、整修、整治等不同的方式进行保护与再生。在典型院落或宅院维修方式中建构技艺遵循"修旧如旧"的原则，运用传统的建构工艺；在一般院落或宅院采用改善、整修、整治等不同的方式时，可采用新技术延续传统建构思想，达到村落建筑群风貌统一。

5）对部分村落空间及建筑空间进行功能置换，引入风情旅游，引导和改善村落经济发展模式，达到村落保护与再生的可持续发展。村落中一部分村落空间和院落作为原有居民正常生活的空间，一部分村落空间和院落结合旅游线路引入新的功能，如村史陈列、风俗民情表演、特色小吃加工和餐饮、民俗摄影、小商品展销等地域特色活动。

五、推进乡村振兴

（一）海口冯塘村

冯塘村是个有着整整400年历史的古村，位于永兴镇南部，西接儒楚上村，北与美杏村接壤，南至东山镇农场，东濒群力村农场，距罗经村委会6.6公里。村落附近围绕着2500亩茂密的热带火山雨林和郁郁葱葱的橄榄林。村子有一个面积约4亩的池塘，由于最早入村的是冯姓人家，因此取名为"冯塘"。

以冯塘村为基础，依托冯塘村集体用地范围内丰富的自然资源所建的冯塘绿园乡村旅游项目于2015年12月开园迎宾。冯塘绿园核心景区——橄榄园，位于冯塘村西南侧，距冯塘村约200米，冯塘绿园项目目前已建成橄榄园摇椅区、橄榄小道漫步区、花架茶饮区、木屋别墅区、廊道用餐区、龙栖谷徒步探幽区、龙栖谷栈道以及石塘垂钓区、荷花塘赏莲区和电瓶车环村游览等；特色茶饮有绿园莲花茶、绿园养肝茶、冯塘咖啡等；特色菜品有干煸冯塘乳羊、捞叶炒蛋、红烧绿头鸭、冯塘椰子煎卷、香糯南瓜酥等。

1. 村落空间形态及建筑结构

冯塘村的房屋依塘而建，其中西侧有6排东西走向且一字排开的老屋，将它们隔开的是5条巷道，每条巷道都有一个石门（图8-6-46）。村里还保存了大量始建于民国时期的火山石古民居，具有较高的历史、艺术、科学研究价值。

冯塘村的传统火山民居建筑至今仍连片集中保存，村庄灰黑色调的传统火山建筑为主要建筑，少量新建民居建筑；这些传统建筑都具有历史、文化、艺术、社会、经济价值，较完整地体现了羊山地区历史传统风貌。

冯塘村古石屋大部分用当地的火山石修建而成，从结构上，石屋是人字形，分为三间，中间为正堂，设神龛兼作客厅，两边是厢房。从建筑工艺上，石墙全部用火山石干垒而成，四面石墙雕刻的叫"四面光"。普通人家只有前墙雕刻工整，其他三面比较粗糙。正堂和厢房用菠萝蜜格和荔枝木板作隔墙，下面垫着柱础石和石条，梁板之间全部用卯榫连接，房梁上雕刻着精美的火山图腾。从规模上，石屋的大小由正堂瓦路数来定，分为十五、十三和十一瓦格。十五瓦路和四面光的石屋一般都是大户人家所盖，体现了主人家境殷实。

每家屋檐下都有一排水缸，古时火山地区缺水，把水缸放屋檐下接雨水使用，久而久之，水缸的多少就成了财富的象征，当地流传歌谣"不嫁金，不嫁银，数数门前的水缸就成亲"。

2. 保护与再生途径

该村的古屋为火山石砌筑，碎石铺地，石屋林立。结合"双创"惠民生的理念，永兴镇镇委镇政府通过招商引资，让企业免费对残破的古石屋就地修缮，然后以支付租金的形式向村民租赁这些古石屋，用于进行乡村民俗文化旅游项目。

图8-6-46 冯塘村空间布局（来源：李贤颖 绘）

如今，古朴的冯塘村摇身一变，成为更广为人知的"冯塘绿园"。2014年末，镇政府引进企业，经过半年多的时间，以冯塘村为基础打造的"冯塘绿园"已经成为海口乡村旅游的新亮点。

3. 保护与再生策略

冯塘绿园打造以冯塘村为根基、以橄榄园为核心，面积近150亩，具有20多年树龄的斯里兰卡橄榄树郁郁葱葱，以传递和平友好为着力点，突出生态和休闲功能为主（图8-6-47）。

橄榄园中建有休闲长廊、摇椅、星星屋、青石板路、茶吧、冷饮小吃、客服中心、环保生态旅游厕所和近百间民宿客房。

利用村内天然形成的火山溪谷，打造"龙栖谷"。溪谷属于火山地形地貌保护区域，谷中清泉溪流相伴，辅以666米长的木栈道，供游客火山热带雨林探秘、休闲体验、拓展、休闲观光。

为充分利用农村荒废闲置用地，企业出资给农户租用闲置用地，使原有已破坏的生态得到了修复，引来白鹭成为白鹭家园，并运用部分地域资源培育莲花，不仅让游客感受了莲花的观赏价值，还开发了莲花的经济价值，例如莲花茶、莲花汤等。

（二）澄迈罗驿村

罗驿村位于澄迈县老城镇白莲区境内，隶属老城镇罗驿村村委管辖，位于老城镇西南边方向6.5公里处。

（a）冯塘村现状

（b）冯塘村规划鸟瞰图
（来源：李贤颖 绘制）

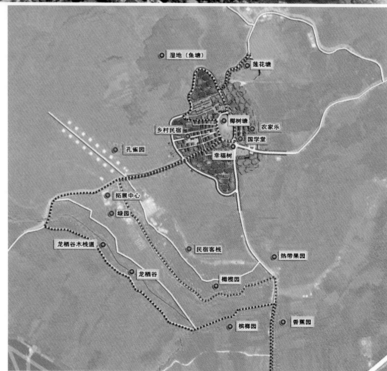

（c）冯塘村规划设计（来
源：李贤颖 绘）

图8-6-47　海口冯塘村

罗驿村于南宋末年临湖建村，随着李氏宗族的发展壮大，村庄逐步生长，至清朝末年，罗驿村已初具规模，形成环绕月湖和日湖北岸的月牙形村落。

罗驿村村落典雅、古朴，历史久远，村内现存传统建筑集中连片分布，拥有火山岩古民居430间，大多修建于明清年代，距今已有近300年历史，是澄迈县乃至海南省具有代表性的火山岩传统民居建筑群，36条由火山岩铺成的石板路，串联村内火山岩传统民居，纵横交错，形成独特的村落路网格局；村内拥有丰富的历史文物，其中李氏宗祠始建于清代雍正元年（1723年），为海南省省级文物保护单位；"李恒谦故居""步蟾坊""节孝坊"为县级文物保护单位；此外，罗驿村还拥有罗驿驿站、马蹄井等6处尚未核定公布为文物保护单位的登记不可移动文物。

罗驿村周边的山水格局凸显古村落选址的精妙：背后的山坡（浅丘）种植有风水林，以固山避风；村前多为人工挖掘池塘，引水入池，也可以调节小气候。村落山水格局与基础设施布局也紧密关联，村落给排水主要来自水塘、水渠和水井，这些都依赖村落选址时对水源充足、安全和地势落差处理的考虑。

1. 村落空间形态及建筑结构

罗驿古村落选址于月湖北岸，形成坐北朝南、临水望田的景观格局，极具特色；村内院落布局统一而富有变化，院子布局以正房为核心，形成两进格局，并有东西偏房相衬。罗驿村古村落整体布局呈扇形，村落内建筑群和街巷以村南的日湖、月湖为核心，向西、北方向放射状延伸；村南沿湖的主干道路为串联村落内部石板巷的骨架。罗驿村村落格局完整，路网清晰，世俗活动与田园劳作间、祭祀以及普通居住的空间分配井然有序。村落内部空间布局序列递进，逐次展开，层次分明；同时根据各自的实用功能和布局构思形成共性，但又各有章法，呈现个性灵活的村落组织肌理和风貌格局。

受山水格局、村落选址与建筑布局、公共设施布局的影响，罗驿村街巷随日湖、月湖以及周围林田、建筑和主干道路延伸，形成不规则的扇形蛛网式格局。其中以围绕日湖、月湖北岸的主干道路，形成多条纵向石板巷，自南向北贯穿村落建筑群。以纵向石板巷为骨架，村落建筑之间形成多条横向小巷，将各户建筑与街巷紧密联系在一起。在纵向布局的石板巷两侧多设置有排水沟，雨季时雨水沿沟渠汇流入村南日湖、月湖当中，充分展现了罗驿村村民的朴素智慧和尊重自然、因地制宜的发展理念（图8-6-48）。

罗驿村建筑简洁的外形独具特色，是琼北古代火山岩民居建筑群；主要传统建筑多为木石结构，民居多为海南的"十柱"屋，建筑屋顶多为硬山式风格，其内部结构多为抬梁式构架；民居建筑又不乏装饰，木雕、彩画、灰塑等工艺纯熟、内涵深刻，体现出较高的艺术水平，具有很高的艺术价值（图8-6-49）。

2. 保护与再生途径

1）延续整体空间格局

保护并延续罗驿村的传统格局，保持罗驿村有机的村落格局体系，新建建筑应延续传统建筑肌理与历史风貌，注重空间秩序性，与现有整体空间格局协调。

2）保护整治空间环境，提供公共绿地和活动场所

对保护区内街巷、绿地进行整治，依据其整体比例尺度与协调性，周边建筑风貌和地面铺设效果，街巷对景景观、空间围合景观效果以及其空间识别程度等标准，对街巷空间分别制定保护与整治措施。结合保护区内小型开放空间作为居民和游客主要的公共活动场所。

3）对各类建筑进行保护、保留、整治、更新

根据现有建筑的历史文化价值、质量和今后使用功能等要求，对每栋建筑的保护与整治方式进行分类，保

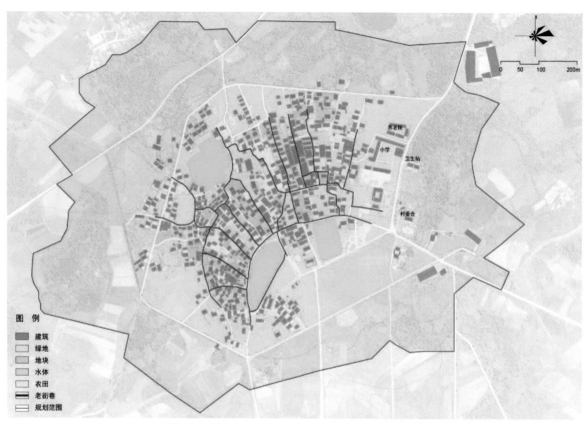

图例
■ 建筑
□ 绿地
▨ 地块
▨ 水体
□ 农田
━ 老街巷
□ 规划范围

（a）罗驿村空间形态（来源：《澄迈县老城镇罗驿村传统村落保护发展规划》）

（b）罗驿村鸟瞰

图8-6-48 澄迈县罗驿村

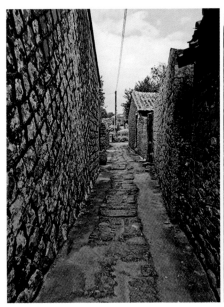

图8-6-49 罗驿古村建筑风貌（来源：李贤颖 摄）

护和修缮好有历史文化价值的建筑，改善现有的建筑风
貌，尽可能挖掘历史建筑再利用潜力，对其进行功能性
开发。

3. 保护与再生策略

1）功能分区

依据古村落现状基础，将罗驿村分为以下展示功能
分区（图8-6-50）：

历史文化展示区：主要集中于日湖、月湖北岸，是
火山岩历史建筑分布密集、保存完好、街巷风貌优美的
片区，重点展示罗驿村火山岩传统建筑的特色以及街巷
格局，以及步蟾坊、李恒谦故居等优秀文物，向游客展
现罗驿村村民的智慧积淀。

宗庙祠堂展示区：位于罗驿村东部，包括李氏宗

祠、忠烈祠、观音庙、文昌阁遗址等文物与名胜古迹。

旅游服务接待区：位于罗驿村东主路东侧，紧邻村
口，是集中为游客提供接待服务的功能分区。

娱乐文化展示区：位于罗驿村东南角，宗庙祠堂展
示区以南；结合戏台广场构建文化娱乐活动场所，展现
罗驿村的特色民间文化、节庆活动和庙会活动等。

自然生态展示区：主要集中于日湖、月湖和星湖周
边，展现罗驿村独特的山水格局并为游客提供绿色空间。

2）旅游植入

在罗驿村东旅游服务接待区内设置停车场和纪念品
商店，并配备旅游服务设施、小型民俗餐饮、公厕等服
务设施，满足旅游服务的需要。

在日湖、月湖、星湖周边以及观音庙、宋朝古
井、李定南故居等景点周边设置休憩区，供游客休息。

图 例

1	养老院	21	碉楼
2	小学	22	星湖
3	卫生站	23	用倒塔
4	李氏宗祠	24	公祠
5	忠烈祠	25	侯王庙
6	村委会	26	岱之祖祠
7	停车场	27	月湖
8	观音庙	28	大房祖祠
9	驿站	29	日湖
10	戏台	30	景观农田
11	节孝坊	31	古树
12	古驿道	32	古井
13	文昌塔		
14	李定南故居		
15	铁梭屋		
16	李平山故居		
17	元墓		
18	李恒谦故居		
19	李独清故居		
20	步蟾坊		

图8-6-50 罗驿古村规划总平面图（来源：《澄迈县老城镇罗驿村传统村落保护发展规划》）

序号	传统聚落名称	地理位置	始建朝代	主要姓氏	村落朝向	级别	文保等级	页码
1	崖城镇	三亚市				第三批中国历史文化名镇		146
2	中和镇	儋州市				第四批中国历史文化名镇		144
3	定城镇	定安县				第四批中国历史文化名镇		143
4	铺前镇	文昌市				第四批中国历史文化名镇		147
5	高林村	定安县龙湖镇	清代	张、吴	南	第五批中国历史文化名村（第一批中国传统村落）		279
6	保平村	三亚市崖城镇	唐代	张、何	无规律	第五批中国历史文化名村（第一批中国传统村落）		047
7	十八行村	文昌市会文镇	清代	林	北	第五批中国历史文化名村（第一批中国传统村落）		115
8	上丹村	海口市琼山区国兴街道办	南宋	唐	西南	第一批中国传统村落		—
9	东谭村	海口市龙华区遵谭镇	西汉	蔡、吴、王	无规律	第一批中国传统村落		110
10	文山村	海口市龙华区新坡镇	宋代	周	无规律	第一批中国传统村落		079
11	三卿村	海口市秀英区石山镇	宋代	王	西南	第三批中国传统村落		012
12	美社村	海口市秀英区石山镇	宋代	王		第四批中国传统村落	福兴楼于2015年被列为海南省文物保护单位	237
13	冯塘村	海口市秀英区永兴镇	清代			第四批中国传统村落		295
14	美孝村	海口市秀英区永兴镇	明代			第四批中国传统村落		073
15	包道村	海口市琼山区旧州镇	明末	侯、王		第四批中国传统村落	宣德第于2009年被列为海南省文物保护单位	171
16	昌文湖村	海口市琼山区红旗镇	宋代			第四批中国传统村落		—
17	晨光村莲塘村	海口市琼山区三门坡镇				第五批中国传统村落		—
18	道郡村	海口市美兰区灵山镇	明代			第四批中国传统村落		—
19	罗梧村	海口市美兰区三江镇	民国	冯、韦、吴、林		第四批中国传统村落		—

序号	传统聚落名称	地理位置	始建朝代	主要姓氏	村落朝向	级别	文保等级	页码
20	美篆村	海口市美兰区大致坡镇	明代	冯		第四批中国传统村落		—
21	边海村林市村	海口市美兰区演丰镇				第五批中国传统村落		042
22	迈德村	海口市桂林洋农场	明代	曾		第四批中国传统村落		—
23	大美村	澄迈县金江镇	元代	王	西	第三批中国传统村落		073
24	美朗村	澄迈县金江镇	宋代	周、陈、王	南	第三批中国传统村落	美榔双塔于1996年被国务院批准为全国重点文物保护单位（灵照墓、陈道叙周氏墓于2006年被批准纳入）	—
25	扬坤村	澄迈县金江镇	清代	潘	南	第三批中国传统村落		—
26	龙吉村	澄迈县老城镇	宋代	郑	西南	第三批中国传统村落		014
27	罗驿村	澄迈县老城镇	宋代	李	东南	第三批中国传统村落	李氏宗祠于2009年被列为海南省文物保护单位	296
28	石礐村	澄迈县老城镇	南梁	冯	西	第三批中国传统村落	冯公祠于2015年被列为海南省文物保护单位	030
29	谭昌村	澄迈县老城镇	南宋	罗	西南	第三批中国传统村落	谭昌学堂于2015年被列为海南省文物保护单位	013
30	道吉村	澄迈县永发镇	清代	唐	西南	第三批中国传统村落		013
31	儒音村	澄迈县永发镇	明代	林	东	第三批中国传统村落		014
32	美傲村	澄迈县永发镇	明代			第四批中国传统村落		—
33	美墩村	澄迈县永发镇	明代			第四批中国传统村落		—
34	美楠村	澄迈县永发镇	明代	陈、吴、林、王		第四批中国传统村落		—
35	那雅村	澄迈县永发镇	明代	黄		第四批中国传统村落		—
36	南轩村	澄迈县永发镇	明代			第四批中国传统村落		—
37	秀灵村	澄迈县永发镇	明代			第四批中国传统村落		—
38	富宅村	文昌市东阁镇	清代	韩		第四批中国传统村落		025
39	松树下村	文昌市文城镇	民国			第四批中国传统村落		—
40	义门二村	文昌市文城镇				第四批中国传统村落		—
41	下山村下山陈村	文昌市文城镇				第五批中国传统村落		171
42	大顶村仕头村	文昌市潭牛镇				第五批中国传统村落		—
43	东坡村美宝村	文昌市铺前镇				第五批中国传统村落		—

序号	传统聚落名称	地理位置	始建朝代	主要姓氏	村落朝向	级别	文保等级	页码
44	仙寨莲塘村	琼海市中原镇				第四批中国传统村落		—
45	留客村	琼海市博鳌镇	清代			第四批中国传统村落		—
46	深造村 石头岭村	琼海市龙江镇				第五批中国传统村落		—
47	滨滩村 南望沟村	琼海市龙江镇				第五批中国传统村落		—
48	中洞村 双举岭村	琼海市龙江镇				第五批中国传统村落		—
49	春内村	定安县定城镇				第四批中国传统村落		—
50	三滩村	定安县新竹镇	明代			第四批中国传统村落		—
51	卜效村	定安县新竹镇	明代	吴		第四批中国传统村落		—
52	龙梅村	定安县雷鸣镇	明代	王		第四批中国传统村落		—
53	仙坡村	定安县雷鸣镇	清代	胡		第四批中国传统村落		—
54	皇坡村	定安县岭口镇	元代			第四批中国传统村落		—
55	群山村 九锡山村	定安县岭口镇				第五批中国传统村落		—
56	九温塘村	定安县龙门镇				第五批中国传统村落		—
57	龙拔塘村	定安县龙门镇				第五批中国传统村落		—
58	红花岭村	定安县龙门镇				第五批中国传统村落		—
59	美香村 美巢村	临高县皇桐镇				第五批中国传统村落		—
60	红专居 透滩村	临高县皇桐镇				第五批中国传统村落		—
61	洪水村	昌江黎族自治县王下乡	明代	韩	东	第三批中国传统村落		021
62	老丹村	乐东县佛罗镇	明代	石	无规律	第三批中国传统村落		161
63	佛罗老村	乐东县佛罗镇				第五批中国传统村落		—
64	黄流村	乐东县黄流镇	宋代			第四批中国传统村落		052
65	镜湖村 镜湖老村	乐东县九所镇				第五批中国传统村落		—
66	白查村	东方市江边乡	明代	符	无规律	第一批中国传统村落		126
67	金妙朗村	琼中县湾岭镇				第四批中国传统村落		—
68	疍家渔村（海鹰、海燕、海鸥）	陵水县新村镇				第五批中国传统村落		055

参考文献

一、专著

［1］杨定海. 质朴的生活智慧——海南岛传统聚落与建筑空间形态［M］. 北京：中国建筑工业出版社，2017.

［2］海南省住房和城乡建设厅，华中科技大学建筑与城市规划学院，海南三寰城镇规划建筑设计有限公司. 海南近代建筑（琼北分册）.

［3］中华人民共和国住房和城乡建设部编. 中国传统民居类型全集（中册）［M］. 北京：中国建筑工业出版社，2014.

［4］杨卫平，王辉山，王书磊. 海南历史文化大系（文博卷）. 海南古村古镇解读［M］. 海口：南方出版社，海南出版社，2008：4-17.

［5］阎根齐. 海南历史文化大系（文博卷）. 海南古代建筑研究［M］. 海口：南方出版社，海南出版社，2008.

［6］陆琦. 广东民居［M］. 北京：中国建筑工业出版社，2008.

［7］陕西省城乡规划设计研究院. 陕西古村落（一）——记忆与乡愁［M］. 北京：中国建筑工业出版社，2015.

［8］陕西省城乡规划设计研究院. 陕西古村落（二）——记忆与乡愁［M］. 北京：中国建筑工业出版社，2015.

［9］唐玲玲，周伟明. 海南史要览［M］. 海口：海南出版社，2008.

［10］彭一刚. 传统村镇聚落景观分析［M］. 北京：中国建筑工业出版社，1994.

［11］中南民族学院本书编辑组. 海南岛黎族社会调查［M］. 南宁：广西民族出版社，1992.

［12］海南省建设厅海南省勘察设计协会主编. 海南民族传统建筑实录［M］. 海口：南海出版公司，1999.

二、连续出版物

［1］裴保杰，谢丹，张贝，杨定海. 海南乡村聚落景观类型和空间形态浅析［J］. 海南大学学报（自然科学版），2015（01）：69-77+92.

［2］王瑜. 黎族民居的特征［J］. 四川建筑科学研究，2011，37（4）：230-233.

［3］焦勇勤. 儋州宁济庙与海南冼夫人信仰文化的形成及传播［J］. 海南大学学报（人文社会科学版），2015，33（5）：119-122.

［4］杨定海，肖大威. 海南岛汉族传统建筑空间形态探析［J］. 建筑学报，2013（S2）：140-143.

［5］孙荣誉，郭佳茵. 海南黎族传统民居的地域性表达研究［J］. 华中建筑，2015（2）：138-140.

［6］吴若斌，张洁. 海南黎族的生存观与"船"形屋［J］. 中外建筑，2001（5）：20-21.

［7］张引. 海南黎族民居"船形屋"结构特征［J］. 装饰，2014（11）：83-85.

［8］李玉堂，沈屺然. 海南书院空间序列及建筑特征解析——以溪北书院为例［J］. 华中建筑，2010，28（12）：156-158.

［9］秦健，陈小慈，张纵. 黎族传统村落形态与住居形式研究［J］. 广东园林，2012，34（1）：32-36.

［10］侯莹莹，张帆. 黎族文化保护与旅游开发——以海南省洪水村为例［J］. 云南地理环境研究，2009（3）：107-111.

［11］贺乐. 三亚后海疍家滨海旅游发展的民族志考察［J］. 民族论坛，2016（1）：103-107.

［12］杨定海，肖大威. 石头筑就神话，朴实彰显美丽——海口荣堂村古村落景观初探［J］. 华中建筑，2009，27（3）：224-228.

［13］杨定海. 海南岛传统聚落的保护与更新体系探析［J］. 华中建筑，2014（3）：76-80.

［14］符和积. 海南文化的历史渊源与融汇发展［N］. 海南师范大学学报（社会科学版），1989（4）：9-14.

［15］侯霏，史楠，杨飞海. 南陵水新村镇疍家渔排文化品牌建设浅析［J］. 商场现代化，2015（4）：135-137.

［16］何化利，邓敏，朱桂金，张苛梅. 三亚疍家文化保存模式探讨［J］. 安徽农业科学，2013，41（21）：8987-8988.

［17］王磊. 照耀在疍家渔船上的阳光［J］. 旅游，2009（7）：56-59.

［18］汤漳平，许晶. 关于中原文化与闽南文化关系研究的几点思考［G］. 闽都文化研究，2004（01）.

[19] 彭静, 朱竑. 海岛文化研究进展及展望 [J]. 人文地理, 2006, 21 (2): 99-103.

[20] 杜伟, 曹艳春. 海南贬官文化研究概述 [J]. 华章, 2013 (2): 89-90.

[21] 朱竑. 海南岛文化区域划分 [J]. 人文地理, 2001, 16 (3): 44-48.

[22] 魏一山, 沙君厚. 千年俄查村: 探访黎族最后的船形屋部落 [J]. 环球人文地理, 2014 (5): 62-71.

[23] 郝少波. 琼北民居近代"南洋风"的成因及衍变初探 [J]. 新建筑, 2011 (5): 102-104.

[24] 吴迪, 杨威胜. 天涯海角回辉村 [J]. 中国民族, 2013 (8): 28-31.

[25] 杨定海. 海南岛传统聚落生成、演变历程及动因简析 [J]. 西部人居环境学刊, 2017, 32 (01): 109-114.

[26] 王瑜. 黎族传统聚落的文化特征及继承与发展 [J]. 华中建筑, 2001 (5): 86-88.

[27] 朱竑, 曹小曙, 司徒尚纪. 海南文化特质研究 [J]. 中山大学学报 (社会科学版), 2001 (4): 115-119.

[28] 朱竑, 司徒尚纪. 海南岛地域文化的空间分布研究 [J]. 地理研究, 2001 (4): 463-470.

[29] 詹长智. 海南地方文献形成的历史与分布现状 [J]. 图书馆论坛, 2008 (6): 228-231.

[30] 卢迅鸣, 杨春盛. 黎族住宅形式演变初探 [J]. 海南师范学院, 1989 (3): 101-106.

[31] 苏儒光. 黎族传统民居建筑类型与演变 [J]. 中央民族大学学报, 1994 (3): 52-53.

[32] 吴庆洲. 船文化与中国传统建筑 (下) [J]. 中国名城, 2011 (2): 58-63.

[33] 黄捷, 王瑜. 船屋文化——海南黎族传统民居探源 [J]. 新建筑, 1997 (4): 32-35.

[34] 黄敬刚. 海南岛古代黎、苗建筑的初步研究 [J]. 东南文化, 1990 (5): 234-238.

[35] 姚丽娟. 黎族人生态环境探析 [J]. 内蒙古科技与经济, 2004 (19): 12-13.

[36] 颜家安. 海南岛原始农业起源的几个问题 [J]. 古今农业, 2005 (3): 33-42.

[37] 赵全鹏. 历史上海南岛内的族群流动及成因 [J]. 贵州民族研究, 2008 (1): 168-173.

[38] 王文光, 翟国强. 先秦时期历史文献中的越民族群体 [J]. 云南师范大学学报 (哲学社会科学版), 2005 (1): 32-36.

[39] 王君伟. 关于汉至唐海南行政建置沿革的争论 [J]. 海南史志, 1993 (4): 30-33.

[40] 王献军. 黎族历史上的"生黎"与"熟黎" [J]. 海南大学学报 (人文社会科学版), 2010 (1): 1-6.

[41] 杨定海. 海口儒豪古村人居环境解析 [J]. 华中建筑, 2010 (4): 114-116.

[42] 杨丽. 黎族居住习俗研究 [J]. 湘潮 (下半月), 2011 (05): 43-44.

[43] 鲁洋静. 海南黎族船形屋资源价值的研究 [J]. 湖南师范大学 (社会科学学报), 2014 (11): 225-226.

[44] 杨定海, 肖大威. 海南岛黎族传统建筑演变解析 [J]. 建筑学报, 2017 (02): 96-101.

[45] 李红, 周波, 陈一. 中国传统聚落营造思想解析 [J]. 安徽农业科学, 2010 (11): 5973-5974.

[46] 谌墨, 苏逊. 定安古城时间被封存的静地 [J]. 海南日报, 2009 (12): 026版.

[47] 本刊编辑部. 藏不住的海南 [J]. 中华民居 (上旬版), 2013-01-05.

[48] 段晓黎, 张恒磊. 再造历史街区——文昌市铺前骑楼街区营造探析 [J]. 大众文艺, 2017 (24).

[49] 杨定海. 海南昌化古镇特色风情镇区的保护与更新 [J]. 中外建筑, 2013 (06): 40-43.

[50] 吴子瀚, 李郇. 传统广府村落公共空间形态研究——以广州市番禺区为例 [J]. 南方建筑, 2013 (04): 64-67.

[51] 杨定海, 范冬英, 邱爱晨, 高英杰. 海南乡村景观空间解析 [J]. 广东园林, 2016 (38): 45-49.

[52] 杨定海, 范冬英. 海南琼北传统村落营建思想探析 [J]. 华中建筑, 2017 (35): 114-118.

三、学位论文

［1］徐瑶. 琼北地区祠祭建筑研究［D］. 南京：南京工业大学，2013.

［2］方赞山. 海南传统村落空间形态与布局［D］. 海口：海南大学，2016.

［3］陈小慈. 黎族传统村落形态与住居形式研究［D］. 南京：南京农业大学，2011.

［4］陈博. 黎族传统聚落形态研究［D］. 杭州：中国美术学院，2016.

［5］李超. 文昌十八行"梳式"聚落的成因及形态特征研究［D］. 武汉：华中科技大学，2010.

［6］杨定海. 海南岛传统聚落与建筑空间形态研究［D］. 广州：华南理工大学，2013.

［7］熊绎. 琼北传统民居营造技艺及传承研究［D］. 武汉：华中科技大学，2011.

［8］马楠. 崖城传统民居的气候适应性研究［D］. 武汉：华中科技大学，2012.

［9］孙荣誉. 特征与传承——海南传统地域建筑研究［D］. 成都：西南交通大学，2015.

［10］张引. 海南白查村黎族聚落环境探析［D］. 苏州：苏州大学，2008.

［11］沈屹然. 海南书院空间形态及建筑特征研究［D］. 武汉：华中科技大学，2011.

［12］侯莉. 从商业文化看海南南洋风格商业街——以文昌铺前镇胜利街为例［D］. 武汉：华中科技大学，2010.

［13］苏阳. 海口市骑楼历史街区水巷口示范区保护更新策略研究［D］. 武汉：华中科技大学. 2011.

［14］樊欣. 海口羊山地区古村落初探［D］. 南京：南京工业大学，2010.

［15］贾俊茹. 海南文昌近代民居空间形态研究［D］. 武汉：华中科技大学，2010.

［16］周自清. 近代受南洋文化影响的琼北民居空间形态特征研究［D］. 武汉：华中科技大学，2011.

［17］谢丹. 琼北乡村聚落空间形态解析［D］. 海口：海南大学，2015.

［18］刘江涛. 汉族移民与清代海南黎族文化变迁［D］. 武汉：中南民族大学，2007.

［19］陈潇. 海口骑楼建筑研究［D］. 南京：南京工业大学，2013.

［20］熊清华. 海南黎族传统村落人居环境的美学研究［D］. 武汉：中南民族大学，2018.

［21］王鑫. 海南岛东西海岸传统聚落景观空间形态比较分析［D］. 海口：海南大学，2019.

［22］许静. 琼北火山口地区传统村落文化景观与保护研究［D］. 海口：海南师范大学，2017.

［23］裴保杰. 自然地理因素对海南岛东北部乡村景观空间结构影响研究［D］. 海口：海南大学，2015.

［24］张瑞海. 海南岛传统聚落水环境的生态营造研究［D］. 海口：海南大学，2017.

［25］陶蕊. 浅谈海岛古村落保护与发展［D］. 天津：天津大学，2016.

四、电子文献

［1］苏婧，郑玮娜. 守着宝藏难致富：一个古村落的迷惘［EB/OL］. http://nx.news.163.com/08/0428/17/4AKRLAET006200B1. html，2008-04-28.

［2］干栏式研究. 干栏式民居建筑村落［EB/OL］. http://www.360doc.com/content/10/0310/00/920737_18208586.shtml，2010-03-10.

［3］带你穿越那些消失的古城池——中国城池志·海南篇［EB/OL］. http://bbs. tianya.cn/post-no05-300255-1.shtml，2013-11-23.

［4］浅论客家文化在海南的传承与发展［EB/OL］. https://www.doc88.com/p-463113264580.html，2012-06-19.

［5］文昌古村十八行：古巷清幽风朴 家家户户侨味浓［EB/OL］. http://www.chinanews.com/kong/2010/08-27/2496044.shtml，2010-08-27.

［6］海南陵水新村渔港：疍家人的"两栖"新生活［EB/OL］. http://www.chinanews.com/sh/2018/09-21/8633045.shtml，2018-09-21.

［7］中国生态博物馆总体规划［EB/OL］. https://jz.docin.com/p-126528793.html，2011-02-17.

［8］海口演丰乡野民宿：临海而居别样的民俗风情［EB/OL］. http://news.hsw.cn/system/2017/0718/837577.shtml，2017-07-18.

［9］美女记者走进定安高林村被深厚文化所折服［EB/OL］. http://hi.people.com.cn/n2/2017/0509/c231190-30158403.html，2017-05-09.

［10］海南传统古村落：四方求索"活化"有路［EB/OL］. http://hi.people.com.cn/GB/n2/2018/1126/c231190-32330587.html，2018-11-26.

　　改革开放40多年来，中国从农耕社会快速向工业社会转型，大量农村人口向城市流动聚集，城市集群化发展给社会带来高效率以及多元化的生活方式的同时也出现聚落"空心化"现象，聚落是承载中华文明的主要载体，如何保护传统聚落也成为传承弘扬中国传统文化的重要课题。

　　海南独特的海岛地理环境，让这座岛屿上保存有众多传统聚落，这些传统聚落千姿百态，各有秋千，传统聚落保留的传统乡风、精美建筑、风水格局，既和中华传统文明一脉相承，又凸显出海南的地域文化特色。海南传统民居建筑由于年久失修，老化、损毁严重，基础设施条件不完善。从城市返乡的村民，习惯了现代都市的繁华，热衷于建造现代楼房，而不屑于保护与修复老旧的建筑，任由其衰败，这直接导致了传统聚落的历史风貌受到了极大的损坏。这对于海南传统村落提出了更大的挑战。在城镇化历史发展大趋势下，海南的传统聚落也面临着既要保护又要发展的双重挑战，在各自寻觅聚落的"活化"之路。为此，海南先后制定出台了《海南美丽乡村建设三年行动计划（2017—2019）》《海南省特色产业小镇建设三年行动计划》《海南省乡村振兴战略规划（2018—2022年）》《关于以发展"共享农庄"为抓手建设美丽乡村的指导意见》等系列政策文件，鼓励村镇释放出发展活力，引导社会资本参与到"百镇千村"工程建设中来。

　　传统聚落承载着历史变迁，且积淀着深厚的地方文化，具有很高的历史价值、文化价值、艺术价值、科学价值和旅游价值。海南的传统聚落保护和发展要探索融入海南改革开放大局的思路、方法和措施；探索融入乡村振兴的有效途径，通过对传统聚落的保护与发展推动乡村振兴。

　　近几年来，在海南省住房和建设厅领导下，我们有幸参与了住房和城乡建设部主编的《中国传统建筑解析与传承　海南卷》海南建筑的调查与研究传承的编写工作和《中国传统民居类型全集》海南民居的调查与编写工作，并承担《新疆塔城历史文化名城保护规划》《云南省通海历史文化名城保护规划》《海南省历史文化名镇名村与历史建筑保护研究》《海南省儋州中和国家历史文化名镇保护控制性详细规划》《海南省文昌铺前国家历史文化名镇保护规划》等项目，其中《海南省儋州中和国家历史文化名镇保护规划》和《儋州东坡文化旅游区总体规划》项目分别获得2011年、2019年海南省优秀城乡规划设计二等奖。这大大增强了我们对海南聚落与建筑有了更深刻的认识。

从1988年4月海南建省办经济特区以来，琼州大地实现了从落后边陲海岛到全国改革开放重要窗口、从孤悬海外到天堑通途、从游客稀少到度假天堂、从生态脆弱到绿色宝岛、从绝对贫困到决胜全面小康的历史巨变，发展成为中国最开放、最具活力的地区之一。潮起海之南，天涯万象新。如今的海南，正处在加快建设自由贸易试验区和中国特色自由贸易港的关键时期，正承担着弯道超车为改革开放再开试验田、再创新标杆的重大使命、延续传统文化的新挑战。面对复杂多变的国际环境，面对国内改革发展稳定任务艰巨繁重的新形势，面对各地百舸争流、千帆竞发的传统文化复兴发展态势，正视传统聚落消亡的风险，我们应因地制宜，结合自身发展，走出一条具有海南特色的新型城镇化发展道路。积极挖掘增强农村发展内生动力，引导农村就地美化提升，把"百镇千村"建设和全域旅游、脱贫攻坚等结合起来，促进城乡融合发展，从而实现将海南建设成为"全省人民的幸福家园、中华民族的四季花园、中外游客的度假天堂"的目标。因此，及时广泛地调查研究海南传统聚落，从自然环境、历史沿革、聚落外部空间形态和建筑内部空间形态等方面着手对传统聚落进行研究，充分挖掘、整理、解析其形态特征及文化精华，守护文化遗产，留住美丽乡愁，是一件利在当代，功在千秋的大事！

全书编写的重要意义包括：一是分析海南岛地域文化对聚落的影响；二是分析总结了海南传统聚落选址、构成、类型及其生成演变的特点；三是分析总结了海南传统聚落空间形态特点及营建思想；四是梳理海南岛聚落地域文化保护与再生的实践经验；五是提供海南传统聚落保护与再生的思维方法与策略。

深入系统地分析海南传统聚落的分布与演变历程，总结海南传统聚落空间形态的总体特征。在传统聚落层次上分析个例调查，探求海南传统聚落空间形态的差异，丰富和深化研究的目的和内容。

全书自2017年开始启动编写大纲，2018年着手进行调研、查阅史料和撰写，几易其稿，历时三年多的努力，如今终成此稿。为顺利完成本书的撰写，课题组多次赴现场调研、收集资料，前后共组织将近2个月的调研工作，及时收集足够的、真实的和具有典型代表的传统聚落、具有实践意义的聚落保护再生实践范例，掌握海南省传统聚落的类型、特征、价值及生存状态；掌握聚落发展过程中的再生现状，为本书的完成撰写奠定了基础。

在住房和城乡建设部的指导下，海南聚落的工作由海南省城乡和住房建设厅牵头进行，海南华都城市设计有限公司主编，并得到了行业部门单位的支持和帮助，在此一并致谢！

由于时间紧、任务重，以及主观与客观因素，本书内容撰写难免存在疏漏，无法涵盖所有典型案例。若存在许多不足之处，恳请各方面的专家、学者和同行提出批评指正。

审图号：琼S（2021）044号

图书在版编目（CIP）数据

中国传统聚落保护研究丛书. 海南聚落 / 吴小平主
编. —北京：中国建筑工业出版社，2021.12
ISBN 978-7-112-25816-1

Ⅰ.①中… Ⅱ.①吴… Ⅲ.①乡村地理—聚落地理—
研究—海南 Ⅳ.①K928.5

中国版本图书馆CIP数据核字（2021）第000886号

本书以海南传统聚落"多源融汇，和而不同"的嬗变演化特征为线索，分析传统聚落宏观形态格局、选址原则以及传统聚落微观空间布局特点，深入剖析传统聚落的深层内涵，最终总结海南传统聚落的特色。这涉及在宏观层次上分析传统聚落的分布和演化历程，探求海南传统聚落演变的空间肌理及其特征，明确海南传统聚落的总体特征和景观风貌特点。最后结合历史街区、历史文化名镇、历史文化名村、美丽乡村和乡村振兴示范点的相关实践案例进而验证之前的原则和策略，赋予其实际意义，展示海南传统聚落魅力。本书可供建筑、城乡规划、风景园林、人文地理、文物保护等相关专业的读者及文化旅游爱好者参考阅读。

扫一扫
观看本卷聚落视频资源

责任编辑：贺 伟 胡永旭 唐 旭 吴 绫 张 华
文字编辑：李东禧 孙 硕
书籍设计：付金红 李永晶
责任校对：王 烨

中国传统聚落保护研究丛书

海南聚落

吴小平 主编
*
中国建筑工业出版社出版、发行（北京海淀三里河路9号）
各地新华书店、建筑书店经销
北京锋尚制版有限公司制版
北京富诚彩色印刷有限公司印刷
*
开本：889毫米×1194毫米 1/16 印张：21½ 插页：9 字数：561千字
2022年12月第一版 2022年12月第一次印刷
定价：**258.00**元（含视频资源）
ISBN 978-7-112-25816-1
（36728）